新教育
行动，就有收获

苏 静 著

中华儿童诗意课

「中华诵·经典诵读行动」之名师大课堂

中华书局

图书在版编目(CIP)数据

中华儿童诗意课 / 苏静著. —北京:中华书局,2013.1

("中华诵·经典诵读行动"之名师大课堂)

ISBN 978 – 7 – 101 – 09111 – 3

Ⅰ.中… Ⅱ.苏… Ⅲ.古典诗歌—中国—小学—教学参考资料 Ⅳ.G624.203

中国版本图书馆 CIP数据核字(2012)第 300554 号

书　　名	中华儿童诗意课	
著　　者	苏　静	
丛 书 名	"中华诵·经典诵读行动"之名师大课堂	
责任编辑	祝安顺	
出版发行	中华书局	
	(北京市丰台区太平桥西里 38 号　100073)	
	http://www.zhbc.com.cn	
	E-mail:zhbc@zhbc.com.cn	
印　　刷	北京天来印务有限公司	
版　　次	2013 年 1 月北京第 1 版	
	2013 年 1 月北京第 1 次印刷	
规　　格	开本 /700 × 1000 毫米　1/16	
	印张 19½　字数 260 千字	
印　　数	1-6000 册	
国际书号	ISBN 978 – 7 – 101– 09111 – 3	
定　　价	38.00 元	

目录

序

  当苏静请我为她的新书《中华儿童诗意课》作序时，我欣然接受。一来苏静是我的弟子，师生情深；二来著作本身就是新教育的研究成果。苏静是新教育实验最早的参与者和全程的见证者，这本书不仅承载了她自己，也承载了我和许多"新教育人"的诗意梦想。所以，我想从两个方面来表达我的真实的感受。

  首先，我想很有必要先梳理一下苏静的诗教经历。

  早在十年前，我就这样评价苏静："这是个创造了教育奇迹的年轻人。"那时的她，还是一个20岁出头的小姑娘，任教于青岛嘉峪关小学，做语文老师兼班主任。但就是这个初出茅庐的新教师，却做了一件让很多人都望尘莫及的事情：通过不到一年的教学，就让一个蜚声全校、无人敢接手的"麻辣班"脱胎换骨，70个孩子齐刷刷地爱上古典诗词，纷纷成为气质非凡的"诗界神童"——不仅能轻松背诵百余首诗词，赏诗论诗侃侃而谈；还能在两三分钟内，随意命题挥笔而就一首词整句工的诗作，令人叹为观止。而这个班毕业时，语文成绩也由过去的倒数第一变成了全校榜首。这不是奇迹又是什么？

  当我通过《中国教育报》和中央电视台等媒体了解到这个神奇的年轻人时，我就在想，这样的"新诗教"如果能够惠泽更多的老师和孩子，将是一件多么美好的事情。于是，2002年，我让自己的研究生与苏静取得了联系，邀请她参加新教育实验的首次年会。在苏州，我们有了第一次会面。她对孩子的热爱、对诗词的见地和对教育的真诚深深打动了我。我随即将其招致门下，于是苏静成为苏州大学的硕士研究生。我希望苏静能够涵养元气，通过三年的专业学习，更好地研究和传播"新诗教"，打造一门弘扬传统文化、体现新教育思想和理念的"儿童诗意课程"，让全国参与新教育实验的学校都有机会走进"新诗教"，感受古典文化和诗意教学的魅力。

三年的研究生学习让苏静更加成熟和理性，她的硕士毕业论文也是以诗教为题。她一边研究诗教理论，一边进行诗教实践。三年间，许多新教育实验学校都留下了她授课、研讨的足迹。2006年，从苏州大学毕业的苏静回到故乡青岛，成为青岛大学师范学院小学教育系的老师。她对我说："朱老师，我很庆幸，一直没有脱离小学教育。我喜欢孩子，也一直希望能够在更高层次上做小学教育。我如愿以偿，今天我所教的大学生们将成为未来的小学教师，他们将掌控和改变无数孩子的命运。所以，我更加责无旁贷，我要带他们走进新教育，过一种幸福完整的教育生活。我更会把'新诗教'进行到底，打造体现新教育精神的儿童诗意专业课程。"

她说到做到。此后的苏静，以大学教师和新教育"儿童诗意课程"公益项目组负责人的身份，开始了"儿童诗意课程"的进一步研发和实践。她带领着一群和她一样执着的青年教师志愿者，利用节假日走进偏僻的大山，也走进繁华的都市，从讲授课程到修改打磨再到教师培训，为新教育实验区的老师和孩子们送去诗意的温暖。她一直都说，做新教育是她最快乐的事，她可以真实地感受到师生精神状态的改变，虽然"新诗教"只是新教育星空中的一颗小星，但也可以自得其乐，点缀夜空。

在历经十余年的艰辛和努力后，苏静和她的"新诗教"团队终于为新教育，也为无数热衷于中国古典文化的老师、家长和孩子们奉上了这本书。我不敢说这本书有多完美，但我相信它足够真诚。这本书的意义就在于，让每个试图带给孩子传统文化熏陶的人，能够找到一种表达和传递古典知识、创作技能以及跨越时空与古人共情的途径。

第二个方面，我想谈谈对诗教的认识。

谈到诗教，我不由想起了一个令人肃然起敬的老人——八十九岁的叶嘉莹先生，她说她这一辈子都是为诗教而活着。我在想，如果苏静和千万致力于诗教的老师，特别是年轻教师们，也能够像叶嘉莹老人那样为诗教而活着，相信诗教的复兴、中华文化的复兴是有希望的。2006年，我在一次苏静诗教的研讨会中，提到了叶老的一些观点，至今想来仍有感动，我愿意再次写出来与读者们分享，也作为对苏静这本书的一个价值观照。

记者访问叶老的时候，她说，古典诗词是中国传统文化的一部分，是医治唯利是图、浮躁病、空虚症的一剂良药，能够给人们的灵魂洗个澡。她在介绍自己经验的时候说，"我六岁时候开蒙的读物是《论语》"，但是她女儿上学时背的却是简单的儿歌，她认为这些对启迪儿童的思想和增加知识储备起不了太大的作用，反而会浪费孩子一生最珍贵、最强大的记忆能力。如果让他们背诵一些古典著作、诗词，他们则一生都不会忘记；而随着一个人生命的成长和理解力的提高，自然就能够悟出其中的道理。所以，当看到苏静的这本书里涉及了大量的古典名篇、诗词佳句，并且以游戏的方式提高孩子们的记忆效率时，我非常高兴。

叶老还说，学人文学科的，应当担当起将民族精神命脉传承下去的责任。的确，优秀的诗歌经过千百年的历史冲刷，传颂至今的都是能够超越物质世界而抵达精神世界的表达。可以说，诗是千古以下的心灵和千古以上的心灵的一种交流，是一颗心对另一颗心的造访，穿越时光的旧路，两个灵魂碰撞着，散发着诱人的光泽。而教诗歌，则是注重诗歌中感化的生命，不仅带着自己的生命，而且带着古人的生命。诗歌是"活"的，是生生不息的。所以，我很欣慰，在苏静的这本书里，所有知识都是以生动的故事启蒙，闪烁着鲜活的人物情感。例如，在基础篇"诗与历史"中，我们看到的是历史长河中诗词的流变和诗人的坚守，孩子们不仅能够通过诗词理清历史的脉络，而且还能通过诗词故事和经典诗句，与诗人产生强烈的情感共鸣。选讲篇"诗与生活"融合了诗词对生活诸多层面的影响，孩子们可以通过诗词走进古人的生活，用生命聆听生命，用歌唱回复歌唱。

叶老说，她相信古典诗词这份中华民族的遗产中富有人性魅力的存在，完全可以成为现代精神的教科书。在这份遗产中蓄积了古代先贤的所有高尚的心灵、品格、修养，它能够帮助活在物质世界的人们，尤其是帮助我们的青年学生开启精神世界的大门。而我想，苏静这本书的价值，就是从一个独特的角度打开了一扇诗意之门，把热爱诗词以及尚未感受到诗词美好的人们都请进来，为孩子们传递一种遥远的博大和精彩。

我一直认为，诗歌是精神生活的最高境界之一，也是重要的文化符号之一。世界上最伟大的民族、最伟大的作品，其最精致的语言都是诗歌。所以，在诗歌离我们远去的时候，上有八十九岁的叶老，下有苏静这样的年轻人，让我们看到了一种希望。我觉得这种孜孜以求的态度，正是我们"新教育人"的重要追求，我们应该用不懈的努力去传承中华文化。

是为序。

（全国人大常委、中国教育学会副会长，民进中央副主席，苏州大学教授，博士生导师，新教育实验发起人）

使用说明

古代诗词是我国民族精神的教科书,古代诗歌教学是小学语文课程的重要组成部分,是传承我国古代文明的重要渠道。因此,古代诗歌教学越来越受到相关部门、从事小学语文教学实践和研究的工作者的关注和重视。近年,各地涌现了很多以"诗意"为特色的学校,诗意校园成了小学校园的一大风景。《小学语文新课程标准》明确提出了教学古诗文的具体要求:"诵读古代诗词,有意识地在积累、感悟和运用中,提高自己的欣赏品味和审美情趣。""浅易文言文,能借助注释和工具书理解基本内容。背诵优秀诗文80篇。"这不仅是对我国优秀传统文化的重视和继承,亦是在深化语文教育教学改革中对优良的语文教育传统的继承和发扬。

一、课程介绍

(一) 课程性质

《中华儿童诗意课》隶属于新教育实验下的儿童专业课程,为新教育实验的研究成果之一,可作为校本特色课程面向全日制小学三年级以上学生开设。本课程以"新教育"先进理念为导向,采用风格独运的诗教方法,将古代文学史精华、经典文化、诗词名作和诗文创作融为一体，通过讲述、吟诵、创作、游戏、竞赛等多种教学形式开展，旨在传承中国古典文化精髓，倡导国际视野，培养自信、合作、快乐、博雅的小公民。儿童经过一个学期的学习，可以记忆大量经典古诗文和文学知识要点，了解文学典故，还可以掌握基本的诗词创作技法，体验做个小诗人的乐趣。

（二）设计思路

1.本课程分为知识课、创作课和竞技课三种课型。其中知识课分为基础篇和选讲篇两部分，基础篇为34课时，选讲篇为12课时，总计46课时。创作课为3课时，竞技课由教师根据时间自由安排相应课时。三种课型的灵活运用和合理搭配可充分体现语文课程的整体性和阶段性。按照每周一课时的进度，本课程可供普通全日制学校三年级以上学生使用一至两个学年。

2.课程目标根据知识与能力、过程与方法、情感态度与价值观三个维度设计。三个方面相互渗透，融为一体，注重语文素养的整体提高。学习内容相互联系，螺旋上升，最终全面实现总目标。

3.本书为教师专用书，不提供学生配套用书，要求学生全程听课并记录重点。全程的大容量笔记为本课程的特色之一，笔记重点在课程讲解过程中以黑体或加粗呈现。本课程可作为以经典诵读、国学启蒙、传统文化、诗意教育为特色的普通全日制学校的校本课程。

二、课程目标

（一）总目标

1.了解历史悠久的中国古代文学发展历程，体会经典文化的独特魅力，感知诗词作品及其作者在文学史上的地位，感受诗意人生的壮阔和优美。

2.领悟经典诗词作品的魅力，感知和发现生活中的美，能用精炼的、有韵律的语言表达自己生活中的感受和体验，学会基本的诗词创作技巧，有表达、表现、创造美的初步能力。

3.体验有规则的团队生活，养成负责任、守规则、讲公平、尊重他人的良好品德，并体会个人和团队的互动关系，能积极肯定自我并主动参与团队合作。

（二）分目标

1.知识与技能

(1) 了解中国古代文学发展的基本脉络，记忆历代诗词大家及其经典作品，理解诗词在生活中所体现的文化之美，背诵不少于80首经典诗词作品。

(2) 学会区分诗词的几种基本形式和基本格律，理解诗词作品的韵律和精炼的语言表达方式，能在规定时间内运用基本技法进行诗词创作。

(3) 能正确、流利、有感情地朗诵、背诵诗词作品，并能够借助肢体语言、舞台表演等方式表达自己对作品的理解。

(4) 领悟系统地学习大容量的文学知识的方法，掌握课堂笔记、复述重点、联想记忆等学习方法。

(5) 理解公共生活的基本方式，学会在规则下开展合作与竞争，合理地使用自己的权利并履行自己的责任。

2.情感、态度、价值观

(1) 培养对历代诗词大家的生活状态和诗词作品的浓厚兴趣，欣赏历代诗人们丰富的诗意生活，接受他们真诚、正直、热爱生活的品行，领悟诗词创作在作家生活中的地位。

(2) 热爱中国传统诗词，感受祖国语言文字的精致和优美，养成对语文学习的兴趣和自信心，喜欢阅读诗词和文学作品，养成自觉阅读的良好习惯。

(3) 敢于大胆表现，积极参与诗词背诵和表演，勇于挑战自我，提升自信、真诚、勇敢和负责的品质。

三、教学内容和教学启示

（一）基本内容

本课程为综合性课程，由三个部分组成：知识课、创作课和竞技课。

1.知识课

知识课分为基础篇和选讲篇。

基础篇为"诗与历史"，为本课程的必讲内容。让学生通过诗词的历史来了解我国古代文学史知识的精华。以民间喜闻乐见的艺术形式——对联——开篇，引发学生的学习兴趣，接着进入诗词学习的主体部分，包括原始歌谣与上古神话、先秦散文与诸子百家、两汉与魏晋南北朝文学、唐诗、宋词、元曲、明清小说等，涵盖小学语文、中学语文和历史的大量主要知识点。课程精心选择了历代文化名人、诗词作家的生平传记以及传说轶事和经典作品，通过教师生动形象的讲授，让学生在聆听故事和赏析作品的过程中，了解古代文学发展的脉络，掌握几种文学体裁的传承，感受著名文人、作家的瑰丽而多彩的诗意人生，体会作品创作与人生境遇的关系。上篇的知识点除在板书中呈现外，在课后还有总结提示，便于教师提问和学生掌握。同时，每个课时还配有"本课教法指导"等版块，每单元后配有"单元推荐阅读书目"，适用于教师自学教材。

选讲篇为"诗与生活"，教师可以根据学生的实际情况和需要酌情补充和选择讲解。让学生通过诗词了解古人生活的诸多层面，包含山水与诗、交友与诗、美酒与诗、古乐与诗、君王与诗、才女与诗等六个专题，从不同方面反映诗词对古人生活产生的巨大影响，使学生更深入地了解不同领域的经典诗词和诗人名家，感知古典文化的精致和高雅，分类记忆大量优秀的古诗文名篇佳句，掌握相关知识点，同时丰富自己的精神世界，提升生活品味和审美能力。因上篇知识点在教学时，教师已积累下丰富经验，故下篇的知识点只呈现在板书中。

知识课分为"魅力问答"和"耳朵旅行"两个版块。"魅力问答"为复习旧知环节，"耳朵旅行"为讲授新知环节。每章后都有"诗意实践"作业，旨在让学生学以致用，将古人生活中的诗意之美与自己的生活相联系，达到与经典交融、与古人共情的目的。具体操作详见课程主体部分。

2.创作课

创作课的主要内容是传授中国古典诗词的基本创作技法，使学生能初步掌握和运用对联、绝句、小令等多种诗词体裁的创作技法，在规定时间内完成创作。具体操作详见课程主体部分。

3.竞技课

竞技课采用团队竞赛——"诗词大擂台"的方式，通过多种方式背诵和复述诗词作品，在竞赛游戏性中体验民主生活，学会在规则的约束下展开合作和竞争。具体操作详见课程主体部分。课程的附录部分为竞技课相关参考资料，其中的80首经典诗目要求学生背诵。

(二) 教学启示

1.本课程一个显著的特点是多数知识点都是以生动有趣的故事来呈现，可以使学生始终处于兴奋和快乐的学习状态中。同时伴随着知识点的学习又衍生出的大量经典诗词，可以使学生在阅读、赏析、背诵诗词的过程中，不断与关联的知识点相呼应，从而有效提升学生对知识的记忆能力和兴趣。循序渐进的诗词积累和文学知识点的掌握，使教师对古代文学史的讲解也变得更加轻松自如。同时，对诗词作品的感性认识与概念化的理性认识交相融合，使得学生更加容易理解概念化的文学史知识，也更善于欣赏各种题材的诗词作品。

2.在创作课中，教师提供大量的机会给学生进行模仿、尝试、试误、创作和表现，这些都构成了学生的经验，学生会从这些个人的经验中逐渐了解、熟悉诗词创作的规范、要求和规律，从而建构起自己对于诗词的理解和欣赏，建构起对创作的体验。

3.在竞技课中，学生在留意自己成绩的同时，必须时刻注意团队成绩，这样的竞赛可以让学生认识到他们是处在一个团队当中，是一个整体，彼此需要，无论是背诵诗词、表演朗诵、还是诗词接龙，他们都需要团队合作。这样的团队竞赛也使得学生不仅仅学会灵活地使用课程中学到的知识，还会发现自己的生活总是与公正、公平、小组协作、同伴交流、规则意识等社会知识联系在一起，从而变得开放、自信、善于沟通、懂得合作，逐步具备现代公民所需的基本素质。

知识课

基础篇　诗与历史

　　诗与历史从来都是相伴相生的，追溯着历史的长河，我们总能听到古人无时不在的歌吟。那些如丝如缕的声音，从未远离过我们的耳畔，而那些逝去的名字和岁月，则让我们充满了无尽的好奇和深深的怀念。我们甚至可以这样说，没有诗词的历史是不完整的，是暗淡无光的。是诗词，让历史拥有了斑斓的颜色，让行走其间的灵魂拥有了飞翔的高度。

　　所以，要学习诗词，首先要了解诗词的历史。在每个特定的时间或空间里，去感受诗人的本色、诗词的美好。在本篇里，我们将以"魅力对联"开场，目的是通过这一喜闻乐见的民间文学形式，激发孩子们的学习兴趣，为之后的诗词学习、创作打下快乐的基础。接下来的章节，我们将严格追随着文学史的脉络，从原始神话与上古歌谣一直到明清小说，完整地呈现古典诗词发展的全过程。每一章节的内容都有相应的知识点，通过生动有趣的故事来呈现，让孩子们轻松愉悦地走进诗词，走进古典文学的世界。

　　学诗使人优雅，读史使人明智。学习诗词，感受历史，做优雅明智之人，我们的《中华儿童诗意课》，从这里出发。

第一单元　魅力对联

本单元教学目标

1. 了解对联的别称、分类、特点、功用。
2. 了解与对联相关的文化名人的故事，熟记经典对联。
3. 学习并能辨别对联的种类，感受对联的博大精深。
4. 体验快乐学习的过程，掌握超大容量知识课堂记笔记的学习方法。

第一讲　魅力对联（上）

本课教学目标

1. 了解对联的分类、特点以及与对联相关的文化名人的故事。

   - 学习对联的别称、分类以及"联林高手"苏轼的相关内容，熟记经典对联。

   - 理解对联的创作特点与功用。

   - 初步了解中国古代大文豪苏轼。

2. 感受中国古典精髓——对联的博大精深。

3. 体验快乐学习的过程，掌握超大容量知识课堂记笔记的学习方法。

本课教法指导

1.本课时开始正式进入文学知识的学习,在板书重点内容的同时提醒学生做好笔记。

2.以对联开启课程,更易引起孩子的兴趣,拉近文学与孩子的距离,激发学习的积极性,为后面开启"诗与历史"的内容做好铺垫。

3.知识课堂被称为"耳朵旅行",这样的表达更容易激发学生的学习兴趣。

4.如果学生不了解我国的朝代演变,可让学生背诵历史朝代歌:夏商与西周,东周分两段;春秋和战国,一统秦两汉;三分魏蜀吴,二晋前后延;南北朝并立,隋唐五代传;宋元明清后,皇朝至此完。

5.在讲解"三苏"知识点时,可请学生猜测"三苏"间的关系。并补充解释:古时候起名字,不能与父辈用同样的偏旁,会犯忌,所以同辈的人会用同样的偏旁,"轼"和"辙"都是车字旁,所以苏轼、苏辙是兄弟,苏洵是父亲。

6.在讲解少年苏轼的故事时,可激励学生发愤学习。天才苏轼尚且虚心向学,我们就更应该怀着谦虚之心,认真向学。

教学设计

一、魅力问答

教师提问,让学生通过竞技游戏进行回答。

参考问题:

　　1.你见过对联么?举例说说。

　　2.你知道对联有哪些种类么?

　　3.你知道中国古代有哪些"联林高手"么?

二、耳朵旅行

(一) 对联的概念

过春节时家家户户的大门两侧，结婚时的大门和新房房门两侧，都会贴对联，甚至许多名胜古迹的门口两侧也不例外。那么，对联究竟是什么？它又是什么时候出现的呢？

对联，雅称"**楹联**"，俗称"**对子**"，又叫"**桃符**"。它言简意深，对仗工整，平仄协调，是一字一音的汉语语言独特的艺术形式。对联分为上联、下联和横批三个部分。

(二) 对联的历史

对联是由古代的桃符发展而来的。南朝《荆楚岁时记》记载，每逢岁时，人们便挂桃符来驱鬼避邪、迎喜接福。这是对联的萌芽。所以后来对联又称"桃符"。

对联产生的年代说法各有不同。清朝梁章钜所著的《楹联丛话》一书认为对联产生于五代，据《宋史·西蜀世孟氏世家》载是因五代**后蜀国君孟昶**而生——"每岁除，命学士为词，题桃符，置寝门左右。末年，学士幸寅逊撰词，昶以其非工，自命笔题云：'新年纳余庆，嘉节号长春'。"后人始将此引为对联的初例，距今有千年历史。意思是，在新年之际享受着先代的遗泽，嘉节的到来预示着春意常在。

对联的内容和表现形式在不断的发展过程中逐步丰满、多样化。诗词文赋、成语谚语等皆可入对联，风格亦兼含典雅通俗，庄重诙谐。

宋代的对联，受到了诗词的影响，在对仗上更为讲究。南宋诗人陆游就曾为自己的书房题联："万卷古今消永日，一窗昏晓话流年。"宋代的对联题于楹柱之上，因此有了"楹联"之称。

清代为对联的繁荣发展期，在内容和艺术上，都有所创新与发展。如吴敬梓所作的揭示人生哲理的对联："读书好，耕田好，学好便好；创业难，守成难，知难不难。"

（三）对联的种类

1.按用途，对联的种类约分为**春联、喜联、寿联、挽联、装饰联、行业联、交际联和杂联**（包括谐趣联……）等。

2.按修辞方法，对联可以分为**哑联、合字联、拆字联、回文联**等。

（四）对联的特点

以寿联"**福如东海长流水，寿比南山不老松**"来说明对联的特点：

1.字数相等，断句相同。上下联的字数须要一致，不能多也不能少，但若是作者故意空出某字的位置以求得某种效果时可以另当别论。

2.平仄相符，音调和谐。一般而言，平仄是指声调的不同，其中三声和四声为"仄"，一声和二声为"平"。传统习惯是"仄起平收"，即上联末句尾字用仄声，下联末句尾字用平声。如"水"为仄声，"松"为平声。

3.词性相对，位置一致。一般我们将其称为"虚对虚，实对实"，意思即为名词对名词，动词对动词，形容词对形容词，数量词对数量词，副词对副词，而且相对的词必须在相同的位置上。

4.内容相关，上下意合。上下联的内涵意义之间必须相互关联、衔接，同时又不可以重复。

对联的书写与张挂，传统做法是直写竖贴，自右而左，由上而下，顺序不能颠倒。横批则横写并横贴在上下对联之上。

横批中的"横"字指的是其横写横贴，而"批"字的意思则是揭示、评论。通常横批会对整副对联起到补充、概括或提升主题的作用。

（五）联林拾趣

1.奇怪的挽联

袁世凯千古，中国人民万岁！

——四川省某文人赴京挽袁世凯

窃国大盗袁世凯做了83天的洪宪皇帝后，在一片讨伐声中，结束了生命。他曾与日本帝国主义签订了丧权辱国的"二十一条"，疯狂镇压革命人民。他的死让民间百姓拍手称快。彼时，有一位四川文人（另一传说为刘师亮）为袁世凯作了一副挽联——**袁世凯千古，中国人民万岁!** 有些人看了疑惑不解，说道："'千古'对'万岁'是同仄收结；而上联的'袁世凯'是三字，又怎么能对得起下联的'中国人民'四个字呢？"那文人听了后哈哈大笑，说道："没错，要的就是'对不起'!"原来这是一副隐语联，上下联同仄收结、字数不同，但内容却完整衔接——作者在其中隐藏了"对不起"三个字，意喻为袁世凯对不起中国人民。这副对联虽然表面是祭奠袁世凯的挽联，但实际上却谴责了袁世凯窃国祸民的行径。明白了这层意思，众人回头再看这副对联时，才恍然大悟，纷纷叫好。

2.神奇的合字联

黑土即墨，白水汇泉

传说古时有一黄姓书生，在赶考的途中经过青岛，正遇上当地的一个大户人家比文招婿，小姐长得如花似玉，青年们见状纷纷跃跃欲试。这招婿的题目便是对对联，出上对求下对，凡能对得绝妙者便可"娶得美人归"。这户人家给出的上联是"**黑土即墨**"。这副上联出得很巧妙，简单的四个字却蕴含了三层意思：第一，这是一副合字联，其中"黑"和"土"合起来就是"墨"字；第二，"即"在古汉语里是"就是"的意思。墨本来就是黑色的土，所以这句话从句意上也解释得通，即"黑色的土就是墨"；第三，"即墨"是青岛的一处地名（直到今天青岛还有即墨市）。众人看到这上联，都摆摆手，知难而退。黄书生看罢，也自觉对不出好对而遗憾走开。走着走着，书生来到了青岛的另一个地方，他初到此地，便打听地名，一位老妇人说到："此地名为汇泉。"书生听后，立刻灵光闪现，他马上折回大户人家，大笔一挥对出了绝妙下联："**白水汇泉**"。无论从结构和句意上，下联都完全对应上联三层意思。最后，黄书生终于如愿以偿，抱得美人归。而"黑土即墨，白水汇泉"也由此成为青岛的"千古绝对"。

（六）联林高手

【苏轼篇】

1.苏轼简介

苏轼，北宋人，字子瞻，号东坡居士。琴棋书画样样精通，能文能武，是"唐宋八大家"之一。

苏轼一家一门三杰。在"唐宋八大家"中，苏轼一家占三个席位——苏轼、苏辙、苏洵，并称为"三苏"。苏轼与宋代另一位著名词人辛弃疾合称"苏辛"。

书法：苏轼和其他三位书法高手并称"宋四家"——苏轼、米芾、黄庭坚（苏轼的学生）、蔡襄。被人们简称为"苏黄米蔡"。

绘画：苏轼和他的徒弟黄庭坚并称为"苏黄"。在宋代的绘画史上，"苏黄"达到了一个至高的水平。

2.苏轼对联故事

故事一：少年苏轼

苏轼是一个少年天才，七岁的时候就提笔成诗、出口成章。七八岁的时候，他就洋洋自得地在自己家门口题了一副对联：**识遍天下字，读尽人间书。**

这副对联挂出来没多久，一位上山砍柴的樵夫看到了这副对联，心想：小小少年竟口出狂言。于是便笑道："你既然号称识遍天下字，就都老夫认认这个字吧。"只见老樵夫在地上写出一个字——"槑"，苏轼一看，慌了神，这字他见都没见过，更别谈认识了，当下羞愧难当，忽地一下脸红了，支吾地说不出话来。樵夫呵呵一笑说："此字读'梅'，是梅的另一种写法。"苏轼已是满脸通红。樵夫又说道："看来你这识遍天下字还是名不副实啊，年轻人，还是回去慢慢学习吧。"说完，便走了。

樵夫的话让苏轼倍感羞愧，立即提笔修改对联，他在上下联前各加了两个字，却改变了整副对联的意思——**发愤识遍天下字，立志读尽人间书**。从此之后，苏轼用心地读书学习，终于成为一代文豪。

故事二：苏轼与势利和尚

苏轼爱好游山玩水，一生走过许多秀美山川。传说有一次，他走进一座寺庙休息。这家寺庙的方丈十分势利。虽然当时苏轼已经非常有名，但是方丈从来没见过苏轼，看着眼前这个穿着破烂的穷书生，态度十分冷淡地问道："施主所来有何贵干？"苏轼说："旅途劳累，想借贵寺休息一下。"方丈不太情愿地让他进了寺庙，指着最为下等的座位说："坐。"苏轼说："长途跋涉，有些口渴，能否来杯茶？"方丈就跟身边的小和尚冷冷地说了一句："茶。"小和尚倒了一杯最差的茶给苏轼喝。之后方丈和苏轼攀谈起来，聊着聊着，方丈发现苏轼有一定的见识，就把苏轼请到一个相对较好的座位，说："请坐。"跟小和尚说："敬茶。"小和尚倒了一杯比较好的茶。方丈接着跟苏轼聊，越聊越惊奇，发现眼前这个穷酸书生满腹经纶，口吐莲花，于是就问道："不知您高姓大名啊？"苏轼非常谦虚地说："在下乃苏轼苏东坡也。"方丈一听，吓了一大跳，虽然自己十分崇拜苏轼，读过很多他的诗词文章，但万万没想到眼前这个貌似穷酸的书生就是大文豪苏东坡。一时之间不知如何是好，马上站起来说："请上坐，请上坐！"又跟小和尚说："快快快，敬香茶，敬香茶！"

这时候小和尚呈上了寺院里最好的茶，苏轼也坐到了上上座。方丈恳请苏轼为寺庙留一点墨宝（有名望的人写的字叫墨宝），以挂在寺门口留念。苏轼不想留字，但不留又难以推辞，灵机一动，写下了这样一副非常有趣的对联："**坐，请坐，请上坐；茶，敬茶，敬香茶。**"这一副对联把方丈势利眼的嘴脸描写得入木三分。方丈看后啼笑皆非，羞愧难当，却也无可奈何地把此副对联挂在了寺院的门口。

【超链接】

苏轼、苏辙名字的由来

苏洵在给两个儿子起名字的时候很有讲究，轼、辙都是"车"字旁，"轼"是古代战车前面的横木，也就是扶手；"辙"是车轮辗过后留下的痕迹。苏洵在《名二子说》中说，两个儿子已长到七八岁了，大儿子正义直言，毫不掩饰自己的想法，一如"轼"，是车上最前端、最醒目的横木，但这横木其实仅为装饰，而没有实际的用处。苏洵看到大儿子性格豪放，锋芒毕露，从不知掩饰自己的观点，便以"轼"为其命名，劝他多加外饰以免遭祸。

苏洵发现二儿子与哥哥性格迥异，弟弟的性格含蓄而平和。无论车有着怎样的"丰功伟绩"抑或遭遇车毁人亡这样的祸患，车轮辗过后都会有辙，也都与辙无关。苏洵希望小儿子能够安稳度过一生，立身于福祸之间，便为其取名苏辙。由这些来看，苏洵在给儿子们起名时就对他们寄予厚望。苏轼也确如其名一般，时时"登轼而望之"，他一生豪放不羁，从不向权贵低头，仕途之路亦是大起大落，尝尽人间百般滋味。而苏辙性格沉稳内敛，一生仕途虽两遭贬谪，却也随遇而安，隐居谢客，潜心文章。

诗意实践

利用身边的资源（如网络、报纸、书籍等），搜集三到四副对联，将它们按用途和结构分类并与大家分享。

本课知识点参考

识记类

1.对联的别称、特点、按用途的分类。

2.本课中讲到过的一副寿联的内容。

3."袁世凯千古,中国人民万岁"的内容识记、类别掌握以及其中隐含的三个字。

4.与青岛有关的千古绝联的内容以及类别。

5.中国第一副对联的内容及作者。

6.联林高手苏轼的字与号。

7."三苏"分别指称的三个人与他们之间的关系。

8.在书法历史上,有"苏黄米蔡"之称的四个人分别指的是谁?

9.在画坛上并称"苏黄"的是谁?

10.在词坛上并称"苏辛"的是谁?

11."少年苏轼"中两副对联的内容。

12.苏轼写给势利和尚的对联的内容。

理解类

1.苏洵为二子命名的原因,对苏轼和苏辙名字、性格的解读。

2."唐宋八大家"包括哪些人。

3.袁世凯的身份及与其相关的历史事件。

课外延展类

对联知识与故事。

苏轼的生平及代表作品。

第二讲　魅力对联 (中)

本课教学目标

1.了解对联的分类以及与对联相关的文化名人的故事。

- 学习并能辨别对联的种类。

- 熟记联林高手故事中的经典对联。

- 进一步了解中国古代大文豪苏轼及其一家的故事。

2.感受中国古典精髓——对联的博大精深。

3.体验快乐学习的过程,掌握超大容量知识课堂记笔记的学习方法。

本课教法指导

1."魅力问答"环节是本课程的特色环节,每讲第一课时的前五分钟会进行问答,提问前几堂课学过的内容。教师提问,队员回答,每人最多答5题,每题答题时间为10秒钟。每答对一题个人积得1分,每一题结束时自己可选择是否继续答题。如果选择继续,而答题错误,则前面的累积分只能送给下一位答题的同学;选择权由前一位答题失误的队员决定,但必须从举手队员中选择,以此类推。本环节设计可以有效地检测学生对所学知识的掌握情况,同时提高学生的学习兴趣,增强自我实现感,又称"送人玫瑰,手留余香"。

教师可根据实际情况选择相应的重点内容进行提问,可重点参考板书内容以及识记类知识点的内容。

2.在讲哑联时,教师可启发学生用动作表示,对出其他的下联,如"何花能如荷花美"、"何花能如荷花香"等。

3.苏小妹在历史上并无其人,有关她的传说其实是人们的一种美好想象与杜撰。老师们在课程的讲述中要适时向学生说明。

教学设计

一、魅力问答

教师提问,让学生通过竞技游戏进行回答,复习前面讲述过的知识。

二、耳朵旅行

讲述苏轼与佛印、苏小妹的对联故事,让学生在生动有趣的故事中了解古代文化名人并加深对对联的理解。

联林高手

【苏轼篇】

苏轼有个好朋友,名叫佛印,是位高僧。佛印聪明而睿智,苏轼和他之间有很多有趣的故事。

故事一：谐音巧对

有一次,苏轼请佛印到船上宴饮。苏轼看到岸上有一只狗不断撕咬着河上漂着的一块肉皮,就说了一个上联让佛印对下联,即"**狗啃河上(和尚)皮**"。佛印知道苏轼在与他逗趣,意欲为难自己,于是把苏轼刚写好的一首诗扔到河里,慢慢吞吞地道出了下联:"**水漂东坡诗(尸)**。"苏轼听后知道自己又没"胜出",二人心照不宣,相对哈哈大笑起来。这种字音相同但别有寓意的对联便叫做"**谐音联**"。

故事二：绝妙哑联

一次,苏轼约其弟苏辙与佛印大师结伴同游,行至河边,佛印即兴比划远处的亚山,随即又作思考状。原来他是出了一副**哑联**作为上联:"**无山得似亚山**

好。"无"与"亚"同音异字，却表达得恰到好处。苏辙见状手指向河边的荷叶，亦做思考状。原来他以哑联对出了下联："**何叶能如荷叶圆？**""何"与"荷"也是同音异字。苏轼看到这幅景象，笑笑指向河中之水，也学二人作思考状，原来他也对出了下联："**何水能如河水清？**""何"与"河"亦是同音异字，但以"水"对"山"更加工整，真可谓妙对。

【苏小妹篇】

故事一：添字避祸事

据说当时有一个不学无术的权贵公子非常仰慕苏小妹的才华，于是写了一篇文章通过苏轼转交苏小妹以示爱慕。才气傲人的苏小妹自然看不上这种纨绔子弟，看完了文章之后毫不留情地批阅："**笔底才华少，胸中韬略无。**"苏轼一看大惊失色，怕招来杀身之祸，便让苏小妹将批语改掉。苏小妹灵机一动，在原批语的后面各添了一字，从而使对联的意思与原来相反。即："**笔底才华少有，胸中韬略无穷。**"最终权贵公子也没有得到苏小妹的芳心，但一字之改却保全了苏家上下，避免了一场祸事。

故事二：妙对难新郎

秦观，字少游，苏东坡的学生，传说中苏小妹的丈夫。他最出名的词就是《鹊桥仙》，其中有被誉为"千古相思第一名句"的"**两情若是久长时，又岂在朝朝暮暮**"。相传秦观与苏小妹成婚那天，被苏小妹以一副上联挡在门外，声称对不出便不能入房。苏小妹的上联是："**闭门推出窗前月。**"秦观怕对得不好不能进屋，就在池塘边来回踱步苦思下联。到了三更时分，苏东坡出来查看妹夫情况，看见秦观在水边走来走去，口中不住地念着"闭门推出窗前月"，明白是妹妹又在发难，稍一思索，就悄悄捡起了一块石子朝水池投去。秦观忽听"砰"的一声，见池中倒映的月影随水波散乱，受到了启发，便对出了下联："**投石冲开水中天**。"这时，洞房门也"吱呀"地一声开了。

故事三：巧联难佛印

苏小妹见哥哥和佛印比对子的时候，哥哥总是处在下风，心有不甘。一天，佛印来拜访苏东坡，但只有苏小妹在家。她便趁机出对难为佛印："**此木为柴山山出**。"

短短的七个字中却玄机重重，这下可真难住了佛印，苦思冥想也没有答案。苏小妹暗自窃喜，得意地想："看你下次再如何取笑我哥哥。"佛印在客厅中来回踱步，此时正值黄昏时分，佛印看到了家家户户因生火做饭而升起的炊烟，立刻有了灵感，对出了下联："**因火成烟夕夕多**。"苏小妹不得不服。

【注】此联的出处另一说为乾隆皇帝下江南，御舟过处，见两岸群山绵延，树木葱翠，便想出一个上联："此木为柴山山出。"随行的纪晓岚才思敏捷，径以水乡人家暮色中的炊烟对之："因火生烟夕夕多"。

诗意实践

利用身边的资源（如网络、报纸、书籍等），搜集三到四副与四季有关的对联，将它们按用途和结构分类并与大家分享，再说说这几副对联有什么特点。

本课知识点参考

识记类

1."狗啃河上皮，水漂东坡诗"的内容以及其类别。

2."何水能如河水清，何叶能如荷叶圆"的内容及其类别。

3.苏小妹添字避祸古文事中的对联内容。

4.秦观代表作《鹊桥仙》中的"千古相思第一名句"。

5."闭门推出窗前月，投石冲开水中天"的内容识记。

6.苏小妹巧联赛佛印的对联内容及其类别。

理解类

"闭门推出窗前月，投石冲开水中天"中"景物移位"的用法。

课外延展类

对联知识与故事。

苏小妹的故事。

第三讲　魅力对联（下）

本课教学目标

1.了解对联的分类以及与对联相关的文化名人的故事。

- 学习并能辨别对联的种类。
- 熟记联林高手故事中的经典对联。
- 理解并识记古人眼中的四大幸事。

2.学习古人的精神，在生活学习中奋发向上，遇事冷静应对。

3.体验快乐学习的过程，掌握超大容量知识课堂记笔记的学习方法。

本课教法指导

1.在讲解解缙巧改《凉州词》的故事时，教师要说明解缙之所以能化解危机是因为古时书法作品中不出现标点，所以朗读时可以自由断句。如时间有限，可不板书，断句清晰即可。

2.在讲解纪晓岚"叩头巧对联"的故事时，应说明"思"乃"十口心"组合而成，"谢"是"寸身言"组合而成，"赏"由"八目尚"组合而成。古时繁体的"谢"和"赏"的写法分别是"謝"、"賞"。

教学设计

一、魅力问答

教师提问，让学生通过竞技游戏进行回答，复习前面讲述过的知识。

二、耳朵旅行

讲述解缙与曹尚书的对联故事以及周平秋的对联故事，让学生在生动有趣的故事中了解中国古典文化。

联林高手

【解缙篇】

故事一：智斗曹尚书

解缙，出身贫寒，却凭借着一身傲骨和天赋才华，成为**明代翰林院大学士**。

解缙自幼好学，出口成章。他的邻居是朝中一位曹姓尚书，心胸狭窄，对解缙的才华耿耿于怀。一年春节，家境贫穷的解缙以对门曹尚书家的竹子为内容，写了一副春联挂在家门口："**门对千竿竹，家藏万卷书**。"曹尚书看到了很不高兴，就命仆人去砍竹子。不一会儿，仆人来报，说那解缙看到竹子被砍得短了许多，就把春联改成了："**门对千竿竹短，家藏万卷书长**。"曹尚书听罢，非常恼火，令人把竹子连根挖出，不料解缙又挥手将春联改为："**门对千竿竹短无，家藏万卷书长有**。"曹尚书白白地失掉了竹子，却让解缙享有了家藏万卷书的殊荣。曹尚书为此耿耿于怀，没过多久，就让家丁去找解缙。解缙到曹尚书家时，发现大门紧锁，只有旁边开了一个小小的狗洞。家丁说："我们老爷说，你不用走大门，走狗洞就行。"解缙一听十分生气，说"我不走狗洞，我要走大门。"家丁向曹尚书汇报后，曹尚书让解缙从大门进入，但见到他之后却颇为鄙夷地道："**小犬无知嫌路窄。**"解缙一听，正义凛然地高声对道："**大鹏展翅恨天低。**"曹尚书看到解缙过年的时候穿衣服还是破破烂烂，于是又讥讽道："**出水蛤蟆穿绿袄。**"解缙看了看曹尚书身上大红色的新衣，哈哈大笑道："**落汤螃蟹着红袍。**"曹尚书大为恼怒，这时，他突然想到解缙的父亲是武大郎的同行——卖烧饼的，而他的母亲则以纺线为生，意欲以此来羞辱解缙，于是故意问道："你父母以何为生啊？"解缙想起父亲每天卖烧饼，烧饼圆圆的，像太阳，而半个烧饼弯弯的，就像月亮；母亲纺线织布，双手忙个不停，就大气地答道："**严父肩挑日月，慈母手转乾坤。**"曹尚书听了，哑口无言。为了彰显自己的气度大，不与解缙这般小儿计较，曹尚书伸手指了指家中的弥勒佛，来了一副上联："**大肚能容，容天下难容之事。**"没想到解缙也指了指弥勒佛，哈哈笑道："**开口便笑，笑世间可笑之人。**"曹尚书气上加气，接着说到："**二猿断木深山中，小猴子也敢对锯（句）？**"解缙听到他称自己为"小毛猴"，十分生气，就毫不客气地道："**一马失蹄淤泥里，老畜牲怎能出蹄（题）！**"曹尚书自找屈辱，但也不得不佩服解缙的才华。

故事二：巧改《凉州词》

解缙乃一代文豪，不仅文笔优美、才思敏捷，还写得一手好书法。一次，外国进贡给明朝皇帝一把精美的折扇，皇帝便让解缙在折扇上题诗。解缙看到扇子上画的是沙漠风光，就题了王之涣的一首著名七言绝句《凉州词》："**黄河远上白云间，一片孤城万仞山。羌笛何须怨杨柳，春风不度玉门关。**"谁知他一时大意，竟将首句"黄河远上白云间"的"间"字漏写了。

写好后，解缙把扇子敬献给皇帝，皇帝十分高兴，反复欣赏。突然，皇帝发现漏写了"间"字，勃然大怒，觉得这是解缙在嘲笑自己不懂古诗，要解缙做出解释，否则就判他欺君之罪。解缙不愧是一世奇才，尽管内心惊惧，但面上不动声色，脑子里飞快地想出了对策，赶紧对皇帝说："陛下，这不是王之涣的《凉州词》，而是我根据他的作品重新创作的一首词，叫做《凉州》，请允许我念给您听！"说完，便朗声念道："**黄河远上，白云一片，孤城万仞山。羌笛何须怨，杨柳春风，不度玉门关。**"皇帝听了，转怒为喜，赞道："爱卿果然奇才，你的词与王之涣的七言绝句《凉州词》有异曲同工之妙啊！"

【注】巧改《凉州词》的故事也有传说是出自纪晓岚之手。

【周平秋篇】

"囍"字的来历

古人眼里人生四大幸事：**久旱逢甘霖，他乡遇故知。洞房花烛夜，金榜题名时。**其中的后两件事衍生了一个字——"囍"。

现在，每逢人们结婚办喜事儿总要写上两个大红"囍"字，挂在门前，以示庆贺。其实，这大红"囍"字的来历传说与对联也有关系。

相传，从前有个叫周平秋的读书人，他苦读十年进京赶考，连考两次都名落孙山。但是他屡败屡战，第三次踏上了赶考的路程。这天，他路过一个小村庄，看见一个员外家门前非常热闹。原来是员外家在给女儿招女婿，他们以文招婿，要求应征者须对出一个绝妙下联，才能娶得佳人。那给出的上联写的是："**走马灯，灯马走，灯熄马停蹄。**"走马观花的"花"的意思是花灯，确切地说就是有灯谜的花灯。古人习惯于骑马看花灯，有一种马在走、灯也在走的错觉。

周平秋站着看了一会儿，自觉对不出，虽遗憾却也不得不继续赶路了。古时参加科举的考生往往耗费数年的时光熟读各类经典、文章，但考试的时候可能只答一道题。当年的考题便是对对联，题中给出了下联让考生来对上联。这下联是："**飞虎旗，旗虎飞，旗卷虎藏身。**"考生们看到后都抓耳挠腮、苦苦思索，而周平秋却想都没想，提笔就写上了"走马灯，灯马走，灯熄马停蹄"，第一个交卷，而且中了当年的状元。

当他金榜题名，再次路过那个小村庄时，又想到那家小姐，便想再去碰碰运气。等他来到员外家时，已是门庭冷落，小姐忧愁地坐在绣楼里，下联还是空空如也。周平秋一个箭步冲上去，对出了下联："飞虎旗，旗虎飞，旗卷虎藏身。"小姐喜笑颜开，她的爹爹立马把他迎进屋里，决定当晚成婚。他的朋友也是当晚赶来为他庆祝，因为赶得匆忙没带礼物，便写了一个"囍"字送给他，说："这个字可是专门为周兄而题，双喜临门——洞房花烛夜，金榜题名时。"于是变成了沿用至今的"囍"字。

【注】此联出处亦有多种说法，一说此联出自"王安石捡联获妻"的典故。

【纪晓岚篇】

叩头巧对联

乾隆爱做对子，有一次在御花园散步，突然做出了一副合字联的上联："**十口心思，思家思民思社稷。**"此联中，合的是一个"思"字。但是乾隆左思右想也对不出下联，只好问身边的纪晓岚。话音未落，纪晓岚扑通跪倒，连磕三个响头。乾隆下了一跳："答不出来也不会治你的罪，快快起来。"没想到纪晓岚还是跪在地上，又连磕三个响头，乾隆彻底被他弄糊涂了。这时纪晓岚开口说道："微臣已经对出了下联，您不说满意，臣怎敢起？"原来纪晓岚是以哑联对明联，下联就是：**"寸身言谢，谢天谢地谢君王。"**

【注】相传明朝时就有"十口心思"此上联。唐伯虎点秋香时，曾被秋香的长辈用此联为难，但他欣然对道："八目尚赏，赏花赏月赏秋香。"（"赏"的繁体字为"賞"。）也不失为奇联巧对。

诗意实践

利用身边的资源,寻找一到两个有趣的对联故事与大家分享。

本课知识点参考

识记类

1.″门对千竿竹(短)(无),家藏万卷书(长)(有)″的对联内容。

2.″小犬无知嫌路窄,大鹏展翅恨天低″的对联内容。

3.″出水蛤蟆穿绿袄,落汤螃蟹着红袍″的对联内容。

4.″大肚能容,容天下难容之事;开口便笑,笑世间可笑之人″的对联内容。

5.″严父肩挑日月,慈母手转乾坤″的对联内容。

6.″二猿断木深山中,小猴子也敢对锯(句)?一马失蹄淤泥里,老畜牲怎能出蹄(题)″的对联内容及其类别。

7.古人眼中的人生四大幸事。

8.″囍″字的来历与人生四大幸事中的哪两件相关。

9.″走马灯,灯马走,灯熄马停蹄;飞虎旗,旗虎飞,旗卷虎藏身″的对联内容及其类别。

理解类

解缙能够修改《凉州词》的文化背景。

课外延展类

对联知识与故事。

解缙的生平故事。

本单元推荐阅读书目

[1] 车万育、李渔著,诸世能、朱远华注释.声律启蒙·笠翁对韵.昆明:云南大学出版社,2007.

[2] 丁军杰著.中国对联谜语故事全书.西安:三秦出版社,2007.

[3] 顾国瑞编.三言二拍.北京:高等教育出版社,2008.

[4] 梁羽生著.名联观止.桂林:广西师范大学,2008.

[5] 林语堂著.苏东坡传.天津:百花文艺出版社,2008.

[6] 欣悦编著.中华对联故事精华.呼和浩特:内蒙古大学出版社,2003.

[7] 蒋竹荪等编著.名联鉴赏辞典.上海:上海辞书出版社,2007.

第二单元　原始歌谣和上古神话

本单元教学目标

1.了解并熟记两首原始歌谣的内容。

2.掌握上古神话中女性神和男性神的经典故事。

3.理解生殖崇拜、各种图腾崇拜的原因及相关内容。

4.通过对经典神话故事的了解，欣赏并热爱中国古代神话。

第四讲　原始歌谣和上古神话（上）

本课教学目标

1.了解原始歌谣的内容以及上古神话中女性神的故事。

- 熟记两首原始歌谣的内容。

- 理解生殖崇拜、各种图腾崇拜的原因及相关内容。

- 掌握"女娲补天"、"女娲造人"、"精卫填海"等神话故事。

2.通过对经典神话故事的了解，欣赏并热爱中国古代神话。

本课教法指导

在讲述"精卫填海"的故事时，如时间充裕，可讲述"愚公移山"的故事，它与精卫填海有异曲同工之妙，两者都表达了一种锲而不舍的精神。

教学设计

一、魅力问答

教师提问，让学生通过竞技游戏进行回答，复习前面讲述过的知识。

二、耳朵旅行

讲述狩猎、祭祀的原始歌谣和"女娲造人"、"女娲补天"及"精卫填海"的故事，让学生在生动有趣的故事中体会古代原始歌谣与上古神话的精彩内涵和精炼的文字之美。

1.原始歌谣

原始歌谣代表了原始人的一种生活状态。

（1）与狩猎有关的原始歌谣

最早的原始歌谣是**猎歌**。中国历史上有记载的最早的一首原始歌谣是《吴越春秋》中的《弹歌》："**断竹，续竹，飞土，逐宍。**""宍"即"肉"。断竹，续竹：是把竹子弄断，削尖，再把它们续起来。飞土：把泥土余成泥丸。逐宍：把泥丸弹出去来追逐野兽。

（2）与祭祀有关的原始歌谣

祭祀是一种非常神秘的活动。远古时代由于人们对自然界的认知有限，很多自然现象无法解释，只能寄托于神灵。人类对自然万物有一种本能的崇敬，用猎物做大型的庆典，即祭祀活动。

（3）牛图腾

《吕氏春秋·古乐篇》："**昔葛天氏之乐，三人操牛尾，投足以歌八阕。**"

从前葛天氏部落的乐舞，三个人拿着牛尾巴，踏着脚来唱八首歌。操：拿着。阕：歌曲。为何操牛尾？因为当时有"图腾崇拜"。图腾是原始人迷信某种动物或自然物同氏族有血缘关系，因而用来做本氏族的徽号或标志。"操牛尾"源自图腾崇拜，古人崇拜牛，是一种**生殖崇拜**，象征着强壮。

"八阕"即八首歌曲，其中有一篇为《玄鸟》。**玄鸟**即今天的燕子，在古人眼中是神圣的象征，玄就是黑色的意思，所以燕子也被作为北京奥运吉祥物之一。北京奥运吉祥物中为什么没有龙呢？因为东西方文化对龙的理解上存在差异，在中国人心中，龙是吉祥的象征，但西方人认为龙是邪恶的象征，因此奥运会并没有把龙列在吉祥物范畴之内。

图腾的故事

狼图腾：草原上奔驰的狼，是蒙古族的图腾。蒙古族崇拜狼，但不崇拜马，因为在他们眼中，马是可以被驯化的，但是狼很有个性，一生不能被驯服，保持自由的个性。蒙古族人生性不羁，喜欢并崇拜狼的这种个性，所以将狼作为他们的图腾。

龙图腾、凤图腾：俗话说"望子成龙，望女成凤"。凤凰是一对鸟，凤为雄，凰为雌，有"凤求凰"一说。

蛙、鱼图腾：鱼和蛙产卵数量很大。古代人丁稀少，他们不仅希望能像牛一样强壮，也希望能多子多孙多福。

汉民族崇拜龙，蒙古族崇拜狼，侗族崇拜蛇，朝鲜族崇拜鹤，鄂伦春族崇拜熊，畲族崇拜狗。

欧洲很多国家以鹰为图腾，波斯崇拜猫，比利时、西班牙、瑞士崇拜狮子。

2.上古神话

神话即神的故事，诞生于"万物有灵"的观念，常常是为了解释某个自然或社会现象，或者为了表达征服、改造的愿望。神话中的主人公常是神灵或神化的英雄人物，这些人物有超常的力量，为人们所敬畏。中国古代神话，主要见于

《山海经》、《穆天子传》、《庄子》、《楚辞》、《淮南子》、《列子》等古籍中。其中成书于战国秦汉之际的《山海经》是一部古代巫书,里面保存的神话最多,也最接近原始形态。

上古神话故事可分为女性神和男性神两个类别。

神话中的女性神有**女娲**、**精卫**。

(1) 女娲造人

"女娲造人"是我国古代关于人类起源的著名神话。

【出处】

《太平御览》卷七八引《风俗通》:俗说天地开辟,未有人民。女娲抟黄土作人,剧务,力不暇供,乃引绳于泥中,举以为人。故富贵者,黄土人也;贫贱凡庸者,绠人也。

【故事版】

传说女娲是一个人身龙尾的女神。盘古开天辟地以后,她行走在天地之间。然而,世界上即使有山川草木和鸟兽虫鱼,在女娲看来还是不完整,她想要创造出更卓越的生灵,为天地间增添更多的生气。

女娲沿着黄河滑行时低头看见了自己的影子,便决定仿照自己的样貌,用河岸上的黄泥来捏泥人。在双手之外,女娲还为他们做了双腿来代替龙尾。不一会儿,她就捏好了好多泥人。女娲朝着小泥人们吹气,泥人便"活"了起来,成了会直立行走、会说会唱的"人"。身上注入了阳气的便成了男人,注入阴气的就成了女人。这些男男女女们围着女娲跳跃、欢呼,让女娲不再感到寂寞。

女娲想让人类遍布于大地之上,但地太广而女娲也已经累了。所以,她就把一根藤条放进河中的泥潭里搅晃,再用绳子往地面上一抽,泥点的降落之处就生出成了一个个小人。如此,世界上就满是人类了。

为了使人类能够繁衍不绝,女娲还建立了婚姻制度,让男女成对,生儿育女,使人类种族能延续至今。

但是女娲造人的两种方式——捏和抽被后来的奴隶主阶级利用了。奴隶主欺压奴隶，奴隶过着牛马不如的生活，被任意买卖、残杀。奴隶主认为他们是女娲娘娘精心用手捏出来的人，享有无上的权力；而奴隶是被泥水抽出来的，所以生来便卑贱，要一生为奴。奴隶主的孩子永远都是奴隶主，奴隶的孩子永远都是奴隶。在那个愚昧的年代，奴隶相信了这种说法，一直过着悲惨的生活。

(2) 女娲补天

【出处】

《淮南子·览冥训》载：往古之时，四极废，九州裂，天不兼覆，地不周载，火爁炎而不灭，水浩洋而不息，猛兽食颛民，鸷鸟攫老弱。于是女娲炼五色石以补苍天，断鳌足以立四极，杀黑龙以济冀州，积芦灰以止淫水。苍天补，四极正，淫水涸，冀州平，狡虫死，颛民生。

【故事版】

女娲所造的人类在大地上幸福地生活着。然而有一年，水神共工和火神祝融开战，共工战败后气得用头去撞西方的不周山，结果将这座撑天的大柱撞塌，半边天便塌了下来，天上出现一个巨大的窟窿，大地也被震出多处裂口。裂口中喷发出火焰，这些大火点燃了房屋和作物。洪水漫天，大地被淹没，人们所居之所变成了汪洋大海。

女娲看见孩子们遭受这样的灾祸，十分痛心。她来到黄河边，挑选了许多五色的石头，把它们熔化，用它们补全天上的窟窿。天空补好后，天边便出现了五色云霞。现在雨过天晴后出现的彩霞，据说就是当年女娲用五彩石炼成的。

这之后，女娲担心补好的天空会再度坍塌，就从东海中捉来万年巨龟，斩下其四足，用作擎天之柱，分别立在大地的四角，支撑住天地的四方。接着，她又赶走了各种猛兽、凶鸟，把芦草烧成灰，淤塞住滔天的洪水。就这样，在女娲的帮助下，人类终于摆脱了灾难，大地上又出现了祥和与欢乐。

女娲创造了人类，所以又被称为"女娲娘娘"；她为人类的幸福而倾力付出，因此被后人铭刻在心。

"补天"的故事反映了古代人民改造自然、克服灾害的强烈愿望。

(3) 精卫填海

【出处】

《山海经·北山经》："炎帝之少女名曰女娃。女娃游于东海，溺而不返，故为精卫，常衔西山之木石，以填于东海。"

【故事版】

传说古时炎帝有个女儿，名叫精卫，性格开朗活泼，喜欢打抱不平。一天，她看到一个大孩子把小孩子当马骑。那年纪小的孩子已经疲惫不堪地趴在地上，可是大孩子还是不罢休。精卫走过去，怒斥道："你一个男孩子，不知羞耻，在这里欺负小孩子算什么本事，有本事去打虎打熊，那才是英雄好汉。"大孩子见精卫是个小姑娘，看起来很文弱，便不放在眼里。他从小孩背上跳下来，指着精卫说："我乃海龙王的儿子，你凭什么来管我！"精卫说："龙王的儿子有什么了不起，我是炎帝的女儿。这陆地上没有你撒野的地方！"龙王的儿子听后气得动手就打。而精卫从小便跟随父亲打猎，所以手脚灵活，力气也大，看见龙王的儿子这么蛮横，便也不留情，躲开对方的拳头后一脚把他踢倒在地。龙王的儿子站起来后挥拳又打，精卫随即当胸一拳，把他打得仰面朝天。龙王的儿子见打不过精卫，就灰溜溜地逃走了。

几天后，精卫到海中游泳，十分开心。但这被龙王的儿子发现了，他仍旧对精卫怀恨在心，说道："那天在陆地上让你得手便宜了你，但今天你到了这里，便是我的地盘。如果你马上认错，我就原谅你，不然我就发动大浪置你于死地！"精卫强硬地说："我没错，自然无错可认。"龙王的儿子见状更是怒不可遏，便兴风作浪，淹死了精卫。

精卫死后，她的灵魂化作了一只鸟，这鸟花脑袋，白嘴壳，红脚爪，发出"精卫、精卫"的悲鸣，人们称它为精卫鸟。精卫痛恨无情的大海夺去了自己的生命，便发誓要填平大海以报仇雪恨。从此，她每日不停地从别处衔来石子扔到海中，从不言弃。精卫锲而不舍的精神受到人们的推崇。后世也常常以"精卫填海"比喻不畏困难、永不放弃的精神。

诗意实践

利用身边的资源,搜集一篇上古神话(女性神)与大家分享。

本课知识点参考

识记类

1.《弹歌》的内容。

2.本课中祭祀歌谣的内容。

3.列举几种图腾崇拜。

4.玄鸟指的是今天的哪种动物。

5.保存了中国最多的原始神话的古籍名称。

6.关于女娲的两个传说,其中女娲造人被奴隶主阶级利用。

7."精卫填海"所代表的精神。

8.与"精卫填海"有异曲同工之妙的成语是什么。

理解类

1.原始歌谣的内容为何与狩猎及祭祀有关。

2.图腾文化的涵义。

3.奥运会吉祥物中没有龙的原因。

课外延展类

上古神话的拓展阅读。

第五讲　原始歌谣与上古神话 (下)

本课教学目标

1.掌握上古神话中男性神的故事。

2.通过"鲧禹治水"的故事，领悟失败乃成功之母的的精神。

本课教法指导

1."嫦娥奔月"不属于男性神故事，但由于是和后羿相关的神话传说，所以教师可以做关联讲解。关于"嫦娥奔月"的故事有两个古籍版本，分别为《淮南子·览冥训》与《淮南子·外八篇》。本课程选用的是《淮南子·览冥训》的版本，教师可酌情补充另一个版本。

2.教师可根据时间和学生的理解能力，选择其他相应的神话故事进行补充讲解。如可为学生补充讲解"炎黄子孙"的来历。

教学设计

一、魅力问答

教师提问，让学生通过竞技游戏进行回答，复习前面讲述过的知识。

二、耳朵旅行

讲述盘古"开天辟地"、"后羿射日"、"嫦娥奔月"、"夸父追日"、"鲧禹治水"的故事，让学生在生动有趣的故事中体会上古神话的精彩内涵。

神话中的男性神：盘古、后弈、夸父、鲧、禹、黄帝、炎帝等。

(1) 盘古开天辟地

创世神话表现了古人对于世界形成和人类起源的探索。随着人类认识范围的扩大，他们开始思索天地万物如何产生，人类如何出现这一类问题。盘古是一个男性创造之神。

【出处】

《艺文类聚》卷：天地浑沌如鸡子，盘古生其中。万八千岁，天地开辟，阳清为天，阴浊为地。盘古在其中，一日九变，神于天，圣于地。天日高一丈，地日厚一丈，盘古日长一丈，如此万八千岁。天数极高，地数极深，盘古极长。后乃有三皇。数起于一，立于三，成于五，盛于七，处于九，故天去地九万里。

《述异记》卷上：昔盘古氏之死也，头为四岳，目为日月，脂膏为江海，毛发为草木。秦汉间俗说，盘古氏头为东岳，腹为中岳，左臂为南岳，右臂为北岳，足为西岳。先儒说，盘古氏泣为江河，气为风，声为雷，目瞳为电。古说，盘古氏喜为晴，怒为阴。

【故事版】

传说在天地还没有开辟以前，宇宙就像是一个鸡蛋般混沌一团。巨人盘古在这其中酣睡了一万八千年后醒来，发现周围全是黑暗，浑身燥热且呼吸困难，他也无法舒展筋骨。

盘古火冒三丈，拔下自己的一颗牙齿，将其变为神斧，抡起来用力向周围劈砍。一阵巨响之后，"鸡蛋"中的一部分升向高处，变成天空；另外一部分则下沉，变成大地。从此，混沌的宇宙就变成了天和地。

盘古担心天地会重新合在一起，便用脚稳稳地踩在地上，用头颅顶住天空。之后他施展法术，让身体在一天之内变化九次。每当他的身体长高一尺，天空就会增高一尺，大地也随之增厚一尺。如此，使得天越来越高，地越来越厚，而盘古的身体也越来越长。许多年后，天已高到不能再高，而地也厚到不能再厚了。

这时的盘古也已经耗尽力气，他长舒一口气后，倒在地上，闭上双眼后便死去了。

他死后，嘴里呼出的气变成了风和云雾，声音变成了天空的雷霆，左眼变为了太阳，右眼变为了月亮，头发变为了星星，鲜血变为了江河湖海，肌肉变为了大地，头部变为了东岳泰山，脚变为了西岳华山，左臂变为了南岳衡山，右臂变为了北岳恒山，腹部变为了中岳嵩山。

盘古生前做了开天辟地的伟大之举，死后留给了人类无限的宝藏，是中华民族崇拜的英雄。

（2）后羿射日

相传后羿是夏朝时的族群首领，善射。那时，天上有十个太阳，阳光炙烤大地，庄稼枯焦，人民生活苦不堪言。后羿为了拯救百姓，就射下了九个太阳，只留下了一个，使得大地上气候适宜，万物得以生长。后羿又射杀猛兽毒蛇，为民除害。民间因而奉他为箭神。

羿和鲧、禹一样，是半神半人的英雄，是射技非凡的弓箭手。后羿为民除害，是古时人们征服自然的理想化身。

（3）嫦娥奔月

神话传说中后羿是嫦娥的丈夫。后羿到西王母那里去求来了长生不死之药，好让他们夫妻二人在世间永远和谐地生活下去。嫦娥却过不惯清苦的生活，趁后羿不在家的时候，偷吃了长生不死药，奔逃到月亮里去了。

（4）夸父追日

【出处】

《山海经·海外北经》："夸父与日逐走，入日；渴，欲得饮，饮于河、渭，河、渭不足，北饮大泽。未至，道渴而死。弃其杖，化为邓林。"

《山海经·大荒北经》："大荒之中，有山名曰成都载天。有人珥两黄蛇，把两黄蛇，名曰夸父。后土生信，信生夸父。夸父不量力，欲追日景，逮之于禺谷。将饮河而不足也，将走大泽，未至，死于此。"

【故事版】

远古时代，在成都载天山上住着夸父族的巨人。他们的首领叫做夸父，力大无穷，常常将捉到的黄蛇挂在两耳上作装饰。

有一年大旱，太阳烤焦了庄稼，晒干了流水，人们难以生活。夸父见此情景，就发誓要捉住太阳，让它听从人们的指令。

一天，太阳刚刚升起，夸父就开始了他追日的征程。夸父不停地跑，饿了，就摘个野果充饥；渴了，就捧口河水解渴。跨过了一座座高山，穿过了一条条大河，在禺谷时他终于就要追上太阳了，夸父心中高兴至极。可是离太阳越近，阳光就越强烈，夸父越来越渴，他走到东南方的黄河边，猛喝黄河里的水。黄河的水被他喝干了。他接着又去渭河里喝水。然而，渭河水被他喝干后，夸父还是干渴难耐。于是，他打算向北走，去一个大泽喝水。可是，由于他太累太渴，所以走到中途时，夸父的身体就再也支持不住，慢慢地倒在地上后，死去了。

夸父死后，他的身体变成了一座大山，这就是"夸父山"。他死时扔下的手杖，变成了一片桃林。

(5) 鲧禹治水

【出处】

《山海经·海内经》：洪水滔天。鲧窃帝之息壤以堙洪水，不待帝命。帝令祝融杀鲧于羽郊。鲧复生禹。帝乃命禹卒布土以定九州。

【故事版】

相传尧时发生了一场大洪水，鲧被推举去治理洪水。鲧采用"堵"的方法治水，把高地的土垫在低处，堵塞百川。然而治水九年，却无效果。

鲧的治理方法基本上是两个字——**堵、塞**。

正当烦闷之际，他听说天庭的"息壤"可以治水。虽知天帝必定不会允许，但是看到遭受洪水之灾的百姓，鲧还是义无反顾地盗出了"息壤"。"息壤"果然神奇，撒到何处，何处就会形成高山挡住洪水，并随水势的上涨而自动增高。

天帝知晓此事后，派火神祝融将鲧杀死在羽郊，取回了"息壤"，洪水再次泛滥。没有治理好洪水就死去，鲧死而不瞑目，尸体三年不烂，天帝知道后怕鲧变做精怪，便派祝融拿着"吴刀"剖开了鲧的肚子。然而就在这时，从鲧的肚子里跳出了一个人来，此人就是鲧的儿子禹。禹出世后，在鲧的身旁承诺必定将洪水制伏，鲧才合上双眼。鲧不计生死，为了拯救人民而触犯天条，这种大无畏精神，堪比希腊神话中盗取火种的普罗米修斯。

禹继承鲧的遗志接着治水，他采用了"疏导"的方法，历时十三年之久，终于把洪渊填平，将河道疏通，让洪水经湖泊河流汇入海洋，治水成功。大禹治水不畏艰险，锲而不舍，传说他为了完成治水重任，娶妻涂山女四天便离开家，在外十三年，没有回过一次家，曾经"三过家门而不入"，已然成为千古流传的佳话。

《汉语成语大词典》中对"失败是成功之母"是这样解释的：母：先导。指善于从失败中吸取经验教训，才能成功。据考证，它源于"鲧禹治水"的神话。

诗意实践

利用身边的资源，搜集一篇上古神话（男性神）与大家分享。

本课知识点参考

识记类

1.盘古开天辟地。

2.夸父追日。

3.后羿射日。

4.嫦娥奔月。

5.鲧、禹治水分别采用的方法。

6.由禹治水成功，鲧治水失败而引申出的名言。

理解类

由"鲧禹治水"引申出"失败乃成功之母"。

课外延展类

上古神话的拓展阅读。

本单元推荐阅读书目

[1] 陈成译注.山海经译注.上海：上海古籍出版社，2008.

[2] 崔钟雷著.中国古代神话传说：语文新课标（小学生版）.吉林：吉林美术出版社，2009.

[3] 孟长勇、张丽娜、刘爱军、吴刚著.中华神话故事.北京：人民教育出版社，2007.

[4] 潜明兹著.中国读本：中国古代神话与传说.北京：中国国际广播出版社，2010.

[5] 王蕾著.中国神话故事.合肥：黄山书社，2009.

[6] 小南一郎著，孙昌武译.中国的神话传说与古小说.北京：中华书局，2006.

第三单元 风雅《诗经》

本单元教学目标

1.初步了解并熟记《诗经》产生的背景、地位、分类及其代表作。
2.熟记《诗经》中引申出的成语。
3.通过《诗经》战争类诗篇的学习,体会战争的残酷,加深对和平的认识。

第六讲 风雅《诗经》

本课教学目标

1.初步了解《诗经》的地位及其内容。

- 了解《诗经》产生的背景。
- 把握《诗经》的地位,熟记其分类及其代表作。
- 熟记《诗经》中引申出的成语。

2.通过《诗经》战争类诗篇的学习,体会战争的残酷,加深对和平的认识。

本课教法指导

1."《诗三百》,一言以蔽之,曰,思无邪。"在讲解这句古文的理解时,可利用"一言以蔽之,曰……"让学生现场造句应用以加深印象,活跃课堂。如:"某某,一言以蔽之,曰,天才。""某某,一言以蔽之,曰,前途不可限量。"等。

2.讲解"风、雅、颂"的概念时,可引导学生说出今天与之特点相对应的词语。例如:风——风土人情、风俗;雅——高雅、优雅、典雅;颂——歌颂、赞颂、颂扬……

3.《诗经》中提到的诗歌全文仅供教师参考,学生只需记忆其中的名句,了解诗的基本内容和思想即可。

4.讲解"硕鼠"一词时,解释"硕"字时可举例"硕果",并引申出成语"硕果累累"。

教学设计

一、魅力问答

教师提问,让学生通过竞技游戏进行回答,复习前面讲述过的知识。

二、耳朵旅行

讲述《诗经》的地位、分类及其名篇,让学生在生动有趣的故事和优美古文诗句中体会先秦文学的博大精深。

(一) 背景

中国最早的统一的封建制国家是秦。在原始歌谣和上古神话之后、秦以前的文学被称为先秦文学。先秦文学中有很多各式各样的文学样式和作品,《诗经》就是其中之一。

（二）地位

《诗经》是我国第一部诗歌总集。它收录了西周至春秋中叶或稍后大约五六百年间的三百零五篇诗歌。在先秦，它被称作《诗》或《诗三百》。

（三）孔子对《诗经》的评价

《诗三百》，一言以蔽之，曰，思无邪。

这句话的意思是：《诗经》三百篇，用一句话来概括它，就是思想没有任何的邪念。

不学诗，无以言。

这句话的意思是：不学《诗经》，连说话的资格都没有。这是孔子用来教育儿子孔鲤的名言。

（四）诗经的内容

《诗经》所录诗歌多来自民间和宫廷，分**风、雅、颂**三部分。风主要描写各个地方的风土人情，有十五国风，是出自各地的民歌。雅分**大雅、小雅**，多为宫廷诗作。颂则为宗庙祭祀大型庆典歌功颂德的文字。

三光日月星，四诗风雅颂

相传宋神宗年间，辽国派遣使者来宋。辽使者带来一上联求下对"三光日月星。"辽使者认为没人能对得出，因为，联语中的数量词，一定要用数量词来对。上联用个"三"字，下联就不能重复。而"三光"中的"日、月、星"只有三个字，所以下联无论你哪个数来对，其后跟着的字数，不是多于三，就是少于三。辽使者想借此羞辱宋朝，为辽扬威。谁知，当朝的苏东坡略一思索，就对出了下联："四诗风雅颂。"众人纷纷叫绝，因为其玄机就在于雅分为《大雅》和《小雅》两类。

（五）《诗经》分类

1.情感诗

《蒹葭》

蒹葭苍苍，白露为霜。所谓伊人，在水一方。溯洄从之，道阻且长。溯游从之，宛在水中央。

蒹葭凄凄，白露未晞。所谓伊人，在水之湄。溯洄从之，道阻且跻。溯游从之，宛在水中坻。

蒹葭采采，白露未已。所谓伊人，在水之涘。溯洄从之，道阻且右。溯游从之，宛在水中沚。

《关雎》

关关雎鸠，在河之洲。窈窕淑女，君子好逑。

参差荇菜，左右流之。窈窕淑女，寤寐求之。

求之不得，寤寐思服。悠哉悠哉，辗转反侧。

参差荇菜，左右采之。窈窕淑女，琴瑟友之。

参差荇菜，左右芼之。窈窕淑女，钟鼓乐之。

《桃夭》

桃之夭夭，灼灼其华。之子于归，宜其室家。桃之夭夭，有蕡其实。之子于归，宜其家室。桃之夭夭，其叶蓁蓁。之子于归，宜其家人。

《柏舟》

汎彼柏舟，亦汎其流。耿耿不寐，如有隐忧。微我无酒，以敖以游。我心匪鉴，不可以茹。亦有兄弟，不可以据。薄言往愬，逢彼之怒。**我心匪石，不可转也。我心匪席，不可卷也。**威仪棣棣，不可选也。忧心悄悄，愠于群小。觏闵既多，受侮不少。静言思之，寤辟有摽。日居月诸，胡迭而微。心之忧矣，如匪澣衣。静言思之，不能奋飞。

2.反抗诗

《硕鼠》

硕鼠硕鼠，无食我黍！三岁贯女，莫我肯顾。逝将去女，适彼乐土。乐土乐土，爰得我所？

硕鼠硕鼠，无食我麦！三岁贯女，莫我肯德。逝将去女，适彼乐国。乐国乐国，爱得我直？

硕鼠硕鼠，无食我苗！三岁贯女，莫我肯劳。逝将去女，适彼乐郊。乐郊乐郊，谁之永号？

【注】劳动人民把统治者喻为偷粮的老鼠，并誓言要到没有剥削的乐土去，表现了劳动人民的反抗精神。硕：非常大。

3.战争诗

《无衣》

岂曰无衣？与子同袍。王于兴师，修我戈矛。与子同仇！

岂曰无衣？与子同泽。王于兴师，修我矛戟。与子偕作！

岂曰无衣？与子同裳。王于兴师，修我甲兵。与子偕行！

4.农事诗

《七月》（片段）

二之日凿冰冲冲，三之日纳于凌阴。四之日其蚤，献羔祭韭。九月肃霜，十月涤场。朋酒斯飨，曰杀羔羊。跻彼公堂，称彼兕觥，万寿无疆！

诗意实践

利用身边的资源，搜集一首《诗经》里的诗歌并与大家分享。

本课知识点参考

识记类

1.《诗经》的地位。

2.《诗经》的别称。

3.孔子对《诗经》的评价。

4.《诗经》按内容的分类。

5. "三光日月星,四诗风雅颂"的故事。

6.《诗经》中描写情感的诗歌及其中的经典名句和成语。

7.《诗经》中描写劳动人民反抗精神的诗歌及其中的经典名句。

8.《诗经》中描写战争的诗歌及其中的经典名句和成语。

9.《诗经》中描写农事的诗歌及其中的经典名句和成语。

理解类

1.理解风、雅、颂在内容上的不同。

2.理解反抗诗《硕鼠》的深刻内涵。

3.理解《柏舟》的创作背景,从而深切地体会到"我心匪石"的女子的强大。

课外延展类

《诗经》的拓展研读。

本单元推荐阅读书目

[1] 程俊英.诗经译注.上海:上海古籍出版社,2006.

[2] 陈戍国撰.古典名著标准读本:诗经校注.长沙:岳麓书社,2004.

[3] 王秀梅译注.诗经.北京:中华书局,2006.

[4] 向熹.诗经.北京:高等教育出版社,2009.

[5] 袁愈荌,唐莫尧.诗经全译.贵阳:贵州人民出版社,2008.

第四单元　孔孟之道

本单元教学目标

1.了解诸子百家及儒家产生的背景。

2.了解并熟记孔子、孟子的代表著作,并掌握其各自的思想主张。

3.理解并熟记《论语》、《孟子》中的名篇名句。

4.体会孔子"温故知新"、"不耻下问"的学习精神并应用于学习之中。

5.了解与孟子相关的两则故事。

6.领悟孟子的君子之道,树立正确为人处世的观念。

第七讲　孔孟之道(上)

本课教学目标

1.了解儒家和孔子及其著作。

- 了解诸子百家及儒家产生的背景。

- 掌握孔子的思想主张。

- 理解并熟记《论语》中的名篇名句。

2.体会孔子"温故知新"、"不耻下问"的学习精神并应用于学习之中。

1.解释"诸子百家"中的"诸"字时,可引导学生组词"诸位"。解释"子"时,可引导学生说出其他学派代表人物,例如"老子"、"庄子"、"孙子"等。还可以鼓励学生好好学习,将来成为令人尊敬的"李子"、"张子"、"王子"、"周子"等。

2.教师可根据实际情况任选《论语》中的名句进行讲解和板书。

教学设计

一、魅力问答

教师提问,让学生通过竞技游戏进行回答,复习前面讲述过的知识。

二、耳朵旅行

讲述诸子百家产生的背景,以儒家为主,介绍孔子的思想主张并讲解《论语》中的名句。

(一) 诸子百家

春秋战国时期,正是中国的奴隶制社会崩溃、封建制确立的时期。周王室衰微,诸侯争霸,礼坏乐崩,社会处于动荡之中。这时候代表各阶级利益的知识分子异常活跃,成为一支重要的社会力量。他们纷纷登上历史舞台,著书立说,提出解决社会现实问题的办法,形成了诸子"**百家争鸣**"的繁荣局面。其中影响最大的是儒家、法家、道家。

【注】诸:各个的意思。子:对特别有学问的人的尊称。"诸子百家"就是指春秋战国时期的各个学派、各个分支。

(二) 儒家

先秦时期的一个思想流派,以孔子为代表,主张礼治,强调传统的伦常关系等。

自汉代起指由孔子（前551—前479年，春秋时期鲁国）创立的、后来逐步发展成以仁为核心的思想体系。从南北朝开始叫做儒教，跟道教、佛教并称。儒家的学说简称儒学，对中国、东亚乃至全世界都产生过深远的影响。

（三）孔子

孔子，名丘，字仲尼，山东曲阜人，儒家学派的创始人，中国伟大的思想家，教育家。山东的"一山一水一圣人"指的就是泰山、趵突泉、孔子。我们今天所知道的孔子的事迹大都来自于记录孔子及其弟子言行的书——《论语》。孔子一生据说有三千名学生，其中有七十二人为高徒。孔子的核心观念和主张是"仁"，他对当时的君王们提出了很多治国的建议，比如体贴民情、爱惜民力等。

孔子是位大教育家，主张"因材施教"，对不同的学生，用不同的教育方法。他教育学生：学习知识要经常复习，"温故而知新"；学习态度要诚实，"知之为知之，不知为不知"；要把学习和思考结合起来，"学而不思则罔，思而不学则殆"等。

相传，孔子六十八岁才开始写书，修订六经，其中就有我国第一部诗歌总集《诗经》，也包括根据鲁国的历史材料编成的《春秋》一书。这对古代文化的保存和发展，起了积极的作用。

1.孔子的思想主张："仁"、"义"、"孝"等，主张施仁政、提倡入世（仕），关注现世生活。

2.孔子的教育思想：有教无类、因材施教。

孔子有门徒三千，最有名的有七十二个人。所以人称他"桃李满天下"。

故事：有教无类

孔子认为只要学生有心，他就教，主张有教无类。

有一天，曲阜城外互乡的一个小男孩来求见孔子。因互乡在鲁国有着风俗败坏之称，所以许多弟子不主张孔子见小男孩。但孔子没有理会，派颜回把小男孩叫了进来。小男孩进门来，很有礼貌地向孔子行了礼。孔子问他："你来见我有何事呢？"小男孩答道："我父亲让我来问问先生，小孩子到几岁才可以上学呢？"孔子一听这问题，高兴地答道："只要能认得文字，听得懂我的讲义就可以了，年龄的大小是无关紧要的。"小男孩便谢了孔子，走了出去。孔子见弟子们议论纷纷，就说道："我也知道互乡是个坏地方，但这孩子是纯洁无瑕的。他诚心来见我，我只看他眼前的诚心，不问他以前的好坏；我只让他进来相见，不问他出去是作恶还是为善，有什么可非议的呢？倘若我把这孩子拒之门外，那么风俗不良之乡的人们便都不敢来见我了，这么做不就堵住了他们改邪归正的道路了吗？"众弟子听后，纷纷点头称是，不再议论。

3.《论语》

《论语》成书于战国初期，集中地反映了孔子的思想，是一部忠实地记述孔子及其弟子言行的语录体散文集。其中所记孔子循循善诱的教诲之言，或简单应答，点到即止；或启发论辩，侃侃而谈；富于变化，娓娓动人，而且内容博大精深，后世人称"半部《论语》治天下"。

《论语》是早期的语录体散文集，语言基本上是口语，明白易懂、文字简括。它是中国文化人必读的书籍，它所表现的人生态度、思想观念，影响了后世文人的个人成长，因而也对后世的文学产生了深远的影响。

《论语》名句

子曰："学而时习之，不亦说乎！有朋自远方来，不亦乐乎！人不知而不愠，不亦君子乎！"

子曰："人无远虑，必有近忧。"

子曰："温故而知新，可以为师矣。"

子曰："学而不思则罔，思而不学则殆。"

子贡问曰："孔文子何以谓之'文'也？"子曰："敏而好学，不耻下问，是以谓之'文'也。"

子曰："知之者，不如好之者；好之者，不如乐之者。"

子曰："知者乐水，仁者乐山；知者动，仁者静；知者乐，仁者寿。"

子曰："三人行，必有我师焉：择其善者而从之，其不善者而改之。"

子曰："君子坦荡荡，小人长戚戚。"

子在川上曰："逝者如斯夫，不舍昼夜！"

【注】由以上名句引申出了"温故知新"、"不耻下问"、"逝者如斯"等成语。

诗意实践

从《论语》中找出你最喜欢的三句名言，与大家分享它的意义以及你喜欢的原因。

本课知识点参考

识记类

1."诸子百家"中"诸"和"子"各自代表的意义。

2.儒家的代表人物。

3.孔子的名和字及其历史地位。

4.最能体现孔子思想的作品。

5.儒家的中心思想。

6.孔子提倡的教育思想。

7.背诵三句《论语》中的名句。

8.由《论语》引申出的成语"温故知新"、"不耻下问"和"逝者如斯"。

理解类

1.孔子的"仁"、"义"、"孝"以及"仁政"和"入世（仕）"的思想。

2.孔子"有教无类"和"因材施教"的教育思想。

课外延展类

孔子的生平和代表作品。

《论语》对现代社会的意义。

第八讲　孔孟之道(下)

本课教学目标

1.掌握孟子的相关知识。

- 熟记孟子的称号和代表作。
- 熟记孟子的思想主张和其代表名句。
- 了解与孟子相关的两则故事。

2.通过"孟母三迁"的故事，感受环境对人成长的巨大影响。

3.领悟孟子的君子之道，树立正确为人处世的观念。

本课教法指导

教师可根据时间和需要补充孟子思想部分。

教学设计

一、魅力问答

教师提问，让学生通过竞技游戏进行回答，复习前面讲述过的知识。

二、耳朵旅行

讲述诸子百家中儒家的代表人物孟子的思想主张及其代表作。通过一系列有趣的故事，让学生更好地理解儒家代表思想及孟子。

（一）孟子

孟子，**名轲**，字子舆、子车、子居，战国时鲁国邹（今山东邹城）人。中国古代著名思想家，战国时期儒家代表人物。孟子继承并发扬了孔子的思想，成为仅次于孔子的一代儒家宗师，有"**亚圣**"之称，与孔子并称为"**孔孟**"。

《孟子》，儒家经典之一。《孟子》与《庄子》是先秦诸子散文中文学性最强的。《孟子》的文字自然流畅，大气磅礴，其中多排比句式，又善于借助形象来说理，是感性与理性的结合体。对于后世文学，尤其是唐宋散文的发展产生了重大的影响。

1."民本"思想

"民为贵，社稷次之，君为轻。"

"君之视臣如手足，则臣视君如腹心；君之视臣如犬马，则臣视君如国人；君之视臣如土芥，则臣视君如寇仇。"

2.君子之道

"富贵不能淫，贫贱不能移，威武不能屈，此之谓大丈夫。"

"穷则独善其身，达则兼济天下。"

"老吾老，以及人之老；幼吾幼，以及人之幼。"

"我善养吾浩然之气。"

【注】从"我善养吾浩然之气"中引申出成语"浩然正气"。

3.天时地利人和

做事讲究"天时"、"地利"、"人和",这种说法出自于《得道多助,失道寡助》一文,三者皆备,事情进行得便会顺利。

【原文】

天时不如地利,地利不如人和。三里之城,七里之郭,环而攻之而不胜。夫环而攻之,必有得天时者矣,然而不胜者,是天时不如地利也。

城非不高也,池非不深也,兵革非不坚利也,米粟非不多也,委而去之,是地利不如人和也。

故曰:域民不以封疆之界,固国不以山溪之险,威天下不以兵革之利。得道者多助,失道者寡助。寡助之至,亲戚畔之。多助之至,天下顺之。以天下之所顺,攻亲戚之所畔,故君子有不战,战必胜矣。

【解析】

"天时不如地利,地利不如人和。"——有利于作战的天气、时令,比不上有利于作战的地理形势;有利于作战的地理形势,比不上作战中的万众一心、内部团结。

"得道者多助,失道者寡助。"——能施行"仁政"的君主,支持、帮助他的人就多;不行"仁政"的君主,支持、帮助他的人就少。

故事一:孟母三迁

孟子三岁时父亲去世,由母亲一手抚养长大。孟子小时候很贪玩,模仿能力很强。他家原来住在坟地附近,他常常玩筑坟墓或学别人哭拜的游戏。母亲认为这样不好,就把家搬到集市附近,孟子又模仿别人做生意和玩杀猪的游戏。孟母认为这个环境也不好,就把家搬到学堂旁边。孟子就跟着学生们学习礼节和知识。孟母认为这才是孩子应该学习的,就不再搬家了。

这个故事说明环境对人的成长影响巨大,良好的环境有助于学习。而孟母也是一个充满智慧的母亲。

故事二：五十步笑百步

由于战争不断，百姓生活贫苦。孟子周游列国，借此劝说好战的君主。

一次，孟子来到魏国，见了好战的梁惠王。梁惠王对孟子说："我费心尽力治国，又爱护百姓，与临国相比，他们的百姓没有减少，我们的百姓却不见增多，这是什么原因呢？"孟子回答说："王好战，请以战喻。填然鼓之，兵刃既接，弃甲曳兵而走。或百步而后止，或五十步而后止。以五十步笑百步，则何如？"意思是："既然梁惠王你喜爱打仗，就让我拿打仗作个比喻吧！双方军队在战场上相遇，免不了要进行一场战斗。有的人会弃盔丢甲，飞奔逃命。有的跑了五十步，有的跑了一百步，跑了五十步去嘲笑跑了一百步的兵士是'贪生怕死'，这对吗？"梁惠王立即说："当然不对！他只不过没有跑到一百步，但同样是逃跑。"孟子说："你虽然爱百姓，可你喜欢打仗，百姓就要遭殃。您想要自己的百姓多于临国，这与五十步笑百步同样道理。"

现在人们用"五十步笑百步"比喻自己跟别人有同样的缺点错误，只是程度上轻一些，却毫无自知之明地去讥笑别人。

【超链接】

（二）孟子思想

1.生于忧患，死于安乐

当面对困难，身心疲惫时，该如何看待？孟子告诉我们，种种困难是对人的考验，在克服困难的过程中，能力和才干将得到增长。

【原文】

故天将降大任于是人也，必先苦其心志，劳其筋骨，饿其体肤，空乏其身，行拂乱其所为，所以动心忍性，曾益其所不能。

【解析】

上天将要降临重大责任在这个人身上，一定要先使他的内心痛苦，使他的筋骨劳累，使他经受饥饿而体肤消瘦，使他缺乏钱财，受贫困之苦，使他所行不顺，做事错乱，用这些来使他的内心受到震撼，使他的性格坚韧，增长他过去所没有的才能。

2.鱼我所欲也

每个人都会面临选择，该如何取舍？孟子告诉我们，选择要有标准，有些东西甚至比生命还要重要。

【原文】

鱼，我所欲也；熊掌，亦我所欲也。二者不可得兼，舍鱼而取熊掌者也。生，亦我所欲也；义，亦我所欲也。二者不可得兼，舍生而取义者也。

【解析】

鱼是我所追求的，熊掌也是我所追求的，这两种东西不能够同时得到的话，那么只能舍弃鱼而选择熊掌了。生命是我所追求的，大义也是我所追求的，这两种东西不能够同时得到的话，那么只能舍弃生命而选择大义了。

诗意实践

搜集两个《孟子》中的句子或是两个孟子的故事与大家分享。

本课知识点参考

识记类

1.孟子的名、称号和代表作。

2.孟子的民本思想及其代表句。

3.孟子的君子之道及其代表句。

4.孟子"天时地利人和"的思想及其出处。

理解类

1.简单介绍"孟母三迁"的故事,说明环境对人的重要影响。

2.简要介绍成语"五十步笑百步"的故事并理解其喻意。

3.简要说明孟子的历史地位。

课外延展类

孟子的故事以及思想主张。

本单元推荐阅读书目

[1] 傅佩荣著.孟子的智慧.北京:中华书局,2009.

[2] 高秀昌著.国学经典少儿读本——孟子.郑州:中州古籍出版社,2006.

[3] 国学研究组编.论语故事小讲堂(注音版).长沙:湖南人民出版社,2010.

[4] 李泽厚著.论语今读.北京:生活·读书·新知三联书店,2004.

[5] 林玉均著.孟子讲的"大丈夫"的故事.合肥:黄山书社,2010.

[6] 吕涛著.历史小故事丛书——孟子的故事.石家庄:河北人民出版社,1981.

[7] 孟子著.国学精粹儿童启蒙教育诵读本——孟子.哈尔滨:哈尔滨出版社,2006.

[8] 南怀瑾著.论语别裁.北京:人民教育出版社,2007.

[9] 南怀瑾著.孟子旁通.上海:复旦大学出版社,2003.

[10] 钱穆著.论语新解.北京:生活·读书·新知三联书店,2005

[11] 万丽华、兰旭译注.孟子.北京:中华书局,2010.

[12] 杨伯峻译注.孟子译注.北京:中华书局,2006.

[13] 于丹著.于丹论语心得.北京:中华书局,2006.

第五单元　老庄之道

本单元教学目标

1.了解并熟记道家的基本主张与代表人物老子、庄子的代表作及其思想主张。
2.对比理解儒家与道家不同的思想主张和精神追求。
3.熟记庄子的代表作和其中引申出的成语以及与之相关的诗句。
4.通过"塞翁失马"的故事，领悟从容应对顺境逆境的心态。
5.了解庄周梦蝶的故事，感受庄子的浪漫情怀和机智聪慧，背诵与之相关的诗句。

第九讲　老庄之道（上）

本课教学目标

1.初步了解道家的基本主张与代表人物老子的相关知识。

- 列举道家的代表人物和基本思想主张。

- 熟记老子的代表作及其思想主张。

- 了解体现老子价值追求和思想主张的代表名句。

2.对比理解儒家与道家不同的思想主张和精神追求。

3.通过"塞翁失马"的故事,领悟从容应对顺境逆境的心态。

本课教法指导

1.老子的思想主张对小学生而言较难理解,所以教师只需要做简单介绍即可,可将"出世"思想与孔子的"入世"思想作比较。

2.通过讲"塞翁失马"的故事教育学生"胜不骄,败不馁",无论顺境逆境都要心态平和,从容应对。

教学设计

一、魅力问答

教师提问,让学生通过竞技游戏进行回答,复习前面讲述过的知识。

二、耳朵旅行

讲述诸子百家中道家的代表思想、人物及其作品,通过一系列有趣的故事,让学生更好地理解道家代表思想以及代表人物老子。

(一) 道家

先秦时期的一个思想派别,以**老子、庄子**为主要代表,他们并称"**老庄**"。道家的思想崇尚自然,天人合一。道家重视人性的自由与解放,主张"清静无为"、"返璞归真"、"顺应自然"、"为而不争,利而不害"、"修之于身,其德乃真"、"法于阴阳,以朴应冗,以简应繁"等。主张"**出世 (仕)**"、"**无为而治**"等。

道家哲学影响到整个中国古代哲学的发展。魏晋玄学、宋明理学都揉合了道家的思想发展而成。佛教传入我国后,也受到了道家的影响,禅宗在诸多方面受到了庄子的启发。历经两千多年,道家和儒家、佛教思想一起构成了中华民族文化的三块基石。

（二）老子

老子，春秋时思想家，**道家创始人**。一说即老聃，**姓李名耳**，曾任周朝守藏室之史，用我们今天的话说就是图书馆馆长，传说孔子曾向他问道。

代表作：《老子》（《道德经》）

代表思想："无为"——不妄为、"出世（仕）"、"小国寡民"、"鸡犬之声相闻，民至老死，不相往来。"

故事一：塞翁失马

老子有著名的**福祸转化说**，即"祸兮，福之所依；福兮，祸之所伏"。最能说明这个观点的故事就是"塞翁失马"。

有一位老人，名叫塞翁。他养了许多马，一天马群中忽然有一匹马走失了。邻居们听到这事，都来安慰他不必太着急，年龄大了，要多注意身体。塞翁见有人劝慰，笑笑说："丢了一匹马损失不大，说不定还会带来福气。"

邻居们听了塞翁的话，心里觉得好笑，马丢了，明明是件坏事，他却认为也许是好事，显然是自我安慰而已。可是过了没几天，那匹丢失的马不仅主动回家，还带回了一匹骏马。邻居听说马自己回来了，都非常佩服塞翁的预见，向塞翁道贺说："还是您老有远见，马不仅没有丢，还带回一匹好马，真是福气呀。"只见那塞翁却并不显得高兴，反而说到："白白得了一匹好马，不一定是什么福气，也许会惹出什么麻烦来。"

邻居们以为他故作姿态，心里明明高兴，故意不说出来。塞翁有个独生子，非常喜欢骑马。他看到那匹被带回来的马顾盼生姿，身长蹄大，嘶鸣嘹亮，当下就十分喜欢，便每天都骑马出游。可是那马毕竟是野马，有一天不知怎么的突然发起了飙，不听从塞翁儿子的指挥，把他从马背上狠狠地摔了下来。塞翁的儿子因此摔断了腿。

邻居听说，纷纷来慰问。塞翁说："没什么，腿摔断了却保住性命，或许是福气呢。"邻居们觉得他又在胡言乱语。他们想不出，摔断腿会带来什么福气。不久，匈奴兵大举入侵，青年人被征兵入伍，塞翁的儿子因为摔断了腿，不能去当兵。入伍的青年很多都战死了，塞翁的儿子却保全了性命。

后来，这个故事引申为今天的成语"**塞翁失马，焉知非福**"，意思是，塞翁丢了马，怎么知道这不是福气呢？

故事二：紫气东来

老子很有学问，在周王朝担任主管图书典籍的官职。在他七十多岁的时候，天下大乱，诸侯之间经常爆发战争，老子预料到将来会发生更大的战乱，所以就辞掉官职，骑着一头青牛，离开了洛阳向西而去。

相传，一日夜间，函谷关善观天象的关令尹喜突然看到东方紫气氤氲，预感到要有圣人到此。立刻派守关的士兵清扫道路，夹道焚香，迎接圣人。尹喜自己也是天天沐浴，日日斋戒，等待圣人的到来。没几日，果然见一长须如雪、仙风道骨的老者，骑着青牛悠悠而来，这位老者就是老子。

尹喜把老子留下来，请他做篇文章再走，老子就写了一篇专门讲"道"和"德"的文章，约五千字左右。后来人们把这篇文章印成书，书名叫《老子》，又叫《道德经》。老子写完文章后，挥别尹喜，就骑着青牛继续向西走了。

在道教的众多神仙中，老子成了至高无上的天神，叫"太清道德天尊"，民间都尊他为"太上老君"。

这个故事引申为今天的成语"**紫气东来**"，表示"**招福纳祥**"。在今天的寺庙、饭店等地方常能看到这四个字。

诗意实践

搜集两句《道德经》的名句或两个关于老子的小故事与大家分享。

识记类

1.老子的姓名及其由来故事。

2.老子关于处事原则和国家状态的思想主张。

3."塞翁失马"体现的老子思想主张及其中引申出的成语。

4.老子西出函谷关引申出的成语及其喻意。

理解类

对比儒家"入世"的思想主张，理解老子的处事原则。

课外延展类

老子的故事和《道德经》的相关内容。

第十讲　老庄之道 (下)

本课教学目标

1.了解庄子代表作、思想主张和他与惠子的故事。

- 熟记庄子的思想主张。

- 熟记庄子的代表作和其中引申出的成语以及与之相关的诗句。

- 了解"庄周梦蝶"的故事，背诵与之相关的诗句。

- 了解庄子与惠子的交往故事。

2.感受庄子的浪漫情怀和机智聪慧。

本课教法指导

1.教师需简单讲译出自《逍遥游》的文字。

2.通过"庄周梦蝶"的故事引出李商隐《锦瑟》一诗,可要求学生背诵。

教学设计

一、魅力问答

教师提问,让学生通过竞技游戏进行回答,复习前面讲述过的知识。

二、耳朵旅行

讲述道家的代表人物庄子的思想主张及其代表作品,通过一系列有趣的故事,让学生更好地理解道家代表思想以及庄子。

庄子

庄子,名周,战国时期著名思想家、哲学家、文学家,他和孟子差不多是同时代的人,一生只做过地位卑微的小官——漆园吏。他生活贫困,有时以编织草鞋为生。据说,一次楚王派人请他到楚国做国相,却被庄子拒绝了。庄子认为,做官违背人的自然本性,还不如他在贫贱的生活中自得其乐。

庄子是道家学派的代表人物。他的学说归依于老子的哲学,但《老子》是阐述自然无为的政治哲学,而《庄子》的中心却是探求个人在社会的压力下,如何实现自我解脱和自我保全的方法,是追求诗意人生的哲学。后世将他与老子并称为"**老庄**",他们的哲学为"**老庄之道**"。

思想主张:**天人合一。**"天"指自然规律,"人"指人类,主张自然与人类社会和谐发展。

代表作:《**庄子**》,其中有名篇《**逍遥游**》。庄子本人既是哲学家,又具有诗人气质。《庄子》这部哲学著作中就充满了文学气息,文章结构奇特,想象丰富,汪洋恣肆。文章中的辞汇丰富,描写细致,表现力与独创性极强,代表了先秦散文的最高成就，对后世影响巨大。

故事一：鹏程万里

"北冥有鱼，其名为**鲲**。鲲之大，不知其几千里也。化而为鸟，其名为鹏。鹏之背，不知其几千里也。怒而飞，其翼若垂天之云。""水击三千里，抟扶摇而上者九万里。"（出自《逍遥游》）

后来由这段文字引申出今天的成语"**鹏程万里**"。唐代诗人李白也有诗写道："**大鹏一日同风起，扶摇直上九万里。**"

故事二：庄周梦蝶

有一天，庄周梦见自己变成一只蝴蝶，飘飘然，十分轻松惬意。这时全然忘记了自己是庄周。醒来后，他对自己还是庄周十分疑惑。认真想一想，不知是这个世界的庄周做梦变成那个世界的蝴蝶呢，还是那个世界的蝴蝶做梦变成这个世界的庄周？后**李商隐**作《**锦瑟**》时曾引用此典故："锦瑟无端五十弦，一弦一柱思华年。**庄生晓梦迷蝴蝶，望帝春心托杜鹃。**沧海月明珠有泪，蓝田日暖玉生烟。此情可待成追忆，只是当时已惘然。"

故事三：子非鱼

【原文】

庄子与惠子游于濠梁之上。庄子曰："儵鱼出游从容，是鱼之乐也。"惠子曰："子非鱼，安知鱼之乐？"庄子曰："子非我，安知我不知鱼之乐？"惠子曰："我非子，固不知子矣；子固非鱼也，子之不知鱼之乐全矣！"

【解析】

一天，庄子和惠子一起游览。庄子对惠子说："你看水里的鱼悠然自得地游来游去，它们非常快乐。"惠子不同意庄子，就反问："你不是鱼，怎么能知道鱼是快乐的呢？"庄子反驳："你也不是我，怎么能知道我不知道鱼是快乐的呢？"惠子抓住庄子的反驳之语不放，说："我不是你，当然不知道你；同样，你也不是鱼，所以，你也不知道鱼是不是快乐的。"

诗意实践

通过身边的资源，寻找有关庄子的诗句或故事，与同伴分享。

本课知识点参考

识记类

1.庄子的思想主张及其代表作。

2.成语"鹏程万里"的出处以及相关的诗句。

3.李商隐的《锦瑟》中有关庄周梦蝶的诗句。

理解类

1."庄周梦蝶"的故事。

2.庄子与惠子交往的故事。

课外延展类

庄子的故事以及《庄子》的相关内容。

本单元推荐阅读书目

[1] 北京四海儿童经典导读中心编.老子·庄子.北京：人民文学出版社，2002.

[2] 陈鼓应注译.老子今注今译.北京：中华书局，2009.

[3] 陈鼓应注译.庄子今注今译.北京：中华书局，2009.

[4] 贺远宁编著.《老子》《庄子》妙语解读.广东：广东教育出版社，2007.

[5] 老子著.图解老子.辽宁：万卷出版社，2009.

[6] 林语堂著，黄嘉德译.老子的智慧.南京：凤凰出版传媒集团，江苏文化出版社，2009.

[7] 南怀瑾著.老子他说.上海：复旦大学出版社，2003.

[8] 朴素晶著，吴荣华译.老子讲的"道"的故事.合肥：黄山书社，2010.

[9] 孙通海译注.老子——中华经典藏书.北京：中华书局，2007.

[10] 孙通海注译.庄子——中华经典藏书.北京：中华书局，2007.

[11] 滕春红编.庄子故事.杭州：浙江少年儿童出版社，2009.

[12] 王博著.无奈与逍遥——庄子的心灵世界.北京：华夏出版社，2007.

[13] 王少农著.老庄之道：庄子讲故事.北京：大众文艺出版社，2005.

第六单元　百味楚辞

本单元教学目标

1.了解楚地文化及其特征，了解楚地的代表人物和代表文体。

2.了解楚辞代表人物屈原、宋玉生平及其代表作。

3.背诵《离骚》中的名句，并感受屈原的爱国情感。

4.体会楚地独特的文化氛围和楚地人才的独特精神气质。

第十一讲　百味楚辞

本课教学目标

1.了解楚地文化与楚地的代表人物。

- 了解楚地的文化特征和代表文体。

- 了解楚地奇才曾国藩。

2.了解楚辞代表人物及其代表作。

- 了解屈原的生平与端午节的起源。

- 背诵《离骚》中的名句。

- 了解宋玉的代表作和其中引申出的成语。

3.通过《离骚》，感受屈原的爱国情感。

4.体会楚地独特的文化氛围和楚地人才的独特精神气质。

1.《离骚》中的两句名句教师可作适当解释。

2.宋玉《登徒子好色赋》中描述"绝色佳人"的一段内容建议背诵。如果是中低年级学生，教师可以带着学生一起做动作，强化记忆效果。

教学设计

一、魅力问答

教师提问，让学生通过竞技游戏进行回答，复习前面讲述过的知识。

二、耳朵旅行

讲述楚辞产生的背景楚文化以及楚辞的代表人物及其作品，感悟诗人的诗意人生。

（一）楚文化

春秋之后的"**战国七雄**"是**齐、楚、燕、韩、赵、魏、秦**。楚指的是今天的**湖南和湖北两省**。战国时期，楚地巫文化非常盛行，有许多的占卜和祭祀活动，所以在楚辞中，有很多与此相关的诗篇和文章。楚辞，是流行在楚国一带的一种民谣，其本义是指楚地的言辞，后来逐渐固定为两种含义：一是指诗歌的体裁，二是指诗歌总集的名称（在一定程度上也代表了楚国文学）。从诗歌体裁来说，它是战国后期以屈原为代表的诗人在楚国民歌基础上开创的一种新诗体。

《楚辞》我国第一部浪漫主义诗歌总集。由于诗歌的形式是在楚国民歌的基础上加工形成的，篇中又大量引用楚地的风土物产和方言词汇，所以叫

"楚辞"。《楚辞》中主要是屈原的作品,其代表作是《离骚》,后人又称"楚辞"为"骚体"。

《楚辞》对后世文学影响深远。它的文辞华美,充满了各种奇思异想,富有神话色彩,不仅开启了后来的赋体,而且对后代的散文创作也产生影响,与《庄子》并称为"庄骚"。《楚辞》的主要作者屈原,创作了《离骚》、《九歌》、《九章》、《天问》等不朽作品。

岳麓书院,是中国古代四大书院之首,汇聚了当时最著名的学者。岳麓书院门口挂着一副对联:"**惟楚有才,于斯为盛。**"

李白曾经自称"楚狂",托孔子以自伤:"**我本楚狂人,凤歌笑孔丘。**"

至今在湖南还流传着一首非常有趣的打油诗:"**天下文章数三江,三江文章数吾乡。吾乡文章数舍弟,吾给舍弟改文章。**"

(二) 楚地奇才曾国藩

曾国藩,初名子城,字伯函,号涤生,谥文正,湖南长沙府湘乡(今湖南双峰)人。中国清朝时期的政治家、军事家、理学家、书法家、文学家,晚清散文"湘乡派"的创立人。在他的指导下,清朝建立了第一所兵工学堂,开始了中国的近代高等教育;第一次翻译并印刷了西方书籍,为近代中国科技奠定了基础,也极大地开阔了中国人的眼界;他还安排了第一批赴美留学生,培养了大批栋梁之材,其中中华民国第一任总理唐绍仪、中国"铁路之父"詹天佑、清末外交部尚书梁敦彦、清华大学第一任校长唐国安等就是此批学生中的佼佼者。曾国藩被后世誉为"古今第一完人"。毛泽东评价道:"愚于近人,独服曾文正。"

《曾国藩家书》,内容涉及天文、地理、文学、政治、军事等方方面面,堪称百科全书。《曾国藩家书》、《菜根谭》、《孙子兵法》是日本政府规定青少年必读的三本中国书。

(三) 楚辞的代表人物——屈原

屈原,中国历史上第一位伟大的浪漫主义诗人。屈原出身于楚国贵族,名平，字原，与楚王同姓。其祖先因受封"屈"地，所以以"屈"为氏。据《史记·屈原列传》记载，屈原在楚怀王时曾任左徒，颇受信任，"入则欲王图议国事，以出号令；出则接遇宾客，应对诸侯"，曾任"三闾大夫"之职。在外交方面，他主张联齐抗秦，曾出使齐国促成合纵。在内政方面，他主张变更法令，卓有建树。但怀王听信谗言疏远了他。此后顷襄王继位，屈原受到令尹子兰、上官大夫等人的诋毁，被放逐于江南。这时楚国政治更加黑暗，危难当头。公元前278年，秦国军队攻破郢都，顷襄王仓惶出逃。眼见国土沦亡，生灵涂炭，屈原忧愁幽思，在万分绝望中抱石投汨罗江而死。

1.端午节的来历

屈原在楚国人民心目中有很高的地位，人民都很爱戴他。得知他投江后，人们乘小船打捞他的尸体，但花了很长时间都没有成功。于是当地老百姓把大米包入叶子里——就是粽子——投入江中喂鱼，目的是不要让鱼伤害屈原的尸体。后来，慢慢就演变成了现在的"**赛龙舟**"和"**吃粽子**"的风俗。

在长江畔，还建有"屈原祠"，与"昭君墓"遥相对应。三峡改造时，为了工程顺利进行，专家权衡再三之后，痛下决心说"宁淹昭君，不伤屈原"，可见屈原重要的历史地位。

2.代表作《离骚》

《离骚》是屈原最重要的代表作。全诗三百七十二句，两千四百字，是中国古代最宏伟的抒情诗篇。"离骚"有两种解释方法：一是"**遭遇忧愁**"的意思，二是离别的愁绪。《离骚》中有很多意象，（所谓意象，就是将自己的情感通过某种事物表达出来。）其中反复出现的一种意象是"美人"，文中说"**恐美人之迟暮**"，在这里，美人指的是国君。作者真正要表达的意思是，他担心国君昏庸，国家衰亡。

《离骚》中的名句："**长太息以掩涕兮，哀民生之多艰。**"兮：感叹词"啊"。涕：眼泪。

"**路漫漫其修远兮，吾将上下而求索。**"孙中山先生的名句"**革命尚未成**

功，同志仍需努力"与此句也有异曲同工之妙。

3.其他代表作：《天问》、《九歌》、《九章》

《天问》全诗都由问句组成，内容丰富，问及天、地、人之事，表达了作者对宇宙、人生、历史、乃至神话传说的看法，表现了诗人对自然、历史、社会的见解和疑问，哲理性极强，同时又饱含激情。《九章》、《九歌》主要描写的是楚国的风土人情。

（四）宋玉

宋玉，又名子渊，相传他是屈原的学生，擅长描写美女，在《楚辞》中有一席之地。流传作品有《九辨》、《风赋》、《高唐赋》、《登徒子好色赋》等。"下里巴人"、"阳春白雪"、"曲高和寡"的典故皆由他的作品而来。在他的作品中，物象的描绘更加细腻，情景的结合也更加自然。宋玉在楚辞与汉赋之间，起着承前启后的作用。后人多以"屈宋"并称，可见宋玉在文学史上的地位。

宋玉的代表作是《登徒子好色赋》，其中写下了文学史中屈指可数的"绝色佳人"："臣东家之子，增之一分则太长，减之一分则太短；著粉则太白，施朱则太赤。眉如翠羽，肌如白雪，腰如束素，齿如含贝。嫣然一笑，惑阳城，迷下蔡。"

【注】从《登徒子好色赋》中，引申出成语"好色之徒"。东家之子：东边邻家的女儿。施朱：涂烟脂。束素：一束白色生绢。这是形容腰细。惑阳城，迷下蔡：使阳城、下蔡两地的男子着迷。阳城、下蔡是楚国贵族封地。

诗意实践

1.通过身边的资源，了解课程之外的一位楚地杰出人物的生平经历并与大家分享。

2.从《曾国藩家书》、《菜根谭》、《孙子兵法》中选择一本，摘录喜欢的句子与大家分享。

本课知识点参考

识记类

1."战国七雄"所指的七个国家。

2.楚地位于今日哪两个省份。

3.岳麓书院门口悬挂对联的内容。

4.楚辞的代表作。

5.《离骚》中的名句以及其中的独特意象和含义。

6.李白托孔子以自伤的诗句内容。

7.后世对于曾国藩的评价。

8.日本政府规定青少年必读的三本中国书及其作者/编者。

9.孙中山先生所说的与《离骚》中的千古名句意义相近的句子。

10.屈原的其他代表作品。

11.宋玉的代表作以及其中引申出的成语。

理解类

1.曾国藩的生平经历。

2.理解《离骚》的意义。

课外延展类

楚辞代表作品以及屈原的故事。

本单元推荐阅读书目

[1] 董楚平译注.楚辞译注 (图文本).上海：上海古籍出版社，2006.

[2] 黄丽凤编著.屈原的故事.汕头：汕头大学出版社，1998.

[3] 孟寅编著.历史小故事丛书——屈原的故事.石家庄：河北人民出版社，1979.

[4] 唐浩明著.唐浩明评点、曾国藩家书.长沙：岳麓书社，2004.

[5] 游国恩主编.离骚纂义.北京：中华书局，1980.

[6] 朱碧莲著.还芝斋读楚辞.上海：上海古籍出版社，2008.

第七单元　两汉华章

本单元教学目标

1.了解西汉时期和东汉时期主要文学成就、文学代表人物的故事及其代表作品。

2.了解并熟记《史记》、《汉书》的历史地位、经典故事、名句与后世评价。

3.通过了解司马迁经历与"人固有一死"的名言,感受他为实现理想而坚韧不屈的精神,树立正确的价值观,追求有意义的生活与人生。

4.了解贾谊的人生经历,体会其恨不能施展才学抱负的心境。

5.了解东汉时期的班氏家族的成员及其代表作,感受班氏家族成员的才情和抱负。

第十二讲　两汉华章(上)

本课教学目标

1.了解西汉时期文学代表人物的故事及其代表作品。

- 说出西汉时期的主要文学成就。

- 识记司马相如的代表作。

- 了解司马相如和卓文君的爱情故事。

- 识记贾谊代表作以及其中名句。

2.了解贾谊的人生经历,体会其恨不能施展才学抱负的心境。

本课教法指导

《过秦论》原文内容较难,教师可视情况选取重点讲解。

教学设计

一、魅力问答

教师提问,让学生通过竞技游戏进行回答,复习前面讲述过的知识。

二、耳朵旅行

讲述司马相如以及贾谊的历史故事以及相关诗句,让学生在生动有趣的故事和优美的诗文中学习西汉的经典文化。

(一) 两汉文化

两汉指的是**西汉**和**东汉** (西汉在前,东汉在后)。汉是中国最强盛的封建王朝之一。汉武帝时代的中国,更是当时世界上最大、物产最丰富、国力最强盛的国家。但后来统治者肆意挥霍,对外扩张,付出了"海内虚耗,人口减半"的代价。两汉王朝后期的社会矛盾非常激烈,各地起义暴乱不断。这对汉文学的发展也产生了很大影响。两汉时期的主要文学成就有**两汉散文**、**汉赋**、**乐府诗**和**《古诗十九首》**。

汉赋是一种新的文体。它主要从楚辞发展而来,介于诗歌与散文之间。以主客问答为形式,文中多铺叙。汉赋虽多有为统治者歌功颂德的内容,但也不乏讽谏意义。汉赋的代表人物是司马相如。

两汉的乐府诗主要是底层人民的作品,多为"饥者歌其食,劳者歌其事",风格质朴,长于叙事,其五言的形式对文人五言诗产生了巨大影响。

东汉以后五言诗渐趋成熟,在诗史上有着重大的影响,《古诗十九首》是文人五言诗的代表作。

（二）司马相如

司马相如，四川南充蓬安人，字长卿，是西汉大辞赋家。其代表作有《**子虚赋**》、《**上林赋**》等，成语"子虚乌有"就出自《子虚赋》。他和红颜知己**卓文君**的故事千古流传。

1.子虚乌有

《子虚赋》："楚使子虚使于齐，王悉发车骑，与使者出畋。畋罢，子虚过姹乌有先生，亡是公存焉。"

楚国的子虚在齐国的乌有面前夸说楚国地方的广大和楚王狩猎时的盛况。乌有很不服气，也夸耀了齐国，说齐国各方面都胜过楚国。两个人争论不休，谁都说服不了谁。"子虚"意为虚假不实，"乌有"则是幻想、不存在的意思。这两个人名都是借托的。后来，人们就把虚假的、不真实的或是不存在的事情，叫做"子虚乌有"。

2.《凤求凰》

司马相如少时好读书、击剑，被汉景帝封为"武骑常侍"。但这并非司马相如初衷，故借病辞官，投奔临邛县令王吉。临邛县有一富豪卓王孙，其女卓文君，容貌秀丽，文采卓然，素爱音乐又善于击鼓弹琴，但不幸未婚夫死，成了寡妇。司马相如听说了卓文君，心生向往之情，就趁一次作客卓家的机会，借琴声表达自己的爱慕之情。他的琴声使得在帘后倾听的卓文君怦然心动。卓文君也久闻司马相如，与司马相如见面之后更是一见倾心。两人互生爱意，但却受到了卓王孙的阻挠。无奈之下，两人便携手私奔，双双驰归司马相如的成都老家，成为一段佳话。

凤凰是传说中的神鸟，雄曰凤，雌曰凰。这首琴曲后来就叫做《凤求凰》。

（三）贾谊

贾谊，洛阳（今河南洛阳东）人。**西汉初年著名的政论家、文学家**。其著作主要有散文和辞赋两类。**散文**有《**过秦论**》、《**论积贮疏**》、《**陈政事疏**》等；辞赋以《吊屈原赋》、《鹏鸟赋》最著名。鲁迅曾评价他的文章"**为西汉鸿文，沾溉后人，其泽甚远**"。

1.《吊屈原赋》

贾谊18岁即有才名，年轻时由河南郡守吴公推荐，20余岁被汉文帝召为博士。不到一年被破格提为太中大夫。但是在23岁时，因遭群臣忌恨，被贬为长沙王的太傅。贾谊以同样的境遇来到屈原流放与投江的地方，感慨万千，便写下《吊屈原赋》。

《吊屈原赋》中写道："侧闻屈原兮，自沉汨罗。……遭世罔极兮，乃殒厥身。……**已矣，国其莫我知兮已矣！独壹郁其谁语？凤漂漂其高逝兮，固自引而远去。……何必怀此都也！**"生长于北方洛阳的贾谊，通过"侧闻"得知屈原的身世及《离骚》后，在湘水之边写下《吊屈原赋》，使屈原的名字首次见载于文献，让后人了解了屈原"遭世罔极"、"自沉汨罗"以及作《离骚》等宝贵的信息。

贾谊的人生道路遭遇了极大的挫折。他在长沙郁郁寡欢地过了几年后，又被汉文帝召回京。汉文帝在宣室之中不问他国计民生，却向他询问鬼神之事。贾谊心中非常失望。后来唐代著名诗人李商隐就此写了一首题为《贾生》的七绝："**宣室求贤访逐臣，贾生才调更无伦。可怜夜半虚前席，不问苍生问鬼神。**"之后，汉文帝派贾谊去给他最喜欢的小儿子梁怀王任太傅。几年后，梁怀王骑马时不小心摔死了，贾谊极为自责和悲伤，一年多后也郁闷而终。

2.《过秦论》

《过秦论》是贾谊的代表作，所作意为汉文帝提供政治改革及国家长治久安之策，是汉初散文的典范之作。文中详尽分析了秦能统一天下而又迅速灭亡的原因，指出了秦统一后所犯的过失，所以取名为《过秦论》。全文分为上中下三篇。上篇总论了秦得天下的历史与形势，统一六国扫平天下以后秦始皇的主要过错："一夫作难而七庙堕，身死人手，为天下笑者，何也？**仁义不施，而攻守之势异也。**"中篇重点分析秦在统一中国之后政策上的失误：在天下百姓归顺于秦、向往和平安定生活之时，始皇和二世继续横征暴敛，推行严刑峻法，终于把人民逼得造反。下篇进一步陈述了秦在危难当头不能挽狂澜的原因：第一，子婴的无能；第二，也是最重要的，便是秦王的暴政。三篇环环相扣、层层剖析了秦亡国之因，论证严谨，说理精辟，见解非凡。文章取名"过秦"，实则是借此来警告汉朝皇帝不要重蹈亡秦覆辙，所以全文取一句谚语作为结尾："**前事不忘，后事之师也。**"从文中，我们能看出贾谊对国家政治的热情和深刻思考。

诗意实践

利用身边的资源，找到司马相如或是贾谊的作品中的名句或与他们相关的一个故事（如"当垆沽酒"的故事），与大家分享。

本课知识点参考

识记类

1.西汉时期的主要的文学成就。

2.司马相如的代表作与其中引申出的成语。

3.贾谊的代表作。

4.鲁迅对于贾谊作品的评价。

5.《吊屈原赋》和《过秦论》中的名句。

6.李商隐的《贾生》。

理解类

1.贾谊的人生经历。

2.《吊屈原赋》和《过秦论》的内容和意义。

课外延展类

贾谊其他的代表作品。

第十三讲　两汉华章(中)

本课教学目标

1.了解西汉时期文学代表人物的故事及其代表作品。

- 概述司马迁的生平。
- 识记《史记》的历史地位与后世评价。
- 概述《史记》中的经典故事。

2.通过了解司马迁的经历,感受他为实现理想而坚韧不屈的精神。

3.通过感受司马迁的"人固有一死"的豪情壮志,树立正确的价值观,追求有意义的生活与人生。

本课教法指导

本课涉及的古文原文,教师可做适当解释。

教学设计

一、魅力问答

教师提问,让学生通过竞技游戏进行回答,复习前面讲述过的知识。

二、耳朵旅行

讲述司马迁与《史记》历史故事以及相关诗句，让学生在生动有趣的故事和优美的诗文中学习西汉的经典文化。

（一）司马迁与《史记》

两汉时期出现了很多文学大家，比如司马迁、班固等。

司马迁是西汉著名文学家，编写了**中国历史上第一部纪传体通史——《史记》**。纪传体通史就是指用人物传记的形式记载历史，因此《史记》记载了很多中国古代著名人物的生平故事。司马迁的文笔简练而传神，《史记》更是历代以来学习古代散文的优秀范本。

司马迁出身朝廷史官之家，二十岁时曾广泛漫游，足迹几乎遍及全国各地，开拓了胸襟，接触了各个阶层各种人物的生活，收集到很多历史人物的资料和传说，为他后来创作《史记》打下了基础。

司马迁子承父业为朝廷著述历史，但因替被汉武帝治罪的李陵说话而受到牵连，被处以宫刑。面对如此奇耻大辱，司马迁没有一死了之，而是决定"隐忍苟活"，忍辱负重，在著述历史中求得生命价值的实现。最终著成了《史记》。

在写给友人任安的一封回信——**《报任安书》**中，司马迁以极其激愤的心情，申述了自己的不幸遭遇，抒发了内心的无限痛苦，一句**"人固有一死，或重于泰山，或轻于鸿毛"**表现了自己坚定的理想和坚韧不屈的精神。

《史记》这部宏伟的文学巨著以"究天人之际，通古今之变，成一家之言"为写作目标，记述了包含"鸿门宴"在内的很多经典历史故事，塑造了项羽、刘邦、张良、韩信、屈原、荆轲等各有特色、栩栩如生的人物形象，是中国文学史上一颗璀璨的明星。鲁迅评价《史记》为"史家之绝唱，无韵之《离骚》"。

（二）《史记》故事

1.陈涉世家

《陈涉世家》是司马迁《史记》中的一篇，是秦末农民起义的领袖陈胜、吴广的传记。世家，是《史记》传记中的一种，主要是为那些对全国政局有影响的王侯将相所作的传记。陈胜虽出身雇农，但作为反秦首领，功甚大，又曾一度建立政权，所以司马迁在《史记》中给予他重要的历史地位，让其入"世家"。这也体现了司马迁对陈胜反抗精神和行动的肯定。

公元前209年，以陈胜、吴广为首的戍卒九百人在大泽乡举行了我国历史上第一次大规模的农民起义。文中，司马迁写道："陈涉太息曰：'嗟乎！燕雀安知鸿鹄之志哉！'"陈涉正是怀着这种"鸿鹄之志"带领农民揭竿而起，高喊："且壮士不死既已，死即举大名耳，王侯将相宁有种乎！"揭开了反抗秦王朝残暴统治的序幕。

2.廉颇蔺相如列传

《廉颇蔺相如列传》是《史记》中通过描写人物来表现历史事件的典型作品，全文成功塑造了廉颇和蔺相如两个历史人物的形象。

赵惠文王有一块楚国的宝玉——和氏璧。秦昭襄王听闻后，派人送信给赵王，欲以十五个城池换和氏璧。赵王不敢断然拒绝，却又怕秦昭襄王暗布陷阱。当时地位并不高的蔺相如毅然承担出使秦国的重任。他说："城入赵而璧留秦，城不入，臣请完璧归赵。"蔺相如和秦王在渑池见面，却没想再献璧之后，秦王并不想给城。蔺相如沉着果断，随机应变，应对秦王屡屡刁难和侮辱，巧妙回击，最终完璧归赵，不失风度亦没失尊严。赵王于是拜蔺相如为上卿，位在大将军廉颇之上。廉颇十分不悦，认为蔺相如并不配，意欲找机会羞辱蔺相如。蔺相如知道后，时常避开与廉颇会面。旁人问起原因时，他说："秦王不敢加兵来打赵国的原因是怕我们两个。如果我们因私争斗，怎么保卫国家？"廉颇听说了，十分羞愧，就裸露着上身，背负荆条，来到蔺相如门前请罪。两人冰释前嫌后最终结成誓同生死的朋友。

《廉颇蔺相如列传》通过"完璧归赵"、"渑池之会"、"负荆请罪（廉蔺交欢）"三个典型事件，充分肯定了蔺相如大智大勇、威武不屈、不畏强暴的形象及其"先国家之急而后私仇"的崇高精神，同时也凸现了廉颇忠于国家、勇于改过的优秀品质。

诗意实践

利用身边的资源，搜集两个《史记》中的其他故事与大家分享。

本课知识点参考

识记类

1.《史记》的历史地位。

2.鲁迅对于《史记》的评价。

3.司马迁在《报任安书》中表达志向的句子。

4.《陈涉世家》中描写陈涉志向和反抗精神的句子。

5.蔺相如和廉颇的三个典故。

理解类

司马迁的人生经历。

课外延展类

《史记》中的历史事件和人物故事。

第十四讲　两汉华章 (下)

本课教学目标

1.了解东汉时期的文人及其作品。

- 识记班氏家族的成员及其代表作。

- 阐明《汉书》的历史地位和其中的典故与名句。

- 描述《汉书》中的"苏武牧羊"的故事。

- 概述才女蔡文姬的故事。

2.感受班氏家族成员的才情和抱负。

本课教法指导

如果有时间,可教学生唱《苏武牧羊》的歌曲。

教学设计

一、魅力问答

教师提问,让学生通过竞技游戏进行回答,复习前面讲述过的知识。

二、耳朵旅行

讲述东汉班氏家族的历史故事与成语典故,让学生在故事中领略东汉文人豪客的风采。

（一）班氏家族

在东汉,"班氏家族"名震天下。

父亲**班彪**,字叔皮,东汉史学家,班固、班超和班昭的父亲。班彪补充《史记》,作《史记后传》六十五篇,为班固《汉书》奠定了基础。

长子**班固**,写下了中国第一部断代史——《汉书》。断代史是指只写某一个朝代的历史。后来历朝历代的"正史",即朝廷编纂的历史,都采用了《汉书》的体例。《汉书》共一百篇,叙述了自汉高祖至王莽地皇230年的断代历史。

次子**班超**,曾经继承父业,作了文官,工作很简单,整天拿笔抄抄写写。后来班超厌倦了这种单调乏味的生活,将笔一扔,高声说道:"大丈夫应该驰骋沙场，我岂能在此虚度光阴！"徜徉而去，英勇参军。这就是"**投笔从戎**"的典故。"戎"指军队，"戎马生活"也就是军队生活。从军以后，班超骁勇善战，当部队有困难的时候，他总是挺身而出，视死如归。军中遇到特殊情况，需要打入敌人内部，其他将士都不敢去，班超当下豪言道："**不入虎穴，焉得虎子！**"众人受此话的激励，一举取下敌人首领的头颅，成功脱险。这就是"不入虎穴，焉得虎子"的由来。战功赫赫的班超，后来作为使节出使西域，促进了现在新疆地区与汉朝的贸易交流。班超集军事家、文学家、政治家、外交家于一体，是一位了不起的全能高手。

女儿**班昭**，东汉著名才女，女文史官员，教授皇后及诸贵人诵读经史，宫中尊之为师。她帮哥哥班固整理《汉书》，并在班固去世后完成了《汉书》的收尾工作，而且坚持不署名。她一生清正廉洁，是中国历史上少有的女官和才女。

（二）《汉书》故事

1.苏武牧羊

《汉书·苏武传》中记载苏武是汉武帝时的一位大臣，天汉元年（前100年）奉命以中郎将持节出使匈奴，被扣留。匈奴贵族多次威胁利诱，欲使其投降；后将他迁到北海（今贝加尔湖）边牧羊，扬言要公羊生子方可释放他回国。苏武历尽艰辛，留居匈奴十九年持节不屈。至始元六年（前81年），才得以获释回汉。

2.霍光

《汉书·霍光传》中写到：汉武帝在位的时候，大将军霍光是朝廷举足轻重的大臣，深得武帝信任。武帝临死前，把幼子刘弗陵（昭帝）托付给霍光辅佐。昭帝去世后，霍光又立刘询做皇帝（宣帝）。霍光掌握朝政大权四十多年，为西汉王朝立下了不小的功勋。

刘询承皇位以后，立许妃做皇后。霍光的妻子霍显，是个贪图富贵的女人，她想把自己的小女儿成君嫁给刘询做皇后，就乘许妃有病的机会，买通女医下毒害死了许后。毒计败露，女医下狱。此事霍光事先一点也不知道，等事情出来了，霍显才告诉他。霍光非常惊惧，指责妻子不该办这种事情。他也想去告发，但又不忍心妻子被治罪，思前想后，还是把这件事情隐瞒下来。霍光死后，有人向宣帝告发此案，宣帝派人去调查处理。霍光的妻子听说了，与家人、亲信商量对策，决定召集族人策划谋反，不想走漏了风声，宣帝派兵将霍家包围，满门抄斩。

班固在《汉书·霍光传》中评论霍光的功过时说"**不学无术，暗于大理**"，意思是霍光不读书，没学识，因而不明关乎大局的道理。

诗意实践

了解《汉书》中记载的其他历史人物或历史故事并与大家分享。

本课知识点参考

识记类

1. 班氏家族的成员及其代表作。

2. 《汉书》的历史地位。

3. "投笔从戎"与"不入虎穴，焉得虎子"的故事。

理解类

1. 何为断代史，它与通史的区别。

2. 《汉书》中"不学无术，暗于大理"故事的喻意。

课外延展类

两汉的著名文学人物与历史名人。

本单元推荐阅读书目

[1] 班固著.汉书.北京：中华书局，2010.

[2] 班固著，张传玺等译.汉书（传世经典文白对照）.西安：三秦出版社，2004.

[3] 李文澜主编.班固讲述历史故事.武汉：湖北少年儿童出版社，2008.

[4] 李文澜主编.司马迁讲述历史故事.武汉：湖北少年儿童出版社，2008.

[5] 司马迁著.史记.北京：中华书局，2009.

[6] 司马迁撰，韩兆琦主译.史记（传世经典文白对照）.北京：中华书局，2008.

[7] 王兴国著.贾谊评传.南京：南京大学出版社，1992.

[8] 许结，金波，夏宁.赋者风流·司马相如.上海：上海文化出版社，2008.

第八单元　汉乐府诗

本单元教学目标

1.了解汉乐府诗及其代表作品,识记其中的经典名句。

2.通过乐府诗,体会两汉时期人民的生活状态。

第十五讲　汉乐府诗

本课教学目标

1.了解汉乐府诗以及代表作品。

- 说出汉乐府诗的渊源。
- 列举汉乐府诗内容。
- 背诵《上邪》中的经典名句。
- 识记《孔雀东南飞》的地位以及其中的经典名句。

2.通过乐府诗,体会两汉时期人民的生活状态。

本节课内容较少, 应注重对汉乐府民歌的经典诗句进行反复诵读, 教师可以根据实际情况进行补充和解释。

教学设计

一、魅力问答

教师提问, 让学生通过竞技游戏进行回答, 复习前面讲述过的知识。

二、耳朵旅行

讲述汉乐府诗的渊源以及其中的经典名作, 让学生在故事中领略两汉时期人们的生活风貌。

（一）乐府诗

乐府是自秦代以来设立的配置乐曲、训练乐工和采集民歌的专门官署。汉乐府指由汉时乐府机关所采制的诗歌。这些诗, 原本在民间流传, 经由乐府保存下来, 汉人叫做"歌诗", 魏晋时始称"乐府"或"汉乐府"。后世文人仿此形式所作的诗, 亦称"乐府诗"。这是中国诗史**五言诗体**发展的一个重要阶段。汉乐府在文学史上有极高的地位, 可与《诗经》、《楚辞》鼎足而立。汉乐府民歌的代表作品是《陌上桑》和《孔雀东南飞》。

在宋人郭茂倩所编的《乐府诗集》中, 乐府诗被分为十二类, 分别是郊庙歌辞、燕射歌辞、鼓吹歌辞、横吹歌辞、相和歌辞、清商曲辞、舞曲歌辞、琴曲歌辞、杂曲歌辞、近氏曲辞、杂歌谣辞和新乐府辞。它是收罗**汉迄五代乐府最为完备的一部诗集**。

汉乐府诗开创了新的诗体——杂言体和五言体。其中杂言诗自由灵活, 一篇之中从一二字到十来个字的都有（如《孤儿行》）。作者只是根据内容的需要来写。这为以后的杂言歌行开辟了道路。

（二）汉乐府诗代表作品

1.《上邪》

汉乐府具有浓厚的生活气息，诗歌中既有对战争的控诉、对生活苦难的描绘、思念的痛楚，也有对爱情和生命的体味。在汉乐府民歌中，女性题材作品占重要位置，爱情婚姻题材在两汉乐府诗中比重也较大。这些诗篇多是来自民间，在表达婚恋方面的爱与恨时，都显得直率大胆。"鼓吹曲辞"收录的《上邪》是《铙歌十八曲》之一，是女子自誓之词："**上邪! 我欲与君相知，长命无绝衰。山无陵，江水为竭，冬雷震震夏雨雪，天地合，乃敢与君绝。**"女子指天为誓，表示要与自己的意中人终身相伴。接着便连举五种万年不遇的反常自然现象，来表现自己对爱情的矢志不移。

2.《孔雀东南飞》

《孔雀东南飞》是我国文学史上**第一部长篇叙事诗**，沈归愚称之为"古今**第一首长诗**"，因此它也被称为我国古代史上最长的一部叙事诗，是我国古代民间文学中的光辉诗篇之一，与南北朝的《木兰辞》并称"**乐府双璧**"及"**叙事诗双璧**"。历代传唱，成为艺术创作不竭的源泉。

"**孔雀东南飞，五里一徘徊。**"孔雀鸟向东南方向飞去，飞上五里便徘徊一阵。诗的男女主角焦仲卿和刘兰芝是一对恩爱夫妻，情意绵长。兰芝"**昼夜勤作息，伶俜萦苦辛**"，白天黑夜勤恳地劳作，可是，焦母仍不喜欢她。在婆婆的强迫之下，兰芝不得不回到娘家。刘兄逼她改嫁，太守家又强迫成婚。刘兰芝和焦仲卿分手之后爱意非但不减反而愈加炽热。"**君当作磐石，妾当作蒲苇，蒲苇纫如丝，磐石无转移。**"两个人的感情至深，即使在面对外界压力的时候依然不离不弃。后来这也被用来比喻两个人的爱情天长地久，感情坚贞。最后，在封建礼教的迫害下，两人为情双双自杀，用行动反抗现实的无情，同时也表现了他们之间生死不渝的爱恋之情。两人死后得以合葬："东西植松柏，左右种梧桐。**枝枝相覆盖，叶叶相交通。**中有双飞鸟，自名为鸳鸯。仰头相向鸣，夜夜达五更。"

诗意实践

查阅一首汉乐府诗（如《陌上桑》），用自己的语言为大家讲述。

本课知识点参考

识记类

1.汉乐府诗的分类。

2.汉乐府诗的代表作。

3.《乐府诗集》的作者以及其地位。

4.《上邪》中的经典名句。

5.《孔雀东南飞》的地位以及其中的经典名句。

理解类

1.汉乐府诗的渊源。

2.汉乐府诗的历史地位。

课外延展类

两汉乐府诗相关内容的拓展阅读。

本单元推荐阅读书目

[1] 曹旭撰.古诗十九首与乐府诗选评.上海：上海古籍出版社，2002.

[2] 郭茂倩编.乐府诗集（插图本）.北京：万卷出版公司，2009.

[3] 张梦机主编.乐府——学生阅读经典.上海：文汇出版社，2002.

第九单元 魏晋南北朝

本单元教学目标

1.了解并熟记曹氏家族成员的代表作、后世评价与经典名句。

2.感受曹氏家族成员的才华和从容风度。

3.掌握晋代山水田园诗和南北朝民歌的代表人物、经典作品。

4.感受木兰身上的优秀品质，发扬中华民族优秀的传统美德。

第十六讲 魏晋南北朝（上）

本课教学目标

1.了解曹氏家族成员的主要作品和后世评价。

- 识记曹操的代表作和后世对他的评价。
- 识记曹植的代表作和其中的名句。
- 识记曹丕的代表作。

2.感受曹氏家族成员的才华和从容风度。

本课教法指导

1.在解释曹操的诗句"老骥伏枥"时，可以解释诗句中的个别词帮助学生理解，如，老骥：老马；伏：卧，躺；暮年：老年；已：停止。亦可补充词汇：英雄迟暮。

2.在讲解曹植的《白马篇》时，教师可以就诗句中描写的情景为学生生动阐述少年的英勇形象。

教学设计

一、魅力问答

教师提问，让学生通过竞技游戏进行回答，复习前面讲述过的知识。

二、耳朵旅行

通过曹氏家族的诗文与故事，让学生们感受建安文人的风骨，体验英雄人物指点江山的雄壮以及战争的残酷。

（一）三曹家族

魏晋时期，曹操家族在文学领域独领风骚。著名的"**三曹家族**"成员有：**曹操、曹植、曹丕**。

1.曹操

曹操，即魏武帝，字孟德，沛国谯郡（今安徽亳州）人。东汉末年杰出的政治家、军事家和诗人。政治方面，曹操消灭了北方的众多割据势力，恢复了中国北方的统一，并实行了一系列政策来恢复经济生产和社会秩序。文化方面，在曹操父子的推动下形成了以曹氏父子（曹操、曹植、曹丕）为代表的建安文学，建安文人把忧时伤乱、悲叹人生短暂、渴望不朽的功业这三种强烈而浓重的感情结合起来，形成了有异乎寻常的感染力的悲凉慷慨的风格，史称"**建安风骨**"，在文学史上留下了光辉的一笔。

关于曹操的评价有很多，但公认的一个是"**治世之能臣，乱世之奸雄**"——在治世是治国安邦之臣，在乱世则是独霸一方的军事首领。从文学角度看，他的诗作也有很多脍炙人口的名篇名句。例如**《龟虽寿》《观沧海》《蒿里行》《短歌行》**。

(1)《龟虽寿》

《龟虽寿》中，曹操一扫汉末文人感叹浮生若梦、劝人及时行乐的悲调，慷慨高歌曰："**老骥伏枥，志在千里。烈士暮年，壮心不已。**"曹操自比一匹上了年纪的千里马，虽然形老体衰，屈居枥下，但胸中仍然激荡着驰骋千里的豪情。

(2)《观沧海》

《观沧海》中的名句有"**日月之行，若出其中；星汉灿烂，若出其里**"。这四句联系辽阔无垠的宇宙，将大海的气势和威力呈现在读者面前：茫茫大海与天相接，浑然一体；连那日、月、星、汉（银河）的运行，似乎都由大海自由吐纳。诗人在这里描写的大海，既是眼前实景，又融进了作者的夸张和想象，展现出一派吞吐宇宙的宏伟气象。

(3)《蒿里行》

《蒿里行》描写凄凉、伤感的战后景象，经典句子有"**白骨露于野，千里无鸡鸣**"。意思是，尸骨曝露于野地里无人收埋，千里之间没有人烟，听不到鸡鸣。描写出了战后极致的苍凉。

(4)《短歌行》

曹操的《短歌行》先写人生有限，诗人苦于得不到众多贤才来同他合作，共同抓紧时间建立功业，再以情景启发贤才，要他们择善而栖；后则披肝沥胆，表白自己能容纳贤才，使天下归心统一。其中的名句是"**何以解忧，唯有杜康**"以及"**周公吐哺，天下归心**"。

2.曹植

曹操的两个儿子曹丕和曹植在文学领域都有相当高的造诣。尤其是小儿子曹植天赋很高，有诗人的气质，他把文人的文学修养、文学传统和乐府民歌的特点结合起来，并开始有较多的自然景物的描写，对后世的文人诗作影响很大。

曹植有许多著名的作品，除《七步诗》外，还有一篇描写美女的文章——《洛神赋》。相传曹操打败袁绍后，抢了袁绍的美貌儿媳妇甄宓，送给了大儿子曹丕作妾。曹植很同情甄宓的处境，也暗暗喜欢她，但碍于伦理，不能如愿，于是就借洛神之美来形容甄宓之美，借对洛神的思念来表达对甄宓的思念之情。后来东晋画家顾恺之将这篇文章表达的意境画成一幅名画，名为《洛神赋图》。

【注】曹植创作《洛神赋》的原因亦是众说纷纭。据记载，曹丕确有娶一姓甄女子，但曹植当时仅十二岁，不可能有娶之为妻的想法。因此认为此作是曹植在抒发抱负不得实现的抑郁之情，与此女无关。

曹植的《白马篇》则塑造了一个武艺高强、威武神勇，不惜为国捐躯的"游侠儿"的形象——"扬手接飞猱，俯身散马蹄"、"狡捷过猴猿，勇剽若豹螭"。本诗寄托了诗人建功立业的凤愿，文中的"游侠儿"亦可以看作是诗人的象征。其中的名句"捐躯赴国难，视死忽如归"后来演变成一个成语——"视死如归"。

3.曹丕

曹丕也是一个文学高手，他的代表作是《燕歌行》和《典论》。

【超链接】

曹冲

曹冲，曹操之子。从小聪明仁爱，与众不同，深受曹操喜爱。留有曹冲称象的典故。

【出处】

《三国志》：曹冲生五六岁，智意所及，有若成人之智。时孙权曾致巨象，太祖欲知其斤重，访之群下，咸莫能出其理。冲曰："置象大船之上，而刻其水痕所至，称物以载之，则校可知矣。"太祖悦，即施行焉。

【解析】

曹冲五六岁的时候，聪明才智所达到的程度，像成人一样。有一次，孙权送来了一头巨象，太祖想知道这象的重量，问过属下，都没有提出有效的办法。曹冲说："把象赶到大船上，在水面所达到的地方做上记号，再用其他东西代替大象，然后称一下这些东西就知道大象的重量了。"太祖听了很高兴，马上照这个办法作了。

诗意实践

找一两个有关曹操的故事与大家分享并说明故事中人物的特点。

本课知识点参考

识记类

1.曹氏家族成员。

2.曹操的代表作以及其中的名句。

3.后世对于曹操的评价。

4.曹植的代表作及其名句。

5."捐躯赴国难，视死忽如归"引申出的成语。

6.曹丕的代表作。

理解类

以曹操父子为首的建安文人悲凉慷慨的作品风格。

课外延展类

曹操生平故事及代表作品。

第十七讲　魏晋南北朝（下）

本课教学目标

1.掌握晋代山水田园诗和南北朝民歌的代表人物及作品。

- 描述陶渊明的《桃花源记》的内容与意义。
- 区别山水田园诗以及南北朝民歌的风格与特点。
- 了解山水田园诗人陶渊明生平经历。

2.感受木兰身上的优秀品质，发扬中华民族优秀的传统美德。

本课教法指导

本课故事较多，教师应力求讲解得生动有趣。

教学设计

一、魅力问答

教师提问，让学生通过竞技游戏进行回答，复习前面讲述过的知识。

二、耳朵旅行

讲述晋代文学的代表人物、作品和南北朝民歌，使学生们在生动有趣的故事和优美的诗句中学习晋代与南北朝时期的优秀文化和文学成就。

（一）陶渊明与《桃花源记》

晋代的诗人如满天繁星，最杰出的一位是**陶渊明**，他创造了中国文化史上的一个神秘境地。

陶渊明曾经做过几年小官。在他做彭泽县令时，有一回郡里派官员下来视察，县吏告诉陶渊明得系好腰带、衣帽整齐地前去拜见。陶渊明十分生气，说道："我岂能为五斗米折腰向乡里小儿！"——我怎会为了五斗米的俸禄向那个小子弯腰行礼呢！于是，他当天就交还官印，辞官归隐。后来，成语"**不为五斗米折腰**"比喻人有骨气、清高。

脱离官场的陶渊明，过起了隐居生活。他是中国山水田园诗的代表人物，他的诗作以描写山水田园生活为主，代表作有《**饮酒**》，"**采菊东篱下，悠然见南山**"（《饮酒》其五）为其中名句。

山水田园诗的"**鼻祖**"（鼻祖就是第一个）是晋代诗人**谢灵运**。谢灵运创造了山水田园诗，陶渊明将其发扬光大。在我国文学历史上，陶渊明是第一位将目光投向田园风光的诗人，他在田园乡村的自然情趣中寄托了人生的志趣，为后代开辟了一片独特的文学天地。

除了山水田园诗，陶渊明著名的作品还有山水田园文，最著名的散文是《**桃花源记**》。文章中陶渊明为读者描绘了一幅神秘而宁静的田园山水风光和人民安逸生活的场景。

某一天，武陵的一位渔人与往常一样去打渔。他顺着小溪划船，忘记了路程的遥远。忽然他看到了一片桃花林，生长在溪水两岸，其中没有别的树。"芳草鲜美，落英缤纷。"渔人十分诧异。又向前划行，桃花林的尽头看到一座山。山上有个小洞口，隐隐约约好像有光亮。渔人便舍了小船，从洞口进入。开始洞口非常狭窄，仅能容一个人通过。又向前走了几十步，眼前一下子开阔敞亮起来——"复行数十步，**豁然开朗**。"走出洞口，他被眼前的景象惊呆了：这是一个他从未见过的村庄，"**阡陌交通，鸡犬相闻**"、"**黄发垂髫，并怡然自乐**"，意思是，在这个小村庄里，水田纵横交错，鸡狗都过着悠闲自得的日子，他们的叫声彼此都能听到。"黄发"指老人，"垂髫"指小孩，老人小孩都过着快乐开心的日子。村子里的男女老少见到陌生人都异常惊讶，问渔人从何处而来，之后就邀请渔人到自己家里去做客，热情款待。在聊天的过程中，渔人惊奇地发现，村里的人根本不知道外面的世界，"**不知有汉，无论魏晋**"，不知道在中国有汉朝这个朝代，更不用说魏晋了。这里的人过着与世隔绝的日子，接着问才知道。原来，他们的祖先当年为了躲避秦时的战乱，隐居在这样一个地方后，再也没有出去过。几日之后，渔人辞别回家，临走时，村民对他说："请不要对外人说起这里。"

但是渔人出来后并没有信守承诺，一路上作了很多标记。一回到家，就立刻把这件事情报告给太守。太守派士兵按照渔人说的道路进发，沿着标记去找那个村庄，但是却怎么也找不到，没有人能解释桃花源到底在什么地方。直到今天，我们依然把"桃花源"作为心中最神秘的境界。

后来，人们从这篇文章中提炼出这样一个词——"**桃花源**"或"**世外桃源**"，代指人世间最理想、最美丽的地方。很多人的笔下都有桃花源的影子，例如武侠小说家金庸《射雕英雄传》中，有一个桃花岛，那是每当黄蓉和郭靖遇到困难的时候总会去的地方。

虽然没有人知道桃花源在哪儿，但人们都想找到这样一个地方，一片心灵的净土，一个可以安逸生活的地方。

（二）南北朝民歌

南北朝以民歌著称，具体来说，分为南朝民歌和北朝民歌。

南朝民歌非常细腻婉约，其代表作为《**西洲曲**》，表达了男女相思之情。名句有："**采莲南塘秋，莲花过人头。低头弄莲子，莲子清如水。**""**海水梦悠悠，君愁我亦愁。南风知我意，吹梦到西洲。**"

北朝民歌豪放而强悍，气势澎湃，气宇轩昂。其代表作是《**敕勒歌**》："**天苍苍，野茫茫，风吹草低见牛羊。**"还有一篇《**木兰辞**》（或《**木兰诗**》）。

《**木兰辞**》

《木兰辞》的主人公木兰代父从军的故事早已为人们所熟知。北朝民风剽悍、尚武，女子也可以和男子一样习武练剑。生活在那个时候的木兰自然也是一身的好武艺，因此后来才能女扮男装，代父从军，立下赫赫战功，成为巾帼英雄。

叹息一声连着一声，木兰姑娘在当门织布。"**不闻机杼声，唯闻女叹息**"，为何这般叹息？原来昨夜木兰见到了军帖，知道君王在招兵征战，而木兰父亲的名字正在其上。木兰十分着急，因为"**阿爷无大儿，木兰无长兄**"，于是她便有了一个想法——"**愿为市鞍马，从此替爷征**"，要代父从军。做了决定后，木兰便"**东市买骏马，西市买鞍鞯。南市买辔头，北市买长鞭**"，辞别父母，踏上了征程。傍晚宿于黄河边，"**不闻爷娘唤女声，但闻黄河流水鸣溅溅**"。战场上，木兰英勇杀敌，奋不顾身，"**万里赴戎机，关山度若飞。朔气传金柝，寒光照铁衣。将军百战死，壮士十年归**"。十二年之间，木兰像真正的男儿一样南征北战，英勇作战，功勋卓著。

胜利归来朝见天子，天子坐于殿堂之上。木兰战功显赫，得到赏赐。天子问木兰有什么要求，木兰表示不愿做官，只希望骑上马回到故乡。

父母听说女儿回来了，互相搀扶着到城外迎接她；姐姐听说妹妹回来了，对着门户梳妆打扮起来；弟弟听说姐姐回来了，忙着霍霍地磨刀杀猪宰羊。木兰回到家后，"**开我东阁门，坐我西阁床。脱我战时袍，著我旧时裳。当窗理云鬓，对镜贴花黄**"。当她再次以一身女儿装扮出现时，昔日的伙伴们大吃一惊："**同行十二年，不知木兰是女郎**"。正所谓："**雄兔脚扑朔，雌兔眼迷离；双兔傍地走，安能辨我是雄雌**？"而此句也引申出成语"扑朔迷离"。

木兰替父从军，表现出巾帼不让须眉的英雄本色。豫剧《花木兰》中有著名的选段《谁说女子不如男》，讲的就是木兰替父从军的故事；连国外人士都很欣赏木兰的品德，曾拍成动画片《花木兰》全球公映。

诗意实践

尝试表演并背诵《木兰辞》。

本课知识点参考

识记类

1.陶渊明代表的诗派名称,以及这一诗派的鼻祖。

2.陶渊明描写人们理想生活的作品名称。

3.《桃花源记》中引申出的成语。

4.南朝民歌的代表作。

5.北朝民歌的代表作。

6.《敕勒歌》中的名句。

7.《木兰辞》中引申出的成语。

理解类

1.《桃花源记》的故事梗概。

2.《木兰辞》的故事梗概。

3.山水田园诗和南北朝民歌的风格与特色。

课外延展类

魏晋文人的作品以及陶渊明的代表作品。

本单元推荐阅读书目

[1] 曹操著.曹操集.北京:中华书局,1959.

[2] 陈寿撰,裴松之注.三国志.北京:中华书局,1982.

[3] 陈洪著.诗化人生:魏晋风度的魅力.保定:河北大学出版社,2001.

[4] 李文澜、周翔主编.三国志故事365.武汉:湖北少儿出版社,2004.

[5] 陶渊明著,逯钦立校注.陶渊明集.北京:中华书局,1979.

[6] 曾尚诺、林雅编.中华五千年.合肥:黄山书社,2009.

第十单元　千古唐诗

本单元教学目标

1.了解并掌握"初唐四杰"和陈子昂的生平、代表作品及其中的经典名句。

2.体会唐朝初期诗歌的特点,树立民族自豪感。

3.了解并识记唐朝著名诗人李白、杜甫、"苦吟派"诗人、王维、"小李杜"和白居易等人的生平、代表作品与经典名句、写作风格和诗歌特点。

4.体会李白的浪漫主义情怀,感受盛唐的宏伟气象。

5.体会诗人对国家和民族命运的责任感,进而提升自身的责任感。

6.体会晚唐时期的社会环境对诗人创作的影响,感受诗人热爱祖国的情感。

第十八讲　千古唐诗（一）

本课教学目标

1.掌握"初唐四杰"的代表人物及其作品。

- 了解唐朝三位重要皇帝的突出贡献。

- 识记"初唐四杰"和陈子昂的代表作品及其中的名句。

- 概述"初唐四杰"与陈子昂的人生经历。

2.体会唐朝初期诗歌的特点，树立民族自豪感。

本课教法指导

教师可对杜甫评价"初唐四杰"的诗进行简单解释。

教学设计

一、魅力问答

教师提问，让学生通过竞技游戏进行回答，复习前面讲述过的知识。

二、耳朵旅行

简单介绍唐朝历史，重点讲述"初唐四杰"和陈子昂的代表作品及其中的名句。

（一）唐朝简介

唐朝是当时世界上最强大的国家之一，不仅疆域广阔，而且经济、政治、文化都领先于世界其他国家。唐朝的首都长安是一座繁华的国际化大都市，东西方的商人竞相跟唐朝商人往来，交流贸易。长安也成了当时中外文化交流的中心。

在唐朝的皇帝中，有三位的贡献非常突出，他们是唐太宗、武则天和唐玄宗。

1.唐太宗

唐太宗李世民是唐朝的第二位皇帝，他任人唯贤，知人善用；广开言路，虚心纳谏；采取了以农为本、休养生息、完善科举制度等政策，使得社会出现了安宁的局面，唐朝初期出现了太平盛世。当时年号为"贞观"，史称"**贞观之治**"。这是唐朝的第一个盛世，为后来的"开元盛世"奠定了基础。

2.武则天

武则天是中国的第一位也是唯一的一位女皇帝，有绝顶的才能和超人的智慧，继唐太宗之后保持和巩固了唐朝的繁华。她专门发明了一个字——曌（zhào），作为自己的名字，武曌。这个字的意思是"日月当空照"，以显示她至高无上的权力和地位。

3.唐玄宗

唐玄宗李隆基开创了唐朝发展的新时期，史称"**开元盛世**"。"贞观之治"和"开元盛世"奠定了唐朝无比繁荣昌盛的基础。在这一时期，大量的诗人也如雨后春笋般涌现出来，唐朝人民将诗奉为"国粹"，因而"诗"在当时大放异彩。

（二）"初唐四杰"与陈子昂

"**初唐四杰**"是指唐朝初期的四位著名诗人**王勃**、**杨炯**、**卢照邻**和**骆宾王**，文学史习惯称之为"**王杨卢骆**"。他们都是少年才子，才华横溢，精神饱满；但却是几个短命诗人，寿命最短的王勃二十七岁就去世了；他们又是一批苦命诗人，王勃是淹死的，卢照邻是因长期瘫痪投水自尽的，骆宾王是被杀的，真可谓是天妒英才。虽然时运不济，生活多艰，但"初唐四杰"却都勇于挑战当时诗坛歌功颂德的不变主题，用现实的人生感受，开创了诗歌的新境界，为唐朝的诗歌繁荣奠定了基础；但由于他们还没有完全摆脱南朝绮靡文风的影响，因而也受到后人非议。杜甫为他们抱不平，曾作诗："王杨卢骆当时体，轻薄为文哂未休。**尔曹身与名俱灭，不废江河万古流！**"意思是：那些非议"初唐四杰"王杨卢骆文章的人，你们现在攻击和诬蔑他们的文章，但是即使等到你们这些家伙身体死亡，名字也让人忘了，也阻止不了他们的声名、文章像江河那样万古长流。

1.王勃

四杰中成就最高的王勃，只活了二十七岁。他二十六岁时写的《**滕王阁序**》，是传诵千古的名文。**滕王阁与岳阳楼、鹳雀楼、黄鹤楼**并称中国四大名楼阁。据说当时镇守南昌的都督阎某，把滕王阁修饰一新，九月九日大会宾客，让他女婿先写好一篇记述滕王阁的文章，到时候假装是即兴创作来向宾客夸耀。宴会时，主人装模作样让在座的人写。知情人都知趣地推辞，王勃却不知天高地厚，竟接过笔认真地写起来，惹得阎都督勃然大怒。不过，唐朝人的胸襟就是宽广，当王勃写到"落霞与孤鹜齐飞，秋水共长天一色"时，阎都督大为惊服，不但不生气，还主动请王勃接着写下去。《滕王阁序》虽然不算诗，但却是诗味醇厚的一首散文诗。

文章以一首诗结尾："滕王高阁临江渚，佩玉鸣鸾罢歌舞。画栋朝飞南浦云，珠帘暮卷西山雨。闲云潭影日悠悠，物换星移几度秋。阁中帝子今何在？槛外长江空自流。"

《滕王阁序》中有很多优美的诗句，如"**老当益壮，宁移白首之心？穷且益坚，不坠青云之志**"。再如千古名句"**落霞与孤鹜齐飞，秋水共长天一色**"，将这种壮美、萧衰的感觉描写得淋漓尽致，这句也被誉为中国写景的至美之句。《滕王阁序》中的部分诗句直接演化为现代成语，例如"**物华天宝**"、"**人杰地灵**"、"**高朋满座**"、"**老当益壮**"、"**穷且益坚**"、"**一介书生**"、"**高山流水**"等。

《**送杜少府之任蜀州**》也是王勃的代表作之一。全诗为："城阙辅三秦，风烟望五津。与君离别意，同是宦游人。海内存知己，天涯若比邻。无为在歧路，儿女共沾巾。"其中的千古名句是"**海内存知己，天涯若比邻**"，与朋友分手，不免会有些伤感，这首诗却一反常情，认为只要是知己，即便分隔天涯，也仍然像近邻一样。这句诗引申出两个成语："**天涯咫尺**"和"**咫尺天涯**"。"天涯咫尺"指的是虽然远隔千山万水，但彼此心心相通，犹如近在眼前；"咫尺天涯"比喻距离虽近但很难相见，像在很远的天边一样。

2.卢照邻

卢照邻遭遇极惨，中风瘫痪十年，最后因无法忍受而投水自尽。他的代表作是《**长安古意**》。其中的名句"**得成比目何辞死，愿作鸳鸯不羡仙**"，这两句被人们认为与秦观的"两情若是久长时，又岂在朝朝暮暮"同样意境悠远，感情真挚,它们同是表达爱情美好的诗句。

3.杨炯

杨炯曾说"**愧在卢前,耻居王后**"。他恃才傲物,骂那些装模作样的朝廷官员为"**麒麟楦**",意思是麒麟的填料。问他为何如此说时,他说耍麒麟的都是用布画麒麟蒙在驴身上,看起来像麒麟,其实揭掉画皮,不过是一头驴。真是骂绝了! 杨炯以边塞征战诗著名,所作如《从军行》、《出塞》、《战城南》、《紫骝马》等,表现了为国立功的战斗精神,气势轩昂,风格豪放。

《从军行》中的名句:"宁为百夫长,胜作一书生。"

4.骆宾王

骆宾王小时候就写下了著名的《咏鹅》:"鹅鹅鹅,曲项向天歌。白毛浮绿水,红掌拨清波。"他一生历经坎坷,牢狱之灾不断,但始终保持高洁的情操。他在代表作《在狱咏蝉》中写道:"**无人信高洁,谁为表予心。**"

【注】骆宾王不仅以诗歌见长,文章也是才华横溢,《为徐敬业讨武曌檄》是其代表作。

5.陈子昂

陈子昂在初唐开一代新风,旗帜鲜明地反对南朝的贵族文学,反对那种只求词藻华丽而内容空洞的诗风。七世纪末,武则天当皇帝的时候,派人远征契丹,陈子昂为参谋。由于主将不力,军事失利,他几次进言,不仅不被采纳,反而受到降职的处分。他登上幽州台时,感慨万千,唱出了他的千古绝唱《**登幽州台歌**》:"**前不见古人,后不见来者。念天地之悠悠,独怆然而涕下!**"陈子昂屹立于幽州台上,举目四望,心中涌上的是无古无今的寂寞孤独。

诗意实践

运用诗词创作课堂中学到的绝句创作知识,与"初唐四杰"比拼一下,写一首关于景物的绝句。

本课知识点参考

识记类

1.唐太宗、武则天、唐玄宗在位时盛世的名称。

2."初唐四杰"所指的四位诗人。

3.中国四大名楼阁的名称。

4.王勃的代表作品《滕王阁序》和《送杜少府之任蜀州》的相关内容。

5.卢照邻的代表作《长安古意》中的名句。

6.杨炯的代表作《从军行》中的名句。

7.骆宾王的代表作《在狱咏蝉》中的名句。

8.陈子昂的代表作《登幽州台歌》的内容。

理解类

1."初唐四杰"和陈子昂的生平简介和人生经历。

2.唐朝初期诗歌的风格和特点。

课外延展类

骆宾王的《讨武檄文》以及初唐诗歌。

第十九讲 千古唐诗（二）

本课教学目标

1.掌握"诗仙"李白的相关内容。

- 识记唐朝诗人的雅号。

- 了解李白的生平。

- 识记李白作品名称并能熟记名作中的名句。
- 概述李白的诗风和诗歌特点。

2.体会李白的浪漫主义情怀,感受盛唐的宏伟气象。

本课教法指导

导入新课时,可以调动学生积极性,让他们来猜诗人的雅号。

教学设计

一、魅力问答

教师提问,让学生通过竞技游戏进行回答,复习前面讲述过的知识。

二、耳朵旅行

介绍唐朝诗人的雅号,重点讲述"诗仙"李白的生平以及诗风,穿插讲解典故与名篇佳句。

(一)唐代诗人的雅号

诗人的雅号:"诗仙"李白、"诗圣"杜甫、"诗佛"王维、"诗鬼"李贺、"诗囚"孟郊、"诗奴"贾岛、"诗魔"白居易、"诗豪"刘禹锡。

(二)"诗仙"李白

唐诗的"双子星座"是李白和杜甫,并称"李杜"。这两位诗人的文学贡献和名气并驾齐驱,共同撑起了唐诗璀璨的星空。

李白,字太白,号青莲居士,是唐代伟大的浪漫主义诗人。他出生在中亚西域的碎叶城(当时那里是中国的领土),生活在盛唐时期。他的诗风雄奇豪放,想象丰富,语言流转自然,音律和谐多变。他善于从民歌、神话中汲取营养作为素材,构成了其特有的通俗又精炼、明朗又含蓄、清新又明丽的风格特色,以蓬勃的浪漫气质表现出无限生机,成为盛唐之音的杰出代表。

1.沉香亭醉赋《清平调》

李白向来有"诗仙"之称，同时，他又不愧于"**酒仙**"的称号。杜甫曾经写诗道："**李白斗酒诗百篇，长安市上酒家眠。天子呼来不上船，自称臣是酒中仙。**"他自己也宣称："百年三万六千日，一日须倾三百杯。"李白喝醉以后诗写得更好，著名的三首《清平调》就是他醉后写的，这里有个有趣的故事。

开元年间，皇宫中初次种植牡丹。唐玄宗很喜欢这些花，就移植了一些在宫中的沉香亭前。一天，牡丹盛开，唐玄宗与杨贵妃一起来赏花，并选出一些特别出色的乐工，写出了十六部新曲谱。著名乐师李龟年，和乐工们一起拿着乐器前来准备唱歌助兴。

唐玄宗说："今天赏花王牡丹，又有贵妃在，怎么能再用旧歌词呢？"于是命令李龟年速召李白进宫，写新歌词再唱。李龟年带人到翰林院，发现李白已经出去喝酒了。于是便又到长安市中找。好不容易在一家酒楼里找到李白，上前高声说："奉旨立宣李学士兴庆宫见驾。"谁知李白已酩酊大醉，口中念道："我醉欲眠君且去。"说完趴在桌子上睡着了。李龟年没办法，只好命人把李白抬回宫。

李龟年扶着李白来到唐玄宗面前，李白醉极了，不能朝拜。唐玄宗也不怪罪，让歌女拿冷水洒面。李白醒后，见到皇帝，连忙跪下谢罪。玄宗说："今天牡丹盛开，我和贵妃赏玩，不想听旧歌词，所以请你来做几首新词。"

李白听后提笔在铺好的纸上龙飞凤舞起来，三首《清平调》一会儿就完成了，其中有千古名句"**云想衣裳花想容，春风拂槛露华浓**"，皇上和贵妃看了非常高兴，马上让李龟年演唱。

2.国忠研磨、力士脱靴

唐玄宗爱才如命，李白如果不想进宫，皇帝就下令将其抬进宫。一日李白还没睡醒就被抬进宫给皇帝做诗。李白说，做诗可以，但是要求杨国忠研墨，高力士脱靴。此二人非寻常人，杨国忠是杨贵妃的哥哥，当朝国舅；高力士则是最受宠的元老级太监。这二人开始不肯答应，可是没想到皇帝准了李白，二人万般不甘但还是要听服从皇帝的命令替李白研墨脱靴。

这样就有了"**国忠研墨、力士脱靴**"的典故。

得罪了皇帝身边的两个大红人，李白也为此付出了代价。杨国忠和高力士天天在皇帝耳边诽谤李白，皇帝一怒之下将李白赶出长安。从此，李白开始了浪迹天涯的生活。

3.浪漫主义诗作

即使是被赶出繁华的长安城，李白还是诗兴不减。在以后的日子里，他游历了祖国的大江南北，写下了大量的优秀诗篇。李白的浪漫主义思想赋予他的诗很多经典的夸张和绮丽的想象。例如"**白发三千丈，缘愁似个长**"、"**飞流直下三千尺，疑是银河落九天**"、"**俱怀逸兴壮思飞，欲上青天揽明月**"、"**蜀道难，难于上青天**"这种夸张与想象，让人感觉他的诗气势磅礴。他有很多代表作，比如《蜀道难》和《梦游天姥吟留别》。

《梦游天姥吟留别》中的名句："**安能摧眉折腰事权贵，使我不得开心颜！**"意思是：我岂能低头弯腰，去侍奉权贵，使我心中郁郁寡欢，无法舒心！这句话可以说是李白人生态度的真实体现。

4.明月照酒

李白的诗中，出现次数最多的两种意象是酒和明月，"**举头望明月，低头思故乡**"、"**花间一壶酒**"、"**举杯邀明月**"、"**将进酒，杯莫停**"等，都是非常有名的诗句。由于李白的诗中处处都能看见月光和酒的影子，于是后人把李白的诗称为"明月照酒"。后来有人说，中国的古诗如果少了月光和酒，就黯然无光了。台湾诗人余光中是这样评价李白的："酒入豪肠，七分酿成了月光，剩下的三分啸成剑气，绣口一吐，就半个盛唐。"（出自余光中《寻李白》）

诗意实践

通过课上对李白的生平以及性格的了解，以李白为题创作一首古体诗。

本课知识点参考

识记类

1.唐朝诗人各自的雅号。

2.唐朝的"双子星座"。

3.李白的字、号。

4.李白的代表作品及其名句。

理解类

1.李白的生平经历。

2.李白的诗风。

课外延展类

李白诗歌阅读。

第二十讲　千古唐诗（三）

本课教学目标

1.掌握杜甫、李贺和"苦吟派"诗人的相关内容。

- 识记杜甫和其他唐朝诗人的代表作及名句。

- 了解诗人杜甫生平。

2.体会诗人对国家和民族命运的责任感，进而提升自身的责任感。

本课教法指导

本节课教师可以重点讲解《石壕吏》的内容。

教学设计

一、魅力问答

教师提问，让学生通过竞技游戏进行回答，复习前面讲述过的知识。

二、耳朵旅行

通过讲述一系列历史故事，使学生更好地记忆杜甫及唐朝其他诗人的诗风、代表作及名句。

（一）"诗圣"杜甫

杜甫，字子美，自号少陵野老，号称"诗圣"，生活在晚唐时期。"安史之乱"之后，唐朝开始萧条。杜甫是**现实主义诗人**，其诗作反映现实生活，特别是真实反映了晚唐的历史，所以他的诗被称为**"诗史"**。

1."安史之乱"与杜诗

"安史之乱"是唐朝历史上的重要事件，是唐朝由盛而衰的转折点。安，指安禄山；史，指史思明。"安史之乱"系指他们起兵反对唐王朝的一次叛乱。"安史之乱"自唐玄宗天宝十四年至唐代宗宝应元年（755—762年）结束，历时七年之久，对唐朝后期的影响非常大。

杜甫历经唐朝由盛变衰的"安史之乱"，在战后的萧条社会中四处飘零。当时杜甫是朝廷里的一个小官，回家之后发现自己的妻子骨瘦如柴，而他们刚出生的儿子则被活活饿死。杜甫悲痛万分，写下了**"朱门酒肉臭，路有冻死骨"**、**"君不见青海头，古来白骨无人收。新鬼烦冤旧鬼哭，天阴雨湿声啾啾"**这样的诗句，反映劳动人民的生活疾苦，表达自己内心的忧愤。

李白的诗歌多抒发个人情怀，吟唱对自由人生的渴望与追求；而杜甫的诗歌风格形成于安史之乱前后，面对悲痛凄惨的社会现实，他用诗歌如实地描写社会生活和内心的痛苦。唐诗自杜甫始，风格开始转变，他的诗对中唐以后直至宋代诗歌的发展，产生了深刻的影响。

2.杜甫的代表作

杜甫的代表作有"三吏"、"三别"。"三吏"分别是：《新安吏》、《石壕吏》、《潼关吏》，描写三个小官吏欺压人民的情景；"三别"是《新婚别》、《垂老别》、《无家别》，描写劳动人民战乱离别之苦。其中，《石壕吏》是最有名的一部作品。《石壕吏》讲的是安史之乱时期，差人乘夜来捉人，连衰老的妇人也被抓去服役的惨事，揭露封建统治者的残暴，反映了唐代安史之乱引起的战争给广大人民带来的深重灾难，表现了杜甫对安史之乱中遭受苦难的人民深切的同情。

《石壕吏》

【原文】

暮投石壕村，有吏夜捉人。老翁逾墙走，老妇出门看。

吏呼一何怒！妇啼一何苦！听妇前致词：三男邺城戍。

一男附书至，二男新战死。存者且偷生，死者长已矣！

室中更无人，惟有乳下孙。有孙母未去，出入无完裙。

老妪力虽衰，请从吏夜归。急应河阳役，犹得备晨炊。

夜久语声绝，如闻泣幽咽。天明登前途，独与老翁别。

【解析】

我傍晚投宿石壕村，有差役夜里来抓人。老翁越墙逃走，老妇走出来查看情况。差役吼得多么凶狠啊！老妇人啼哭得多么可怜啊！我听到老妇上前说："我的三个儿子去邺城服役。其中一个儿子捎信回来，说另外两个儿子最近刚刚战死。活着的人姑且活一天算一天，死去的人就结束了！我家里再也没有别的男人了，只有个正在吃奶的孙子。因为有孙子在，他母亲还没有改嫁，（他母亲）进进出出都没有一件完整的衣服。老妇我虽然年老力衰，但请让我跟从你连夜赶回营去，赶快到河阳去打仗，还能够为部队准备早餐。"夜深了，说话的声音消失了，好像听到微弱而断断续续的哭声。天亮后，我踏上前行的路，只能同老翁一个人告别（说明老妇已经被县吏抓去服役了）。

（二）"诗鬼"李贺

"诗鬼"李贺的诗虽然有很明显的迷幻色彩，却有很多名句影响深远，例如"天若有情天亦老"、"雄鸡一声天下白"（毛主席在《浣溪沙·和柳亚子先生》中就化用了"雄鸡一声天下白"这句诗）。由于生活很悲苦，写诗太辛苦，心情沉闷，李贺英年早逝。他的代表作有《雁门太守行》、《金铜仙人辞汉歌》。

（三）苦吟派诗人

唐朝的贾岛和孟郊是著名的苦吟派诗人。称他们为"苦吟派"是因为他们为了一句诗或是诗中的一个词，不惜耗费心血，花费工夫。于是就有了"郊寒岛瘦"之说。贾岛曾用几年时间做了一首诗。诗成之后，他热泪横流，他曾有诗形容："两句三年得，一吟泪双流。知音如不赏，归卧故山丘。"

"推敲"的由来

有一次，贾岛正琢磨着一句诗——"鸟宿池边树，僧推月下门"，他觉着"推"不太合适，不如用"敲"好，嘴里就"推敲推敲……"地念叨着。不知不觉地，就骑着驴闯进了大官韩愈的仪仗队里。

韩愈见状便问贾岛为什么乱闯。贾岛就把事情的原委说了一遍。韩愈听了，哈哈大笑，对贾岛说："我看还是用'敲'好，万一门是关着的，推怎么能推开呢？而且'敲'更能衬托月夜的宁静，读起来也更加响亮些。再者去别人家，又是晚上，还是敲门有礼貌呀！"贾岛听了连连点头，也因此跟韩愈交上了朋友。"推敲"从此也就成了脍炙人口的常用词，用来比喻做文章或做事时反复琢磨、反复斟酌。

诗意实践

寻找搭档组成小组，背诵并表演《石壕吏》。

本课知识点参考

识记类

1.杜甫的代表作品。

2."三吏"、"三别"分别指代的内容。

3.杜甫的诗风。

4.李贺的雅号及代表作品。

5.苦吟派诗人的代表人物。

6.孟郊和贾岛的代表作品及其名句。

理解类

1.杜甫生活的时代背景。

2.杜甫作品的内容及意义。

3.杜甫的诗风及作品特点。

课外延展类

杜甫"三吏"、"三别"的作品内容。

第二十一讲 千古唐诗（四）

本课教学目标

1.掌握王维和"小李杜"的相关内容。

- 识记王维和"小李杜"的名作及其中名句。
- 了解王维和"小李杜"的生平经历与写作风格。

2.体会晚唐时期的社会环境对诗人创作的影响，感受诗人热爱祖国的情感。

本课教法指导

本课知识点较多，教师可以通过补充诗人的生平资料和小故事来强化知识点的学习和渗透。

教学设计

一、魅力问答

教师提问，让学生通过竞技游戏进行回答，复习前面讲述过的知识。

二、耳朵旅行

通过讲述一系列历史故事，使学生更好地记忆王维和"小李杜"的诗风、代表作及名句。

（一）"诗佛"王维

王维，字摩诘，精通佛学，人称"诗佛"。佛教有一部《维摩诘经》，是维摩诘向弟子们讲学的书，王维很钦佩维摩诘，所以自己名为维，字摩诘。他是盛唐时期的著名诗人，官至尚书右丞，著有《**王右丞集**》。王维诗书画都很有名，对音乐也很精通，多才多艺。受禅宗影响很大。

1.山水田园诗

王维在诗歌上的成就是多方面的，现存的诗不满四百首。其中最能代表其创作特色的是描绘山水田园等自然风景及歌咏隐居生活的诗篇。王维是**山水田园诗派**的代表人物。他继承和发展了谢灵运开创的写作山水诗的传统，对陶渊明田园诗的清新自然也有所吸取，使山水田园诗的成就达到了一个高峰，因而在中国诗歌史上占有重要的位置，与**孟浩然**并称"**王孟**"。宋代大诗人**苏轼**给他的评价是"**诗中有画**"、"**画中有诗**"。

王维的田园诗主要是描写农村生活的淳朴美好，抒发自己的归隐之情。如《渭川田家》中的"**斜光照墟落，穷巷牛羊归**"，牛羊、牧童、农夫归家时的和谐情景立刻跃然纸上。

2.边塞诗

在山水田园诗之外，王维的边塞诗写得也很出色，如《**使至塞上**》中的"**大漠孤烟直，长河落日圆**"，描绘出雄奇壮丽的塞外景色，是被王国维称为"千古奇观"的名句。

3.送别诗

在王维的诗歌中，有不少是直抒胸臆的，因此也更显得自然流畅。比如《**送元二使安西**》："**劝君更尽一杯酒，西出阳关无故人。**"关怀体贴之情溢于言表。后人把这首诗谱成曲子，叫做《阳关三叠》，哀婉忧伤，一唱三叹，十分动人。

4.诗佛

王维又有很多诗是清冷而远离尘世的，诗中不夹杂一点人间烟气，充满禅意。王维生活的时代，佛教繁兴。士大夫学佛之风很盛。政治上的不如意，让王维一心向佛，以求看空名利，摆脱烦恼，如："**空山不见人，但闻人语响。返景入深林，复照青苔上。**"（《鹿柴》）又如："**人闲桂花落，夜静春山空。月出惊山**

鸟，时鸣春涧中。"（《鸟鸣涧》）

后世有"**李白是天才，杜甫是地才，王维是人才**"这种说法。王维不仅是公认的"诗佛"，也是文人画的南山之宗，钱钟书称他为"盛唐画坛第一把交椅"。王维作为盛唐山水田园诗派的一大代表，其亦官亦隐的处世方式和亦诗亦画的诗歌艺术都值得后人寻味借鉴。

（二）李商隐

李商隐，字义山，号玉溪生、樊南生，晚唐著名诗人，婉约派，擅长骈**文**写作，诗作文学价值也很高。他和杜牧合称"**小李杜**"；与李贺、李白合称"**三李**"；与**温庭筠**合称"**温李**"；因诗文与同时期的段成式、温庭筠风格相近，且三人都在家族里排行第十六，故并称为"**三十六体**"。其诗构思新奇，风格浓丽，尤其是一些爱情诗写得缠绵悱恻，为人传诵。但过于隐晦迷离，难于索解，至有"诗家总爱西昆好，只恨无人作郑笺"之说。

在晚唐诗坛上，李商隐虽与杜牧齐名，但他对后世的影响要超过杜牧。李商隐在诗中用创造性方法丰富了以诗抒情的艺术。他的诗，常有朦胧婉曲般的美丽，他的七言律绝最能体现这种特色，其中以《无题》诸首诗作（多为七言近体）最为典型。诗以"无题"为题，乃是李商隐的创造，虽为"**无题**"却胜"**有题**"。这类诗作并非成于一时一地，大多数内容与爱情有关，诗中的内容有的不便明言，有的因为难以用一个题目恰当概括，因而命为"无题"。如这首《无题》："相见时难别亦难，东风无力百花残。春蚕到死丝方尽，蜡炬成灰泪始干。晓镜但愁云鬓改，夜吟应觉月光寒。蓬山此去无多路，青鸟殷勤为探看。"后世一般将其视为抒写爱情的诗作。这其中的千古名句是："**春蚕到死丝方尽，蜡炬成灰泪始干。**""丝"字与"思"谐音，即自己对爱人的思念，如同春蚕吐丝，至死方休。

（三）杜牧

杜牧，字牧之，号樊川居士，人称"**小杜**"，以别于杜甫。与李商隐并称"**小李杜**"。因晚年居长安南樊川别墅，故后世称"**杜樊川**"，著有《**樊川文集**》。晚唐杰出诗人，尤以七言绝句著称。擅长文赋，其《阿房宫赋》为后世传诵。

杜牧生活的时代似要中兴，实则无望，因此他对国家前途忧心忡忡。杜牧最为脍炙人口的诗作，是咏史与七绝。杜牧的咏史，充满幽默与调侃，饱含借古鉴今之意。游经赤壁，他说"**东风不与周郎便，铜雀春深锁二乔**"（《赤壁》），一反惯常思维，以新视角评古论今。过华清宫，想起当年杨贵妃爱吃荔枝的情景，他发出"**一骑红尘妃子笑，无人知是荔枝来**"（《过华清宫》）的感叹，以小见大，含蓄而有力地讽刺了晚唐帝王们的奢侈享乐。夜泊秦淮，歌舞升平，可是，杜牧却听出"**商女不知亡国恨，隔江犹唱后庭花**"（《泊秦淮》），那其实是亡国之音。在明白自己无法力挽狂澜、拯救黎民后，杜牧将一腔悲愤发于饮酒之上，对酒爱不释手，其中名句有"**借问酒家何处有，牧童遥指杏花村**"（《清明》）。

杜牧写景的七言绝句，也有很高的艺术价值，如："**千里莺啼绿映红，水村山郭酒旗风。南朝四百八十寺，多少楼台烟雨中。**"（《江南春》）又如："**远上寒山石径斜，白云深处有人家。停车坐爱枫林晚，霜叶红于二月花。**"（《山行》）

诗意实践

从王维和"小李杜"的诗中，选一首喜欢的诗，用自己的方式（可以吟诵、歌唱、绘画、表演等）演绎出来。

本课知识点参考

识记类

1.王维的代表作品。

2.王维山水田园诗的代表作品及其中的名句。

3.王维边塞诗的代表作品与其中的名句。

4.苏轼对王维的八字评价。

5.李商隐擅长的写作文体。

6."小李杜"、"三李"、"温李"各指代的是哪些诗人。

7.李商隐的代表作及其中的名句。

8.杜牧的作品及其中的名句。

理解类

1.王维与"小李杜"的人生经历。

2.三位诗人的作品的内容与意义。

课外延展类

王维与"小李杜"的其他代表作品。

第二十二讲　千古唐诗(五)

本课教学目标

1.掌握白居易的相关内容。

- 背诵白居易的字、号。

- 概述白居易的作品的内容及意义。

- 了解白居易的人生经历。

2.体会白居易通俗易懂的写作风格。

本课教法指导

本课应重点放在白居易的两首长诗《琵琶行》和《长恨歌》的故事讲解

上。教师不要单纯解释诗句,而应该将两首诗以故事的方式呈现出来,在适当的时间出示经典名句,引导学生记忆和背诵。

教学设计

一、魅力问答

教师提问,让学生通过竞技游戏进行回答,复习前面讲述过的知识。

二、耳朵旅行

通过讲述白居易生平及其代表作品,让学生领略"诗魔"的作品特点及内容。

（一）"诗魔"白居易

白居易,字乐天,号香山居士,祖籍山西太原。

代表作:《赋得古原草送别》、《琵琶行》、《长恨歌》。

1.《赋得古原草送别》

白居易擅长作诗的名气,很早就传开了。白居易自小聪明,生下来刚六七个月,就能辨认"之"、"无"两个字,后来引申出成语**"略识之无"**,形容一个人懂点知识。他五六岁就开始学写诗。在他十五六岁时,父亲白季庚在徐州做官,让他到京城长安去见世面,结交名人。

那时候,正是朱泚叛乱之后,长安遭到很大的破坏,到处闹粮荒,米价飞涨,百姓的日子很不好过。

当时,长安有一个文学家名为顾况,很有才气,但是性情高傲,遇到后生晚辈,常常倚老卖老。白居易得知顾况的名气后,就带了自己的诗稿,到顾况家去请教。顾况听说白居易是个官家子弟,不好不接待。白居易拜见了顾况,送上名帖和诗卷。顾况瞅了瞅这个小伙子,又看了看名帖,看到"居易"两个字,皱起眉头打趣说:"近来长安米价很贵,只怕居住很不容易啊!"(长安物贵,居大不易)

白居易被顾况莫名其妙地数落了几句，也不介意，恭恭敬敬地站在旁边请求指教。顾况拿起诗卷随手翻着翻着，忽然停了下来，眼睛盯着诗卷，轻轻地吟诵起来："离离原上草，一岁一枯荣；野火烧不尽，春风吹又生"。顾况读到这里，脸上显露出兴奋的神色，马上站起来，紧紧拉住白居易的手，热情地说："能够写出这样的好诗，住在长安也不难了。刚才跟你开个玩笑，别见怪啊。"（有句如此，居亦何难？老夫前言戏之耳！）

这次见面之后，顾况十分欣赏白居易的诗才，逢人就夸。一传十，十传百，白居易也便在长安出了名。不到几年，他考取了进士。唐宪宗提拔他做翰林学士，又派他担任左拾遗。

但是，白居易不争名求利、亦不阿谀奉承。他不断地创作新诗歌，揭露当时社会中的种种不良现象，同时也向皇帝多次直谏，因而得罪小人，最终遭到贬黜。

2.《琵琶行》

《琵琶行》作于白居易贬官到江州的第二年，借叙述琵琶女的高超演技和她的凄凉身世，抒发了自己遭贬斥的抑郁之情。诗人把一个娼女视为知己，与她同病相怜，写人写己，官海的浮沉、人生的悲哀，都融为了一体，使得这首诗作具有了非凡的艺术感染力。

《琵琶行》中的名句

千呼万唤始出来，犹抱琵琶半遮面。

大弦嘈嘈如急雨，小弦切切如私语。——窃窃私语

同是天涯沦落人，相逢何必曾相识！

别有幽愁暗恨生，此时无声胜有声。

3.《长恨歌》

这首诗是白居易和友人同游仙游寺，有感于唐玄宗、杨贵妃的故事而创作的。在这首长篇叙事诗里，作者以精炼的语言，优美的意象，叙事和抒情结合的手法，叙述了唐玄宗、杨贵妃在安史之乱中的爱情悲剧。

《长恨歌》中的名句

杨家有女初长成，养在深闺人未识。

天生丽质难自弃，一朝选在君王侧。——天生丽质

回眸一笑百媚生，六宫粉黛无颜色。——回眸一笑

在天愿作比翼鸟，在地愿为连理枝。——比翼双飞、同枝连理

天长地久有时尽，此恨绵绵无绝期。——天长地久

诗意实践

在利用身边的资源了解《琵琶行》和《长恨歌》内容的基础上尝试朗诵（背诵）并演绎其中的片断。

本课知识点参考

识记类

1.白居易的雅号。

2.白居易的字、号。

3.白居易的代表作。

4.《琵琶行》、《长恨歌》中的名句以及其中引申出的成语。

理解类

1.白居易的时代背景以及人生经历。

2.《琵琶行》、《长恨歌》的内容。

课外延展类

复述《琵琶行》、《长恨歌》的故事内容。

本单元推荐阅读书目

[1] 程季平译注.唐诗三百首(精).北京：北京燕山出版社,2007.

[2] 陈友琴编.白居易资料汇编.北京：中华书局,2004.

[3] 傅道彬、陈永宏著.歌者的悲欢：唐代诗人的心路历程.保定：河北大学出版社,2001.

[4] 高晨主编.小学生必背古诗词70首.杭州：浙江大学出版社,2005.

[5] 胡可先著.小李杜——璀璨星座.北京：中华书局,2010.

[6] 金性尧注.唐诗三百首新注.西安：陕西师范大学出版社,2005.

[7] 计有功辑撰.唐诗纪事.上海：上海古籍出版社,2008.

[8] 马茂元选注.唐诗选.上海：上海古籍出版社,1999.

[9] 孟冰主编.新课标小学生语文阅读百科全书.北京：中国书籍出版社,2008.

[10] 闻一多等编著.名家说古诗词.天津：天津教育出版社,1998.

[11] 王国维著.人间词话.南京：江苏文艺出版社,2007.

[12] 王力著.诗词格律.北京：中华书局,2000.

[13] 王维著,陈铁民校注.王维集校注.北京：中华书局,1997.

[14] 于至堂著.唐诗鉴赏辞典.北京：北京出版社,2009.

第十一单元　宋词清韵

本单元教学目标

1.学习词牌的由来、宋词的派别及其代表人物。

2.了解宋词和豪放派代表人物欧阳修和苏轼、辛弃疾和陆游的生平和作品特点,识记他们的代表作及其中的名句。

3.了解婉约派代表人物柳永和李煜、秦观和李清照的生平和作品特点,识记他们的代表作及其中的名句。

4.感受宋词的博大精深,形成学习宋词的兴趣。

5.通过学习诗人的作品,体会其真挚的爱国情感。

第二十三讲　宋词清韵(一)

本课教学目标

1.了解宋词和豪放派代表人物欧阳修和苏轼。

- 学习词牌的由来、宋词的派别及其代表人物。

- 了解欧阳修和苏轼的基本情况,识记他们的代表作及其中的名句。

2.感受宋词的博大精深,形成学习宋词的兴趣。

本课教法指导

教师在讲解《水调歌头》时,可将王菲演唱的歌曲《明月几时有》推荐给学生,更有利于学生记忆。

教学设计

一、魅力问答

教师提问,让学生通过竞技游戏进行回答,复习前面讲述过的知识。

二、耳朵旅行

讲述宋词的分类、豪放派代表人物以及名篇佳作,让学生更好地了解宋词。

(一)宋词概述

在我国古代,词是一种诗歌,始于梁代,形成于唐代,到了宋代达到了鼎盛时期。宋词是继唐诗之后的又一种文学体裁,按照创作风格的不同,基本上可以分为婉约派、豪放派两大类,另有一种为花间派(代表人物:温庭筠等)。

豪放派的代表人物:**苏轼、辛弃疾、陆游**等。

婉约派的代表人物:**柳永、女词人李清照**等。

(二)词牌的来历

词牌的来历,大约有下面三种情况:

1.原本是乐曲名称。词的前身是配曲的歌,如《菩萨蛮》。

2.取词中的几个字做词牌。如《忆江南》,这个词派就是因白居易的"江南好……能不忆江南"而来。

3.原来是词的题目。如《渔歌子》是咏渔家生活的,《浪淘沙》是咏大浪淘沙的。

大多数词牌不是词的本意,而只是一种词谱的代号,词题和词牌并不发生任何关系。一般人填词要另立题目或在下面注引小字以言其所咏之志。

（三）豪放派代表词人

1.欧阳修

欧阳修，字永叔，号醉翁，世称欧阳文忠公，北宋时期政治家、文学家、史学家和诗人。晚年自号六一居士，曰：吾《集古录》一千卷，藏书一万卷，有琴一张，有棋一局，而常置酒一壶，吾老於其间，是为六一。与韩愈、柳宗元、王安石、苏洵、苏轼、苏辙、曾巩合称"唐宋八大家"。在政治和文学方面，欧阳修都主张革新，他既支持"庆历新政"，也领导了北宋诗文革新运动。在文学创作上，欧阳修的最高成就是散文。苏轼评价他的文章时说："论大道似韩愈，论本似陆贽，记事似司马迁，诗赋似李白"。欧阳修喜欢提携后进，苏轼兄弟及曾巩、王安石皆出其门下。

（1）《醉翁亭记》

宋仁宗庆历五年（1045年），欧阳修被贬官至滁州并担任太守，庆历六年（1046年），他写下了《醉翁亭记》。

任滁州太守期间，欧阳修采取了一系列的措施。他实行宽简政治，注重发展当地的生产，滁州百姓过上了和平而安定的生活。加上滁州幽深秀美的自然风景，欧阳修感到无比的快慰。但与此同时，他也感到沉重的忧虑和痛苦，因为当时的北宋王朝奸邪当道，政治昏暗，一些有志改革图强的人却纷纷受到打击。面对这样的情况，欧阳修只能眼睁睁的看着国家日益衰亡，他心中的忧虑和痛苦可想而知。这是欧阳修写作《醉翁亭记》时的心情，悲喜交加，悲与喜同时糅合表现在他的作品里。

《醉翁亭记》描写了优美的自然环境与和乐的社会风气，含蓄而委婉地表现了他在被贬之后的心境。《醉翁亭记》中有美丽的景物的描写，如："若夫日出而林霏开，云归而岩穴暝，晦明变化者，山间之朝暮也。野芳发而幽香，佳木秀而繁阴，风霜高洁，**水落而石出者**，山间之四时也。"在景物之外，还有对人事的叙述："太守与客来饮于此，饮少辄醉，而年又最高，故自号曰醉翁也。""至于负者歌于途，行者休于树，**前者呼，后者应**，伛偻提携，往来而不绝者，滁人游也。临溪而渔，溪深而鱼肥，酿泉为酒，泉香而酒洌；山肴野蔌，杂然而前陈者，太守宴也。宴酣之乐，非丝非竹，射者中，弈者胜，觥筹交错，起坐而喧哗者，众宾欢也。苍颜白发，颓然乎其间者，太守醉也。"它描写了在太守管辖之下，众百姓的日常生活中的一个片断，呈现了一幅闲适而详和的景象。欧阳修通过对景物和人事的描写，抒发了自己的内心感慨。他真挚的感情融于景、事之中，使得文章更加动人："醉翁之意不在酒，在乎山水之间也。""山水之乐，得之心而寓之酒也。""游人去而禽鸟乐也。然而禽鸟知山林之乐，而不知人之乐；人知从太守游而乐，而不知太守之乐其乐也。"

　　如今琅琊山的自然风光、人文景观，远近闻名。琅琊山最有名的景点便是醉翁亭，被誉为中国"四大名亭"之首（中国四大名亭为安徽醉翁亭、北京陶然亭、长沙爱晚亭、杭州湖心亭），名扬海内外。

　　【注】关于醉翁亭的由来另有一说法，庆历五年，欧阳修来到滁州时认识了琅琊寺主持智仙和尚，两人结为知音。为便于知音游玩琅琊山，智仙和尚在山麓建造了一座小亭子，欧阳修作记《醉翁亭记》。

　　（2）《蝶恋花》

　　庭院深深深几许？杨柳堆烟，帘幕无重数。玉勒雕鞍游冶处，楼高不见章台路。

　　雨横风狂三月暮。门掩黄昏，无计留春住。**泪眼问花花不语，乱红飞过秋千去。**

　　（3）《减字木兰花》

　　伤怀离抱，天若有情天亦老。此意如何，细似轻丝渺似波。

　　扁舟岸侧，枫叶荻花秋索索。细想前欢，须著人间比梦间。

　　【注】"天若有情天亦老"一句出自唐代李贺的《金铜仙人辞汉歌》："衰兰送客咸阳道，天若有情天亦老。"后来，毛泽东在《七律·人民解放军占领南京》中也用到此句："天若有情天亦老，人间正道是沧桑。"

2.苏轼

苏轼,字子瞻,号东坡居士,北宋著名的文学家、书画家,豪放派词人。他与父亲苏洵、弟弟苏辙皆以文学成就闻名于世,世人称为"三苏",他与汉末的"三曹父子"(曹操、曹丕、曹植)齐名。"唐宋八大家"之一,并与黄庭坚、米芾、蔡襄(也有学者认为是蔡京)一起,被称为最能代表宋代书法成就的书法家,合称为"宋四家"。

苏轼是一个极富于浪漫气质并且崇尚自由个性的诗人。他从小研读经史,受儒学思想的影响,把社会责任当做己任,总是敢于坚持自己的意见,并深切关注百姓疾苦;同时他又看到政治斗争的险恶和人生的无奈,便从佛禅玄理、老庄哲学中追求解脱。

苏轼在中国词史上占据重要地位。他将北宋诗文革新运动的精神贯穿到词的领域,开创了豪放词派,一扫自晚唐五代以来的传统词风。同时,他还以广阔的社会内容为题材,着重丰富词的意境,突破了传统的专写男女恋情和离别愁绪的狭窄题材,对词的革新与发展做出了重要贡献。他的名作有《念奴娇》、《水调歌头》等,开豪放词派的先河,与辛弃疾并称"苏辛"。**刘辰翁**在《辛稼轩词序》说:"**词至东坡,倾荡磊落,如诗,如文,如天地奇观。**"

(1)《水调歌头》

明月几时有?把酒问青天。不知天上宫阙,今夕是何年?我欲乘风归去,又恐琼楼玉宇,高处不胜寒。起舞弄清影,何似在人间。

转朱阁,低绮户,照无眠。不应有恨,何事长向别时圆?**人有悲欢离合,月有阴晴圆缺,此事古难全,但愿人长久,千里共婵娟。**

(2)《念奴娇·赤壁怀古》

大江东去,浪淘尽、千古风流人物。故垒西边,人道是、三国周郎赤壁。乱石穿空,惊涛拍岸,卷起千堆雪。江山如画,一时多少豪杰。

遥想公瑾当年,小乔初嫁了,雄姿英发。羽扇纶巾,谈笑间,樯橹灰飞烟灭。故国神游,多情应笑我,早生华发。人生如梦,一樽还酹江月。

【注】苏轼对于黄州的赤壁是否是三国时期赤壁之战的故地是颇存疑虑的。胡仔《苕溪渔隐丛话》后集卷二十八记载了苏轼的一段话：黄州西山麓，斗入江中，石色如丹，传云曹公败处，所谓赤壁者。或曰非也。曹公败归，由华容路，路多泥泞，使老弱先行践之而过，曰：刘备智过人而见事迟，华容夹道皆葭苇，若使纵火，吾无遗类矣。今赤壁少西对岸即华容镇，庶几是也。然岳州复有华容县，竟不知孰是。今日，李委秀才来，因以小舟载酒，饮于赤壁下。李善吹笛，酒酣，作数弄。风起水涌，大鱼皆出，山上有栖鹘，亦惊起。坐念孟德、公瑾，如昨日耳。

（3）《江城子》

苏轼的结发妻子叫王弗，年轻貌美，知书达礼，两人恩爱情深。她十六岁嫁给苏轼，堪称贤内助，有"幕后听言"的故事。苏轼为人旷达，待人接物相对疏忽，于是王弗便在屏风后静听，并将自己的建议告知苏轼。王弗在与苏轼生活了十一年之后病逝。苏轼依父亲苏洵言"于汝母坟茔旁葬之"，并在埋葬王弗的山头亲手种植了三万株松树以寄哀思。又过了十年，苏轼为王弗写下了被誉为"千古第一悼亡词"的《江城子·乙卯正月二十日记梦》：

十年生死两茫茫。不思量，自难忘。千里孤坟，无处话凄凉。纵使相逢应不识，尘满面，鬓如霜。

夜来幽梦忽还乡。小轩窗，正梳妆。**相顾无言，惟有泪千行。**料得年年肠断处，明月夜，短松冈。

诗意实践

利用身边的资源，搜集欧阳修或是苏轼的词作与大家分享。

本课知识点参考

识记类

1.宋词的基本派别及代表人物。

2.欧阳修的字、号。

3.欧阳修的代表作及其中的名句。

4.苏轼的字、号。

5.刘辰翁在《辛稼轩词序》中如何评价苏轼的。

6.说出苏轼的代表作及其中的名句。

理解类

1.词牌的由来方式并举例。

2.欧阳修在文学方面的成就。

3.苏轼的个性特点。

课外延展类

欧阳修的生平及作品。

第二十四讲　宋词清韵 (二)

本课教学目标

1.了解豪放派代表人物辛弃疾和陆游。

- 了解辛弃疾的作品特点，识记他的代表作及其中的名句。

- 了解陆游的经历和作品特点，识记他的代表作及其中的名句。

2.感受宋词的博大精深，形成学习宋词的兴趣。

3.通过学习陆游的作品,体会其真挚的爱国情感。

本课教法指导

1.在讲解"众里寻他千百度"一句时,教师可补充著名的百度网站就是以此命名,十分形象生动。

2.两首《钗头凤》均为千古名篇,可要求学生全文背诵。

教学设计

一、魅力问答

教师提问,让学生通过竞技游戏进行回答,复习前面讲述过的知识。

二、耳朵旅行

讲述宋词豪放派代表人物及其名篇佳作,让学生更好地了解宋词。

(一) 豪放派代表词人

1.辛弃疾

辛弃疾,字幼安,号稼轩,历城 (今山东济南) 人,与苏轼并称"苏辛"。

辛弃疾一生力主抗金,执着北伐的热情丝毫不减,然而他豪迈倔强的性格却让他难以在嫉贤妒能的官场立足。在词中,他倾诉了自己壮志难酬的悲愤,揭露和批判了国家上层统治集团的无能和屈辱投降,更多表现出来的则是力图恢复国家统一的爱国热情,而他吟咏祖国河山的作品便是最好的证明。

辛弃疾的词以豪放为主,热情洋溢,慷慨激昂,笔力雄厚,体现了多种多样的艺术风格。辛词继承了苏轼豪放词风和南宋初期爱国词人的战斗传统,进一步扩大了词的题材,开拓了词的境界,丰富了词的表现手法,形成了其独有的词风格,沉郁、明快、激励、妩媚,兼而有之。他善于运用比兴手法和奇特想象,对自然界的山、水、风、月、草、木都赋予情感和性格,并有所寄托。他还善于吸收民间口语入词，尤其善于用典、用事和引用前人诗句、文句，往往稍加改造而别出新意。

（1）《青玉案》

东风夜放花千树，更吹落、星如雨。宝马雕车香满路，凤箫声动，玉壶光转，一夜鱼龙舞。

蛾儿雪柳黄金缕，笑语盈盈暗香去。**众里寻他千百度，蓦然回首，那人却在、灯火阑珊处。**

（2）《破阵子》

醉里挑灯看剑，梦回吹角连营。八百里分麾下炙，五十弦翻塞外声。沙场秋点兵。

马作的卢飞快，弓如霹雳弦惊。了却君王天下事，赢得生前身后名。可怜白发生。

（3）《南乡子·登京口北固亭有怀》

何处望神州？满眼风光北固楼。**千古兴亡多少事？悠悠。不尽长江滚滚流。**

年少万兜鍪，坐断东南战未休。天下英雄谁敌手？曹刘。生子当如孙仲谋。

（4）《永遇乐·京口北固亭怀古》

千古江山，英雄无觅、孙仲谋处。舞榭歌台，风流总被，雨打风吹去。斜阳草树，寻常巷陌，人道寄奴曾住。**想当年，金戈铁马，气吞万里如虎。**

元嘉草草，封狼居胥，赢得仓皇北顾。四十三年，望中犹记，烽火扬州路。可堪回首，佛狸祠下，一片神鸦社鼓。**凭谁问：廉颇老矣，尚能饭否？**

2.陆游

南宋诗人，**字务观，号放翁**，十二岁即能作诗文。陆游具有多方面文学才能，尤以诗的成就为最，他自言"六十年间万首诗"，今尚存九千三百余首，其中许多诗篇抒写了抗金杀敌的豪情和对敌人、卖国贼的仇恨。他的诗风格雄奇奔放，沉郁悲壮，洋溢着强烈的爱国主义激情。他的诗词在思想上、艺术上取得了卓越的成就，有"小李白"之称，不仅成为南宋一代诗坛领袖，而且在中国文学史上享有崇高地位，是我国伟大的**爱国诗人**。

【注】陆游是被称为"小李白"的宋代诗人，另有一说"小李白"指的是李商隐。

(1) 陆游的诗

《示儿》

死去元知万事空，但悲不见九州同。**王师北定中原日，家祭无忘告乃翁。**

《书愤》

早岁那知世事艰，中原北望气如山。楼船夜雪瓜洲渡，铁马秋风大散关。

塞上长城空自许，镜中衰鬓已先斑。**出师一表真名世，千载谁堪伯仲间！**

(2) 陆游的词

《卜算子·咏梅》

驿外断桥边，寂寞开无主。已是黄昏独自愁，更著风和雨。

无意苦争春，一任群芳妒。**零落成泥碾作尘，只有香如故。**

《钗头凤》

其一：(作者：陆游)

红酥手，黄縢酒，满城春色宫墙柳。东风恶，欢情薄，一怀愁绪，几年离索。错、错、错！

春如旧，人空瘦，泪痕红浥鲛绡透。桃花落，闲池阁，山盟虽在，锦书难托。莫、莫、莫！

其二：(作者：唐琬)

世情薄，人情恶，雨送黄昏花易落。晓风干，泪痕残，欲笺心事，独语斜栏。难、难、难！

人成各，今非昨，病魂常似秋千索。角声寒，夜阑珊，怕人询问，咽泪妆欢。瞒、瞒、瞒！

小故事：两曲《钗头凤》

陆游初娶表妹唐琬，夫妻恩爱，却为陆母所不喜，陆游被迫与唐琬分离。后来唐琬改嫁赵士程，陆游再娶王氏。十余年后他们春游沈园相遇，陆游伤感之余，在园壁题了著名的《钗头凤》词。唐琬见了不胜伤感，也和词一首，不久便忧郁而死。陆游为此哀痛至甚，后又多次赋诗忆咏沈园，有"**伤心桥下春波绿，曾是惊鸿照影来**"之句。沈园亦由此而久负盛名。

【注】对于唐琬这首回复之作，究竟是真有其事还是好事者的附会之作，一直以来都颇有争议，传言是世人借用唐婉之手回复陆游而作。

诗意实践

利用身边的资源，搜集辛弃疾或陆游的作品与大家分享。

本课知识点参考

识记类

1. "苏辛"是指哪两位词人。

2. 说出辛弃疾的代表作及其中的名句。

3. 说出陆游的代表作及其中的名句。

4. 陆游为唐琬所写词的名称并背诵。

理解类

1. 辛弃疾的作品特点。

2. 陆游与唐琬的爱情故事。

课外延展类

辛弃疾和陆游的生平经历及作品。

第二十五讲　宋词清韵 (三)

本课教学目标

1.了解婉约派代表人物柳永和李煜。

- 了解柳永的作品特点,识记其代表作及其中的名句。
- 了解李煜的经历和作品风格变化,识记他的代表作及其中的名句。

2.感受宋词的博大精深,形成学习宋词的兴趣。

本课教法指导

教师可通过查阅资料补充本节课涉及到的诗人的小故事。

教学设计

一、魅力问答

教师提问,让学生通过竞技游戏进行回答,复习前面讲述过的知识。

二、耳朵旅行

讲述婉约派代表词人及其名篇佳作,使学生更好地了解宋词。

(一) 柳永

柳永,北宋著名词人,原名三变,字景庄。后改名永,字耆卿。因其排行第七,又称柳七。他出身于儒宦世家,为人放荡不羁,仕途坎坷。当时有人把他举荐给宋仁宗,却只得了四个字的批语:"且去填词。"仕途无涯,他便自称"奉旨填词柳三变"。天性风流,不屑与达官贵人相往来,却流连于歌楼舞榭,沉迷于声色词曲,潦倒终身,竟由群妓合金而葬。

苏东坡有一次问一个善歌的人："我词何如柳七（柳永）？"那人回答："柳郎中词，只合十七八女郎，执红牙板，歌'杨柳岸，晓风残月'。学士词需关西大汉，铜琵琶，铁绰板，唱'大江东去'。"由此可见苏词与柳词的差异。柳永一生写下很多耐人寻味的作品，其中最著名的有：

1.《雨霖铃》

寒蝉凄切，对长亭晚，骤雨初歇。都门帐饮无绪，留恋处、兰舟催发。执手相看泪眼，竟无语凝噎。念去去、千里烟波，暮霭沉沉楚天阔。

多情自古伤离别，更那堪、冷落清秋节！今宵酒醒何处？杨柳岸、晓风残月。此去经年，应是良辰好景虚设。便纵有千种风情，更与何人说！

2.《八声甘州》

对潇潇暮雨洒江天，一番洗清秋。渐霜风凄紧，关河冷落，残照当楼。是处红衰翠减，苒苒物华休。**惟有长江水，无语东流。**

不忍登高临远，望故乡渺邈，归思难收。叹年来踪迹，何事苦淹留？想佳人、妆楼颙望，误几回、天际识归舟。争知我、倚阑干处，正恁凝愁！

纪晓岚在《四库全书总目提要》中倍加推崇："诗当学杜诗，词当学柳词。"

柳永的词在当时妇孺皆知，如同"流行歌曲"。民间有云："凡有井水处即**能歌柳词。**"意思是凡是有人居住和生活的地方，就会有人唱柳词。可见柳永在当时的影响力，难怪人们称他为"北宋第一词人"。

（二）李煜

五代十国时期南唐国君，**字重光**，初名从嘉，号钟山隐士、钟峰隐者等。南唐元宗李璟第六子，史称**李后主**。国破降宋，被俘至汴京，被封为右千牛卫上将军、违命侯。后被宋太宗毒死。李煜虽不通政治，但其艺术才华非凡。他精通书法，擅长绘画，谙于音律，对诗文均有一定造诣，尤以词的成就最高。有千古杰作《虞美人》、《浪淘沙》、《乌夜啼》等词，被称为**"千古词帝"**。

近代学者王国维认为："温飞卿之词，句秀也；韦端己之词，骨秀也；李重光之词，神秀也。""词至李后主而眼界始大，感慨遂深，遂变伶工之词而为士大夫之词。周介存置诸温、韦之下,可谓颠倒黑白矣。"

李煜词作的内容主要可分作两个阶段:第一阶段为降宋以前,题材主要为宫廷生活和男情女爱;第二阶段为降宋后,经历亡国的悲痛之后,李煜从自身的感情和体会出发而创作。这时期的作品大多哀婉凄绝,表现了对往事的无限留恋,其影响也远远超过前期作品,可谓"神品"。《虞美人》、《浪淘沙》、《相见欢》等,都是在此时完成的。

1.早期作品

(1)《菩萨蛮》

花明月暗笼轻雾,今霄好向郎边去!刬袜步香阶,手提金缕鞋。

画堂南畔见,一向偎人颤。奴为出来难,教君恣意怜。

2.后期作品

(1)《相见欢》又名《乌夜啼》

无言独上西楼,月如钩。寂寞梧桐深院锁清秋。

剪不断,理还乱,是离愁。别是一般滋味在心头。

(2)《虞美人》(春花秋月何时了)

春花秋月何时了?往事知多少。小楼昨夜又东风,故国不堪回首月明中。

雕栏玉砌应犹在,只是朱颜改。**问君能有几多愁?恰似一江春水向东流。**

这是李煜最后一首感怀故国的名作,作者以形象的比喻,诘问的口吻,悲愤的情怀,激宕的格调,放笔悲号,写尽亡国君主的哀愁。

(3)《浪淘沙》

帘外雨潺潺,春意阑珊。罗衾不耐五更寒。梦里不知身是客,一晌贪欢。

独自莫凭栏,无限江山。别时容易见时难。流水落花春去也,天上人间。

此词将梦前梦中梦后,穿插行进,对比强烈,透露出亡国之君李煜绵绵不尽的故土之思。

诗意实践

利用身边的资源，搜集柳永或是李煜的作品与大家分享。

本课知识点参考

识记类

1.柳永的代表作及其中的名句。

2.哪句话能说明柳永的词在当时妇孺皆知，如同"流行歌曲"。

3."千古词帝"是谁，有什么封号。

4.说出李煜的代表作及其中的名句。

理解类

1.苏轼与柳永词作的不同风格。

2.李煜词作的两个时期及代表作。

课外延展类

柳永和李煜的人生经历和作品。

第二十六讲　宋词清韵 (四)

本课教学目标

1.了解婉约派代表人物秦观和李清照。

- 识记秦观的代表作及其中的名句。

- 了解李清照的人生经历和作品风格变化，识记其代表作及其中的名句。

2.感受宋词的博大精深，形成学习宋词的兴趣。

本课教法指导

教师可补充李清照人生后期的坎坷经历，以促进学生更好地理解她后期的作品。

教学设计

一、魅力问答

教师提问，让学生通过竞技游戏进行回答，复习前面讲述过的知识。

二、耳朵旅行

讲述婉约派代表词人及其名篇佳作，使学生更好地了解宋词。

（一）秦观

秦观，字少游，一字太虚，号淮海居士，别号邗沟居士。与黄庭坚、张耒、晁补之合称"苏门四学士"。北宋后期著名婉约派词人，其词大多描写男女情爱和抒发仕途失意的哀怨，文字工巧精细，音律谐美，情韵兼胜。

（1）《踏莎行·郴州旅舍》

雾失楼台，月迷津渡。桃源望断无寻处。**可堪孤馆闭春寒，杜鹃声里斜阳暮。**

驿寄梅花，鱼传尺素。砌成此恨无重数。郴江幸自绕郴山，为谁流下潇湘去？

（2）《鹊桥仙》

纤云弄巧，飞星传恨，银汉迢迢暗渡。金风玉露一相逢，便胜却人间无数。

柔情似水，佳期如梦，忍顾鹊桥归路。**两情若是久长时，又岂在朝朝暮暮！**

（3）《浣溪沙》

漠漠轻寒上小楼。晓阴无赖似穷秋。淡烟流水画屏幽。

自在飞花轻似梦，无边丝雨细如愁。宝帘闲挂小银钩。

（二）李清照

李清照，南宋女词人，今山东济南人，自号**易安居士**，婉约派代表词人。

李清照生长在一个文学气氛很浓的家庭，天资聪颖，少识音律，十八岁与太学生赵明诚结婚，婚后夫妇诗词唱和，志趣相投，生活平静美满。"靖康之变"后，生活急剧变化，赵明诚病死任上，李清照辗转逃难，晚景凄凉，最后在风雨飘摇中死去。

李清照是一位有多方面才能的作家，她的诗关心现实，有激昂的爱国热情。她的散文《金石录后序》，把个人的悲欢与国家的灾难结合叙述，感慨悲凉。而她的名诗《夏日绝句》更是传唱千古："**生当作人杰，死亦为鬼雄。至今思项羽，不肯过江东。**"这首词写在国家发生灾难之时，当时赵明诚被任为首都建康的知府，不料就在这时发生了一件耻国羞家的事。一天深夜，城里发生叛乱，身为地方长官的赵明诚不是身先士卒指挥战斗，而是偷偷用绳子坠城逃走。事后，他被朝廷撤职。李清照表现出大节大义，为丈夫临阵脱逃而感到羞愧。赵明诚被撤职后，夫妇二人继续沿长江而上向江西方向流亡，一路难免有点别扭。当行至乌江镇时，李清照得知这就是当年项羽兵败自刎之处，不觉心潮起伏，面对浩浩江面吟下了这首千古绝唱。

李清照的词可以"靖康之变"为界，分为前后两期。前期的词主要是写她的贵族少女、少妇的生活，是一种悠闲、风雅的情调；后期的词多写其对国事的忧思和生活流落的痛苦。李清照通过描写自己亲身感受和内心体验，从女性的角度出发，笔法更加细腻，因而别有韵味，也就格外真挚动人。

1.前期作品

（1）《点绛唇》

蹴罢秋千，起来慵整纤纤手。露浓花瘦，薄汗轻衣透。见有人来，袜刬金钗溜。和羞走，倚门回首，却把青梅嗅。

（2）《如梦令》

昨夜雨疏风骤。浓睡不消残酒。试问卷帘人，却道海棠依旧。**知否？知否？应是绿肥红瘦。**

（3）《如梦令》（常记溪亭日暮）

常记溪亭日暮，沉醉不知归路。兴尽晚回舟，误入藕花深处。**争渡？争渡？**惊起一滩鸥鹭。

（4）《一剪梅》

红藕香残玉簟秋。轻解罗裳，独上兰舟。云中谁寄锦书来？雁字回时，月满西楼。

花自飘零水自流。一种相思，两处闲愁。此情无计可消除。才下眉头，却上心头。

（4）《醉花阴》

薄雾浓云愁永昼，瑞脑消金兽。佳节又重阳，玉枕纱厨，半夜凉初透。

东篱把酒黄昏后，有暗香盈袖。**莫道不消魂，帘卷西风，人比黄花瘦。**

2.后期作品

南渡以后，李清照尝尽了国破家亡与颠沛流离的苦痛，词的内容也多写其对国事的忧思和生活流落的痛苦，饱含爱国之情。诗人常把国家的灾难与个人的不幸结合起来表现，反映一种凄凉孤寂的心境。

《声声慢》

寻寻觅觅，冷冷清清，凄凄惨惨戚戚。乍暖还寒时候，最难将息。三杯两盏淡酒，怎敌他晚来风急。雁过也，正伤心，却是旧时相识。

满地黄花堆积。憔悴损，如今有谁堪摘？守着窗儿，独自怎生得黑。梧桐更兼细雨，到黄昏、点点滴滴。**这次第，怎一个愁字了得！**

诗意实践

利用身边的资源，搜集秦观或李清照的词作与大家分享。

本课知识点参考

识记类

1.秦观的字和号。

2."苏门四学士"分别指谁。

3.秦观的词代表作及其中的名句。

4.李清照的号。

5.李清照的《夏日绝句》。

6.李清照的词代表作及其中的名句。

理解类

李清照前期和后期作品特点。

课外延展类

秦观和李清照的人生经历和其他代表作。

本单元推荐阅读书目

[1] 蔡义江撰.陆游诗词选评.上海：上海古籍出版社，1993.

[3] 陈玉兰编著.李清照.北京：中华书局，2010.

[2] 陈新、杜维沫选注.欧阳修选集.上海：上海古籍出版社，1986.

[4] 巩本栋著.辛弃疾评传.南京：南京大学出版社，1998.

[5] 顾之京、姚守梅、耿小博、叶嘉莹著.柳永词新释辑评.北京：中国书店，2005.

[6] 孔凡礼著.苏轼年谱.北京：中华书局，2005.

[7] 李煜、王兆鹏、田松青著.恰似一江春水向东流：李煜词注评.上海：上海古籍出版社，2010.

[8] 李中华著.浪漫人生：李后主的人生哲学.北京：华夏出版社，1997.

[9] 林语堂著.苏东坡传.北京：群言出版社，2010.

[10] 邱少华释评.欧阳修词新释辑评.北京：中国书店，2001.

[11] 苏轼著，王水照注.苏轼选集.上海：上海古籍出版社，1984.

[12] 苏轼著，邹同庆，王宗棠注.苏轼词编年校注.北京：中华书局，2002.

[13] 辛弃疾、崔铭著.辛弃疾词集.上海：上海古籍出版社，2010.

[14] 辛弃疾著，邓广铭注.稼轩词编年笺注.上海：上海古籍出版社，1993.

[15] 徐培均编.秦观词集.上海：上海古籍出版社，2008.

[16] 徐培均笺注.淮海居士长短句笺注.上海：上海古籍出版社，2008.

[17] 薛瑞生校注.乐章集校注.北京：中华书局，1994.

[18] 薛瑞生注.柳永词选.北京：中华书局，2005.

[19] 姚蓉编.秦观词选.北京：中华书局，2005.

[20] 诸葛忆兵著.李清照与赵明诚.北京：中华书局，2004.

[21] 邹志方注释.陆游诗词选（插图版）.北京：中华书局，2009.

第十二单元　世情元曲

第二十七讲　世情元曲（上）

本课教学目标

1.初步了解元曲和"元曲四大家"及其作品。

● 了解元曲的产生和特点。

● 了解关汉卿在元曲创作上的成就,能复述《窦娥冤》的故事情节,识记其中的名句。

● 识记马致远的《天净沙·秋思》。

2.感受元曲的博大精深,体会元曲中所描绘的世情。

本课教法指导

《天净沙·秋思》可要求学生背诵全文。

教学设计

一、魅力问答

教师提问，让学生通过竞技游戏进行回答，复习前面讲述过的知识。

二、耳朵旅行

讲述"元曲四大家"及其代表作，帮助学生了解元朝的文化。

（一）元曲概述

元曲盛行于元朝。元朝是我国历史上第一次由少数民族蒙古族建立的大一统的王朝，其开国皇帝是成吉思汗的孙子忽必烈。因为蒙古族统治者对汉族知识分子的歧视和对科举的忽视，读书人位于"八娼九儒十丐"的地位，原先可以"学而优则仕"，现在却只能通过向社会出卖自己的智力作品来谋生。同时随着城市经济生活的繁荣、市民娱乐要求的增长，人们对于通俗文化的需求也越来越大，因此元朝的文学更加贴近普通百姓，这对文人的文学创作，包括诗、词、文都产生了影响。戏曲、小说成为新兴的文学样式，散曲则突破诗词格律的限制，成为更自由、轻灵的抒情诗体。

元曲是**元杂剧**和**散曲**的合称，是继唐诗、宋词之后又一蔚为壮观的文学样式。与绝句、律诗和宋词相比，元曲有较大的灵活性。元曲的艺术风格诙谐、洒脱、率真，将传统诗词、民歌和方言俗语糅为一体，为中国文学增添了新的色彩。元曲中描写爱情的作品也比历代诗词来得泼辣、大胆，这些均足以使元曲永葆其艺术魅力。

（二）"元曲四大家"及其代表作

元曲四大家指关汉卿、郑光祖、马致远和白朴。其代表作分别为：

关汉卿的《窦娥冤》，郑光祖的《倩女离魂》，马致远的《天净沙·秋思》、《汉宫秋》，白朴的《墙头马上》。

1.关汉卿与《窦娥冤》

关汉卿是元朝伟大的戏曲家，被后人列为"元曲四大家"之首，后世称关汉卿为"曲圣"。1958年，他被提名为世界文化名人，中外许多国家都开展了关汉卿创作七百周年纪念活动。同年6月28日晚，国内至少以100种不同的戏剧形式，1500个职业剧团，同时上演关汉卿的剧本。他的剧作被译为英文、法文、德文、日文等，在世界各地广泛传播。在关汉卿的作品中，他刻画了很多正直、善良而又聪明机智普通妇女，通过描写他们的悲惨遭遇，来歌颂她们敢于向社会黑暗势力斗争、反抗的精神。在反映社会对弱者的压迫和个人命运多变的同时，他始终表现出顽强的生命毅力和对美好人生的追求。

关汉卿在《南昌·一枝花·不伏老》中自述"通五音六律滑熟"，"我也会围棋、会蹴鞠、会插科、会歌舞、会吹弹、会咽作、会吟诗、会双陆"，"我是个蒸不烂、煮不熟、捶不扁、炒不爆、响当当一粒铜豌豆"，可见他充满昂扬、诙谐的才情和个性。关汉卿所作杂剧60余种，今存18种，代表作是《窦娥冤》，全称《感天动地窦娥冤》，被称为"千古奇冤"，取材自"东海孝妇"的民间故事。戏剧评论大家王国维认为这部作品放在世界伟大的悲剧中，也毫不逊色，其影响十分深远。

故事梗概：山阴书生窦天章因无力偿还蔡婆的高利贷，把七岁的女儿窦娥送给蔡婆当童养媳来抵债。窦娥长大后与蔡婆的儿子成婚，婚后两年蔡子病死。后来蔡婆向赛卢医索债，被赛卢医骗至郊外意图谋害，为流氓张驴儿父子撞见。赛卢医惊走后，张驴儿父子强迫蔡婆与窦娥招他父子入赘，遭到窦娥的坚决反抗，张驴儿想毒死蔡婆，不想毒药被其父误喝致死，于是怀恨在心，欲嫁祸婆媳二人。张驴儿以"药死公公"为名告到官府。官府严刑逼讯婆媳二人，窦娥为救蔡婆自认杀人，被判斩刑。窦娥在临刑之时，发出绝望的控诉："**地也，你不分好歹何为地！天也，你错堪贤愚枉做天！**"然后，指天为誓，死后将血溅白练、六月降雪、大旱三年，以明己冤，后来果然都应验。三年后窦天章任廉访使至楚州，见窦娥鬼魂出现，于是重审此案，为窦娥申冤。

2.马致远与《天净沙·秋思》

《天净沙·秋思》

枯藤老树昏鸦，小桥流水人家，古道西风瘦马。**夕阳西下，断肠人在天涯。**

【解析】

深秋的黄昏，一个风尘仆仆的游子，骑着一匹瘦马，迎着阵阵冷飕飕的西风，在古道上缓缓前行。只见，缠满枯藤的老树上，几只归巢的乌鸦在盘旋；潺潺流动的小溪上，一座小桥通向不远处的人家；苍凉的古道上，那孤独的游子将要飘到何方？太阳就要落山了，想着那遥远的征途，浪迹天涯的游子不禁悲从中来，肝肠寸断。

马致远的小令名作《天净沙·秋思》被称为"秋思之祖"。这首元曲字字如金，后来人们常用"小桥流水人家"形容江南，"古道西风瘦马"形容大漠，一个温润柔美，一个粗犷苍凉，分别对应这两种境界。而"**大漠孤烟塞北，杏花春雨江南**"的对联亦将这两种境界结合在一起，有异曲同工之妙。

诗意实践

根据《窦娥冤》排演话剧。

本课知识点参考

识记类

1."元曲四大家"及其代表作。

2.关汉卿的称号及其代表作品。

3.窦娥在临刑之时发出的绝望控诉与三桩誓言。

4.马致远的《天净沙·秋思》。

理解类

《窦娥冤》的故事内容。

课外延展类

"元曲四大家"的作品阅读。

第二十八讲　世情元曲（下）

本课教学目标

1.了解"元曲四大家"及其作品。

- 了解元曲的产生和特点。

- 概述《西厢记》的故事情节，识记其中的名句。

- 了解汤显祖的文学成就，概述《牡丹亭》的情节。

- 概述《汉宫秋》的故事情节，识记其中的名句。

2.感受元曲的博大精深，体会元曲中所描绘的世情。

本课教法指导

在讲元曲故事时，教师应注意去其糟粕，取其精华。

教学设计

一、魅力问答

教师提问,让学生通过竞技游戏进行回答,复习前面讲述过的知识。

二、耳朵旅行

讲述《西厢记》、《牡丹亭》、《汉宫秋》的内容及相关名句,让学生在故事中体会元曲的魅力。

(一) 王实甫与《西厢记》

《西厢记》的作者是王实甫。此剧一上舞台就惊倒四座,博得男女青年的喜爱,被誉为"西厢记天下夺魁"。剧中写了**张生**与**崔莺莺**这一对有情人冲破困阻终成眷属的故事。书生张君瑞在普救寺里偶遇已故崔相国之女莺莺,对她一见倾心,却无法接近。此时恰有孙飞虎听说莺莺美貌,率兵围住普救寺,想要强娶莺莺为妻。崔老夫人情急之下听从莺莺主意,允诺如有人能够退兵,便将莺莺嫁他。张生喜出望外,修书请得故人白马将军杜确率兵前来解围,但事后崔老夫人绝口不提婚事,只让二人以兄妹相称。张生失望之极,幸有莺莺的丫环红娘从中帮忙,扶莺莺月夜烧香,听见张生弹琴诉说衷肠。

后来莺莺听说张生病倒,让红娘去书房探望。张生相思难解,央求红娘替他从中传递消息。莺莺怜惜张生,终于鼓起勇气,也写诗回赠。后来在红娘帮助下,二人瞒过崔老夫人,私下幽会并订了终身。老夫人知情后怒责红娘,但已无可挽回,便催张生进京应考。张生与莺莺依依惜别,半年后,张生中得状元。崔老夫人的侄儿郑恒本与莺莺有婚约,便趁张生还未返回之时谎报张生已被卫尚书招赘为婿,老夫人一气之下要将莺莺嫁给郑恒,幸好张生及时归来,最终有情人终成眷属。

《西厢记》不仅是一部戏剧,它也是中国文学史上的一部不朽名著。其中的名句有:"碧云天,黄花地,西风紧,北雁南飞。晓来谁染霜林醉?总是离人泪。"(《长亭送别》)

除了张生和崔莺莺这对主角外，作品还塑造了"红娘"这个备受读者喜爱的角色。她的聪慧与热情成全了一对有情人。后来，人们就把恋爱过程中的介绍人称为"红娘"。

【注】历史上关于崔、张的故事有很多说法，崔、张故事在长期的流传过程中，从《莺莺传》的"始乱终弃"到《西厢记诸宫调》的反对封建礼教，经历了内容上的变革；从传奇、诗歌、鼓子词到诸宫调，又经历了文体上的嬗递。由于《西厢记》的独特特点及作者的创新精神，被称为"传奇之祖"。

（二）汤显祖与《牡丹亭》

汤显祖，字义仍，号若士，江西临川人。出身书香门第，为人耿直，敢于直言，一生不肯依附权贵，曾任太常博士及一些下层官职，四十九岁时弃官回家。他是我国古代继关汉卿之后的又一位伟大的戏剧家。他的戏剧创作现存主要有五种，即"玉茗堂四梦"（或称"临川四梦"）和《紫箫记》。"玉茗堂四梦"即《紫钗记》、《牡丹亭》、《邯郸记》、《南柯记》。这四部作品中，《牡丹亭》（全名《牡丹亭还魂记》）是汤显祖最著名的剧作，在思想和艺术方面都达到了创作的最高水准。剧本推出之时，便一举超过了另一部古代爱情故事《西厢记》。据记载，"《牡丹亭》一出，家传户诵，几令《西厢》减价"。

故事梗概：贫寒书生柳梦梅梦见一座花园的梅树下立着一位佳人，说同他有姻缘之份，从此经常思念她。此女正是南安太守杜宝之女，名丽娘，才貌端妍。她因《诗经·关雎》章而伤春寻春，从花园回来后在睡梦中见一书生持半枝垂柳前来求爱，两人在牡丹亭畔幽会。杜丽娘从此愁闷消瘦，继而一病不起。她在弥留之际要求母亲把她葬在花园的梅树下，嘱咐丫环春香将其自画像藏在太湖石底。后其父升任淮阳安抚使，便委托陈最良葬女并修建"梅花庵观"。三年后，柳梦梅赴京应试，借宿梅花庵观中，在太湖石下拾得杜丽娘画像，发现杜丽娘就是他梦中见到的佳人。杜丽娘魂游后园，和柳梦梅再度幽会。柳梦梅掘墓开棺，杜丽娘起死回生，两人结为夫妻，前往临安。杜丽娘的老师陈最良看到杜丽娘的坟墓被掘，就告发柳梦梅盗墓之罪。柳梦梅在临安应试后，受杜丽娘之托，送家信传报还魂喜讯，却被杜宝囚禁。发榜后，柳梦梅由阶下囚变身为状元，然而杜宝却不认女儿婚事，使得纠纷闹到了皇帝的面前。最后在皇帝主持下，杜丽娘和柳梦梅二人终成眷属。

《牡丹亭》中的千古名句：**愿普天下有情的都成了眷属**。后来引申为"有情人终成眷属"。

（三）马致远与《汉宫秋》

《汉宫秋》为马致远创作的历史剧。此剧讲述了西汉元帝受匈奴威胁，被迫送爱妃王昭君出塞和亲的故事。

故事梗概：汉元帝因后宫寂寞，听从毛延寿建议，让他到民间选美。王昭君美貌异常，但因不肯贿赂毛延寿，被他在美人图上点上瑕疵，因此入宫后独处冷宫。汉元帝深夜偶然听到昭君弹琵琶，爱其美色，将她封为明妃，又下旨将毛延寿斩首。毛延寿逃至匈奴，将昭君画像献给呼韩邪单于，让他向汉王索要昭君为妻。元帝舍不得昭君和亲，但满朝文武怯懦自私，无力抵挡匈奴大军入侵，昭君为免刀兵之灾自愿前往，元帝忍痛送行。单于得到昭君后大喜，率兵北去，昭君不舍故国，投水而死。单于为避免汉朝寻事，将毛延寿送还汉朝处治。汉元帝夜间梦见昭君而惊醒，又听到孤雁哀鸣，伤痛不已，将毛延寿斩首以祭奠昭君。

《汉宫秋》中的千古名句："**虽然似昭君般成败都皆有，谁似这做天子的官差不自由！**"在汉元帝被迫舍弃昭君时，这"不自由"三字，力重千钧，颇能体现出剧作家塑造汉元帝形象的苦心孤诣。

【注】马致远的《汉宫秋》显然不是取材于正史，而是在《王昭君变文》的基础上，汲取历代笔记小说、文人诗篇和民间讲唱文学的成就，然后确定自己的创作意图，构思剧本的情节和人物的。

诗意实践

利用身边的资源，搜集一个古代文学作品中的爱情故事与大家分享。

本课知识点参考

识记类

1.王实甫的代表作及其中的主人公。

2.《西厢记》中的名句。

3.汤显祖的代表作。

4."玉茗堂四梦"代表的四部作品。

5.马致远历史剧代表作的名称。

6.《汉宫秋》中的千古名句。

理解类

1.王实甫《西厢记》的故事内容。

2.汤显祖《牡丹亭》的故事内容。

3.马致远《汉宫秋》的故事内容。

课外延展类

"元曲四大家"作品的拓展阅读。

本单元推荐阅读书目

[1] 蓝立蓂校注.汇校祥注关汉卿集.北京:中华书局.2006.

[2] 马致远著.汉宫秋.郑州:中州古籍出版社,2011.

[3] 史良昭解.元曲三百首全解.上海:复旦大学出版社.2009.

[4] 隋树森著.元曲三百首鉴赏辞典.上海:上海辞书出版社.2006.

[5] 汤显祖著, 钱南扬注.汤显祖戏曲集.上海：上海古籍出版社.2010.

[6] 汤显祖著, 徐朔方、杨笑杨校注.中国古典四大名剧：牡丹亭（插图版）.北京：人民文学出版社.2005.

[7] 田汉著.关汉卿.北京：作家出版社, 2000.

[8] 王国维著.宋元戏曲史.北京：东方出版社.1996.

[9] 王实甫著.西厢记（金圣叹批本）.上海：上海古籍出版社, 1986.

第十三单元　明清小说

本单元教学目标

1.了解并识记中国明清小说的分类、代表作品以及作者。

2.通过对明清小说的了解,欣赏明清小说的艺术特色及成就。

3.了解传奇志怪小说的内容,概述传奇志怪小说中的经典故事。

4.了解中国古代四大名著的名称、作者及朝代,概述其故事梗概及部分经典故事、传世诗词、对联。

5.通过对四大名著的各自了解,欣赏《三国演义》的艺术成就,认识梁山好汉的精神与品质,理解并体会《西游记》诞生时的社会背景和《红楼梦》的思想内涵。

第二十九讲　明清小说（一）

本课教学目标

1.了解中国明清小说的分类。

- 识记中国明清小说的分类。

- 识记各类别中的代表作品以及作者。

- 概述《儒林外史》的内容。

2.通过对明清小说的了解,欣赏明清小说的艺术特色及成就。

本课教法指导

本课知识点较多,教师应通过查资料,补充更多的小故事来提升课堂的趣味性。

教学设计

一、魅力问答

教师提问,让学生通过竞技游戏进行回答,复习前面讲述过的知识。

二、耳朵旅行

讲述明清小说的分类的相关内容,并通过一系列有趣的故事,让学生更好地理解明清小说在中国文学史上的重要地位。

(一) 明清小说的分类

古人云"凡一代有一代之文学",继唐诗、宋词、元曲后,明清时期又成为小说的黄金时代。古代小说源远流长,发展至明清,则涌现出了一批小说巨匠与经典之作,并形成了蔚为大观的小说流派和类型,主要分为以下几种:

1.讲史演义

讲史演义是明清章回小说的主要类型之一,它的特点为**"七分事实,三分虚构"**,即该类小说往往以历史事实为依据,在此基础上吸收民间讲史、杂说等,大致按照历史发展的基本脉络,通过一定的审美想象与艺术虚构,用通俗易懂的语言来讲说历朝历代之事,从中揭示朝代兴亡的经验和教训。**《三国演义》是第一部杰出的章回体讲史演义。**

2.英雄传奇

英雄传奇是中国通俗小说的一个类型。顾名思义,此类小说以描写理想化的英雄人物为主，不拘泥于固定的历史事件的演变，小说中虚构的成分较多，充满传奇色彩。此类别的代表作品是元末明初小说家**施耐庵**所著的《**水浒传**》，它标志着中国古典小说现实主义艺术趋于成熟。明中叶以后，产生了不少英雄传奇小说，比较著名的是万历年间熊大木所著的《北宋志传》和无名氏所作的《杨家府演义》。

3.神魔小说

"神魔小说"这一名称起于**鲁迅**，在明清两代小说史上有着独特的历史地位。这类小说受到宗教不同程度的影响，内容涉及鬼神魔怪，充满奇异的幻想。**吴承恩**的《**西游记**》是神魔小说中最优秀的一部。此外，许仲琳所著的《**封神演义**》是影响较大的一部。

4.世情小说

世情小说以社会现实生活为题材，对人们的日常生活进行细致描写，描摹人们每日的饮食起居、婚丧喜庆、家长里短和喜怒哀乐等。《**金瓶梅**》为其**开山之作**，是中国第一部文人独立创作的长篇小说。世情小说的**巅峰之作**是《**红楼梦**》。

5.讽刺小说

讽刺是小说写作的一种常用手法，四大名著中也不乏讽刺。大量运用讽刺手法，主旨为讽刺时政世俗和人性丑恶的小说作品，才称得上"讽刺小说"。**吴敬梓**的《**儒林外史**》代表着中国古代讽刺小说的最高成就。

6.公案侠义小说

公案侠义小说是中国古代小说的主要流派和类型之一，具有浓郁的民间色彩。此类小说着重于情节的建构，而不重视人物形象的刻画。在歌颂清官勤政为民的同时，也在某种程度上反映了政治的腐败和社会的黑暗。《**龙图公案**》是明代公案小说的代表之作。《**水浒传**》在严格意义上讲不能算作侠义小说，但它高超的文学成就和巨大的艺术魅力却树立了侠义小说的典范。

7.传奇志怪

志怪小说兴起于六朝，指的是以记述鬼魅妖怪、殊方异物等为主的短篇小说。

而传奇兴盛于唐代，指的是篇幅较长、搜奇记逸、叙事曲折细致的小说。明清两代，传奇与志怪小说在一定时期达到高潮，受到读者的普遍欢迎，出现了各自领域的代表作，如蒲松龄的《**聊斋志异**》，纪昀（纪晓岚）的《**阅微草堂笔记**》等。

8.话本小说

话本小说是中国古典小说的一种，流行于宋元时期，又称宋元话本。话本小说是在民间口头文学伎艺"说话"的基础上发展起来的，以听众为对象的说话或说唱艺术，是宋代民间文学的代表。**最早的话本小说集是《六十家小说》。**明末清初，话本小说在发展过程中出现了比较突出的雅化取向，即文人参与话本小说创作过程，使其具有文人化色彩。

（二）讽刺谴责小说

1.来源

"讽刺小说"和"谴责小说"的概念是由鲁迅提出来的。讽刺谴责小说的源头，可以追溯到先秦诸子和史书。如《孟子·离娄下》就有一则"齐人有一妻一妾"的故事，富有戏剧性。这位"齐人"每天去坟墓偷吃祭祀所剩下的酒肉，却回来"骄其妻妾"，吹牛"所与饮食者则尽富贵也"，终于被其妻妾识破。它讽刺了官场中那些苟求富贵的钻营者卑鄙无耻的丑陋灵魂。

2.《儒林外史》

《儒林外史》是我国古代讽刺文学的典范，是一部伟大的现实主义长篇讽刺小说，作者为吴敬梓。**吴敬梓，字敏轩**，号粒民，因为家中有"文木山房"，所以晚年自称"**文木老人**"，又因为自家移至秦淮河畔，故又称"秦淮寓客"。吴敬梓出身于仕宦名门，从小就接受良好的教育，在文学创作上也表现出特别的天赋。

因其父各处做官，吴敬梓也有机会获得大量官场内幕。吴敬梓一生创作了大量的诗歌、散文和史学研究著作，有《文木山房诗文集》十二卷，今存四卷。不过，确立他在中国文学史上杰出地位的，是他费时近二十年，直到49岁才完成的长篇讽刺小说《儒林外史》。

《儒林外史》全书共五十六回（【注】也有人认为最后一回非吴敬梓所作），约40万字，描写了近二百个人物，并由许多个生动的故事联起来。这些故事都是以真人真事为原型塑造的。此书主要抨击了僵化的科举考试制度和由此带来的严重的社会问题。鲁迅评为"如集诸碎锦，合为帖子，虽非巨幅，而时见珍异"。冯沅君、陆侃如合著的《中国文学史简编》评价它为"**大醇小疵**"，意思是大体纯正而略有缺点。

《**范进中举**》是本书中最为精彩的篇章之一。故事讲述古代广东有一贫苦童生范进从20岁开始考秀才，理想是中举人，考了二十多次，到54岁才中了个秀才。他的岳父胡屠户是个趋炎附势、嫌贫爱富的人，对女婿感到很不满意，在范进面前趾高气扬，粗野狂暴，范进也只是唯唯连声、低声下气。范进中了举人时，喜极而疯，后来又被岳父胡屠户一个耳光打醒。文中运用夸张的手法生动地描绘了范进听到消息后**喜极而疯**的形象，通过他的命运变化反映了世态的炎凉。

《儒林外史》从某种意义上体现了一种**批判现实主义**。这种精神在"晚清四大谴责小说"——《官场现形记》、《二十年目睹之怪现状》、《老残游记》、《孽海花》中有所继承与发展。在现当代的纯白话文小说也有体现，如钱钟书的《围城》就被广泛认为有模仿《儒林外史》的痕迹。

从《儒林外史》中引申出的成语有："**夸夸而谈**"。出自《儒林外史》第十一回："进了书房门，听见杨执中在内夸夸而谈，知道是他已来了，进去作揖闯同，同坐下。"形容说话浮夸不切实际。另有一成语："**慷慨仗义**"。出自第二十回："象你做这样慷慨仗义的事，我心里喜欢，只是也要看来说话的是个什么样的人。"仗义：讲义气。指为了讲情谊或主持公道而毫不吝啬地帮助别人。

诗意实践

利用身边的资源,了解《儒林外史》中的一个小故事并与大家分享。

本课知识点参考

识记类

1.明清小说的类别。

2.讲史演义的代表作。

3.英雄传奇的代表作。

4.神魔小说的代表作。

5.世情小说的巅峰之作。

6.讽刺小说的代表作及后人评价。

7.最早的话本小说集。

8.吴敬梓的号与别称。

9.《儒林外史》中最为精彩的篇章及人物形象。

10.晚清四大谴责小说。

11.从《儒林外史》中引申出的成语。

理解类

《儒林外史》描述的内容。

课外延展类

明清小说经典阅读。

第三十讲　明清小说 (二)

本课教学目标

1.了解传奇志怪小说的内容。

- 概述传奇志怪小说中的经典故事。
- 识记《聊斋志异》的相关内容。

2.通过对明清小说的了解,欣赏明清小说的艺术特色及成就。

本课教法指导

教师在讲解《聊斋志异》的故事时,要注意选择性,取其精华。教师可根据情况进行故事的重新选择和补充。

教学设计

一、魅力问答

教师提问,让学生通过竞技游戏进行回答,复习前面讲述过的知识。

二、耳朵旅行

讲述传奇志怪小说的经典之作,让学生体会古代经典小说的无限魅力。

(一) 传奇志怪小说

1.历史发展

自鲁迅《中国小说史略》提出"六朝之鬼神志怪书"及"唐之传奇文"后,"志怪"与"传奇"便开始成为六朝和唐代具有代表性的小说类别,并成为中国古代文言小说的两大传统类型。

2.《聊斋志异》

(1) 蒲松龄

蒲松龄，字留仙，一字剑臣，号柳泉居士，世称"聊斋先生"，清代文学家，小说家。他出身于一个逐渐没落的地主兼商人家庭，一生热衷科举，却始终不得志，七十一岁时才破例补为贡生，因此对科举制度的不合理深有感触。蒲松龄一生家境贫寒，生活清苦。

蒲松龄人生道路上最艰难的阶段是南游归来的七八年间。他以为凭自己的才智，会顺利通过科举考试而一展鸿图，却事与愿违，这让他感慨万千。一直以来，蒲松龄都把**"有志者，事竟成，破釜沉舟，百二秦关终属楚；苦心人，天不负，卧薪尝胆，三千越甲可吞吴"**作为勉励自己的座右铭。

(2)《聊斋志异》

《聊斋志异》，简称《聊斋》，俗名《鬼狐传》，是中国古代一部优秀的**文言短篇小说集**，作者是蒲松龄。

《聊斋志异》共八卷四百九十一篇，约四十余万字，是蒲松龄花费毕生精力创作的作品。

本书中的故事多采自民间传说和野史轶闻，内容丰富多彩，将花妖狐魅和幽冥世界的事物人格化、社会化，充分表达了作者的爱憎感情和美好理想。

传说作者蒲松龄在写这部《聊斋志异》时，专门在家门口开了一家茶馆。请喝茶的人给他讲故事，讲过后可不付茶钱，听完之后再作修改写到书里面去。在他四十岁左右时，《聊斋志异》基本完成，此后不断有所增补和修改。"聊斋"是他的书斋名，"**志**"是**记述**的意思，"**异**"指**奇异的故事**，指在聊斋中记述奇异的故事。其中"神仙狐鬼精魅故事"的内容大致可以分为以下几类：一是郎才女貌的爱情故事；二是人与非人之间的友情故事；三是因不满社会的黑暗现实而反抗的故事；四是指责或讽刺不良品行的道德训诫故事。

《聊斋志异》中有很多精彩的篇章，其中《**崂山道士**》（也作《劳山道士》）是尽人皆知的故事。王生到崂山学道，道士说："恐娇情不能作苦。"王生回答："能。"道士让他砍柴。过了两个多月，王生受不了这份苦，请求道士传授穿墙之术，然后回家。回到家后，向妻子炫耀，结果头上碰了个大包。这个故事讽刺那些好逸恶劳企图侥幸成功的人，告诫人们，不能勤学苦练，想要学到真本领，没有不碰壁的。

除此之外，花妖狐魅是《聊斋志异》中最为丰富的内容。比如，《画皮》写一狰狞女鬼，披人皮变作美女。太原王生将她当作丽人，藏在密室，被鬼掏心致死，后被疯者所救。这个故事颇具哲理，告诉人们不要为假象所迷惑，应该透过现象看本质。同为鬼怪，《娇娜》却不同，《娇娜》写孔生与狐女娇娜互相帮助。娇娜为孔生治好了病，孔生为救娇娜，不怕雷劈，体现了双方之间的真诚友谊。作者在塑造人物形象时，对花妖狐魅加以区别，使他们具有不同的特征，丰富了作品的内涵。

蒲松龄在《聊斋自志》中说："**集腋为裘，妄续幽冥之录；浮白载笔，仅成孤愤之书。寄托如此，亦足悲矣！**"在这部小说集中，作者是寄托了他从现实生活中产生的深沉和孤愤。郭沫若评价说："**写鬼写妖高人一等，刺贪刺虐入骨三分。**"老舍评价说："**鬼狐有性格，笑骂成文章。**"鲁迅曾经说过，《聊斋志异》是"用传奇法，而以志怪"，即运用传奇的表现手法来体现志怪式的内容或题材，鲁迅把它列入了"拟晋唐小说"，指出了它的渊源。我们在阅读时应该深入地去体会作者所寄寓和要表达的感情，体会其中的历史内容和社会背景。

诗意实践

利用身边的资源，选择《聊斋志异》中的一个故事与大家分享。

本课知识点参考

识记类

1.蒲松龄的字与号。

2.蒲松龄自勉的对联内容。

3.《聊斋志异》的简称和俗名。

4."集腋为裘，妄续幽冥之录"的下联。

5.郭沫若对《聊斋志异》的评价。

6.老舍对《聊斋志异》的评价。

7.鲁迅对《聊斋志异》的评价。

理解类

《聊斋志异》的创作背景及作者的人生经历。

课外延展类

《聊斋志异》的故事阅读。

第三十一讲　明清小说（三）

本课教学目标

1.了解中国古代四大名著的基本内容。

- 识记中国古代四大名著的名称、作者及朝代。

- 概述《三国演义》的故事梗概以及部分经典故事。

- 识记《三国演义》中的传世成语、对联及诗词。

2.通过对不同历史人物形象的了解，欣赏《三国演义》的艺术成就。

1.《三国演义》的故事学生非常熟悉，所以教师在讲这部小说时，无需面面俱到，可以多采用提问和学生小组讨论的方式，强化知识点的记忆。

2.曹操在魏晋文学中已经涉及到，所以在本课中可以略谈。

3.由于赤壁之战学生最为熟悉，所以本课可重点讲解赤壁之战，并引申出苏轼的名作《念奴娇·赤壁怀古》。

4.教师可根据实际情况自由选择相关成语进行讲解。

5.《临江仙》是《三国演义》电视剧版的主题曲，所以在讲解《临江仙》时，可以让学生一边听音乐，一边尝试背诵。

一、魅力问答

教师提问，让学生通过竞技游戏进行回答，复习前面讲述过的知识。

二、耳朵旅行

讲述中国古代四大名著中《三国演义》的内容，通过一系列有趣的故事，让学生更好地理解四大名著在中国文学史上的重要地位。

（一）四大名著简介

中国古代四大名著为：《三国演义》（罗贯中，元末明初）、《水浒传》（施耐庵，元末明初）、《西游记》（吴承恩，明代）、《红楼梦》（曹雪芹，清代）。四大名著在整个华人世界中有着深远的影响，是中国乃至全人类共同拥有的宝贵文化遗产。

（二）罗贯中与《三国演义》

《三国演义》全称《三国志通俗演义》，共一百二十回。

1.作者简介

罗贯中（约1330年—约1400年），**名本，号湖海散人，元末明初小说家**。除《三国志通俗演义》外，他还创作有《隋唐两朝志传》等通俗小说和《赵太祖龙虎风云会》等戏剧。

2.故事梗概

三国演义以刘备、关羽、张飞桃园三结义为开始，结束于王浚平吴，描写了东汉末年和三国时代魏、蜀、吴三国之间的军事、政治斗争。该故事文字浅显、人物形象刻画深刻、情节曲折、结构宏大。

3.主要人物

三国中刻画了许多令人拍案叫绝的人物，如"三绝"：智绝——**诸葛亮**；义绝——**关羽**；奸绝——**曹操**。同时，还有众多人物成为文学史上的光辉形象。

（1）刘备

刘备，字玄德，涿郡（今河北涿州）人，汉景帝之子中山靖王刘胜的后代，为三国蜀汉开国君王。

刘备名言："勿以恶小而为之，勿以善小而不为。"

（2）诸葛亮

代表作：《出师表》。

与诸葛亮有关的诗词有很多，如杜甫的《蜀相》："丞相祠堂何处寻？锦官城外柏森森。映阶碧草自春色，隔叶黄鹂空好音。三顾频烦天下计，两朝开济老臣心。**出师未捷身先死，长使英雄泪满襟。**"又如陆游的《书愤》："早岁那知世事艰，中原北望气如山。楼船夜雪瓜洲渡，铁马秋风大散关。塞上长城空自许，镜中衰鬓已先斑。**出师一表真名世，千载谁堪伯仲间？**"

与诸葛亮有关的对联："**经天纬地之才，出鬼入神之计。**"（罗贯中《三国演义》中以徐庶之口赋咏诸葛亮）

关于诸葛亮的俗语："三个臭皮匠，顶个诸葛亮。"

（3）曹操

曹操，字孟德，小名阿瞒，东汉末年杰出的政治家、军事家和诗人。众人对他的评论是"治世之能臣，乱世之奸雄"。易中天对他的评价是："曹操是可爱的奸雄，他的奸与雄统一于雄。"

（4）关羽

关羽，字云长，三国时期蜀汉著名将领，军事家。死后受民间推崇，尊称为**"关公"**，被后来的统治者崇为**"武圣"**，与号为"文圣"的孔子齐名。

4.三大战役

官渡之战、赤壁之战、彝陵之战。

赤壁之战是中国历史上著名的以弱胜强的战争之一。周瑜大军继续前进，在赤壁与曹操相遇。当时曹操的部队中已发生疾疫。两军初次交战，曹军失利，退到长江北岸。周瑜等驻军在长江南岸，周瑜部将黄盖说："如今敌众我寡，难以长期相持。曹军正把战船连在一起，首尾相接，可以用火攻，击败曹军。"于是，选取战船十艘，装上干荻和枯柴，在里边浇上油，外面裹上帷幕，上边插上旌旗，预先备好快艇，系在船尾。黄盖先派人送信给曹操，谎称打算投降。当时东南风正急，黄盖将那十艘战船排在最前面，到江心时升起船帆，其余的船在后依次前进。曹操军中的官兵都走出营来站着观看，指着船，说黄盖来投降了。离曹军还有二里多远，那十艘船同时点火，火烈风猛，船像箭一样向前飞驶，把曹军战船全部烧光，火势还蔓延到曹军设在陆地上的营寨。顷刻间，浓烟烈火，遮天蔽日，曹军人马被烧死和淹死的不计其数。周瑜等率领轻装的精锐战士紧随在后，鼓声震天，奋勇向前，曹军大败。曹操率军从华容道步行撤退，遇到泥泞，道路不通，天又刮起大风。曹操让所有老弱残兵背草铺在路上，骑兵才勉强通过。老弱残兵被人马所践踏，陷在泥中，死了很多。刘备、周瑜水陆并进，追赶曹操直到南郡。这时，曹军又饿又病，死了一大半。曹操就留下征南将军曹仁、横野将军徐晃镇守江陵，折冲将军乐进镇守襄阳，自己率军返回北方。

后有苏轼的词《念奴娇·赤壁怀古》，其中"羽扇纶巾，谈笑间，樯橹灰飞烟灭"形容周瑜绝妙。

5.传世典故

(1) 桃园结义

桃园三结义是《三国演义》中的第一个故事。东汉末年，朝政腐败，社会黑暗，再加上连年灾荒，人民生活非常困苦。刘备立志拯救百姓于水火之中，张飞、关羽又愿与刘备共同干一番事业。于是三人选定张飞庄后一桃园，准备结义。此时正值桃花盛开的季节，景色美丽，张飞准备了青牛白马，作为祭品，焚香礼拜，三人宣誓结为兄弟，誓言里有句名言："不求同年同月同日生，但愿同年同月同日死。"誓毕，三个人按年岁认了兄弟。刘备年长做了大哥，关羽第二，张飞最小做了弟弟。这便是《三国演义》中著名的"桃园结义"。

(2) 三顾茅庐

汉末"黄巾起义"之后天下大乱，曹操坐踞朝廷把持政权，孙权拥兵东吴称霸一方，刘备求贤若渴，希望有才能的人能辅佐自己。恰巧刘备听徐庶（三国时著名谋士）和司马徽（三国时阳翟人，也是著名谋士）说诸葛亮既有学识又有才能，于是便和关羽、张飞一同带着礼物到隆中（今湖北襄阳）卧龙岗去请诸葛亮出来帮助他为国家做事。到达之后，三人得知诸葛亮出去了，只能无功而返。时隔不久，三人再一次冒着风雪前去拜见，不料诸葛亮闲游在外，又没能见到。两次拜访不成，刘备想要再去一次，关羽认为刘备的礼节已经到位了，想必那诸葛亮也许徒有虚名而并无真才实学，因此不敢相见。张飞认为这等村夫，怎么能称得上贤德，如果他不来，就用绳子把他捆来。刘备斥责了张飞，又携二人第三次拜访诸葛亮。到达之时，诸葛亮正在睡觉，刘备竟未打扰，一直到诸葛亮自己醒来，才开始谈话并说明自己的来意。诸葛亮见到刘备有志为国家做事，并且态度诚恳，就答应出山全力辅佐刘备。

《三国演义》把刘备三次亲自敦请诸葛亮的事情，叫做"三顾茅庐"，后来演变成典故，现在常用来比喻真心诚意的邀请或拜访有专长的贤人。

(3) 空城计

三国时期，魏蜀之战，魏平西都督司马懿夺取了要塞街亭。诸葛亮因马谡大意失街亭正自责用人不当。此时司马懿乘胜追击，逼近西城，不巧诸葛亮已将兵马调遣在外，一时难以回来，城中只有一些老弱兵丁。危机之中，诸葛亮自坐城头饮酒抚琴，一副悠闲自在的样子。司马懿兵临城下，见城门大开，几个老兵在扫地，耳听诸葛亮琴声镇定不乱，心中疑惑，不敢贸然进城，于是便自退二十里路观察。等到探明实情返回时，赵云率大军已回西城，司马懿中了诸葛亮的空城之计。

6.相关成语

后患无穷（刘备）：指给将来留下的祸患无穷无尽。

如鱼得水（刘备与诸葛亮）：比喻得到了与自己十分投合的人或对自己非常合适的环境。

三顾茅庐（刘备与诸葛亮）：形容求才若渴，后用来比喻多次专程拜访有才的人。

虎踞龙盘（诸葛亮）：形容地势的雄伟和重要。

集思广益（诸葛亮）：指集中众人的意见，扩大工作的效果。

鞠躬尽瘁，死而后已（诸葛亮）：指恭敬谨慎，为事业竭尽心力。

望梅止渴（曹操）：比喻以空想安慰自己。

才高八斗（曹植）：形容学问高，文采好，非常有才华。

七步之才（曹植）：形容才学高超，文思敏捷。

超群绝伦（关羽）：形容高出众人之上，没有人能与其相比。

7.相关诗词

《三国演义》篇首词《临江仙》（杨慎）

滚滚长江东逝水，浪花淘尽英雄。是非成败转头空，青山依旧在，几度夕阳红。

白发渔樵江渚上，惯看秋月春风。一壶浊酒喜相逢，古今多少事，都付笑谈中。

诗意实践

找一两个《三国演义》中的故事与大家分享并说明故事中人物的特点。

本课知识点参考

识记类

1.中国四大名著的名称、作者和朝代。

2.诸葛亮的代表作。

3.与诸葛亮相关的俗语。

4.用一句话来评价曹操。

5.三国中最著名的以弱胜强的战役。

6.与刘备和诸葛亮有关的成语。

理解类

《三国演义》的故事梗概及部分经典故事。

课外延展类

《三国演义》中不同特点的历史人物形象。

第三十二讲　明清小说（四）

本课教学目标

1.了解我国古代四大名著之《水浒传》。

- 概述《水浒传》的故事梗概及部分经典故事。
- 学习并识记其中的传世诗词、对联。

2.了解《水浒传》诞生时的社会背景。

3.通过对《水浒传》的了解，认识梁山好汉的精神与品质。

本课教法指导

1.教师可视实际情况为学生补充讲解《水浒传》相关的人物故事。

2.本课知识点较少，教师可以在课堂剩余时间教唱水浒传的主题曲《好汉歌》。

教学设计

一、魅力问答

教师提问，让学生通过竞技游戏进行回答，复习前面讲述过的知识。

二、耳朵旅行

讲述中国古代四大名著中《水浒传》的内容，通过一系列有趣的故事，让学生体会古代经典小说的无限魅力。

《水浒传》又名《忠义水浒传》。

1.作者简介

施耐庵，元末明初小说家，相传为孔子七十二弟子之一施之常后裔。《水浒传》主要以农民战争为题材，塑造了众多梁山英雄的形象，如李逵、武松、林冲、鲁智深等，揭示了当时的社会矛盾。

【注】自古至今还有一种说法是《水浒传》是施耐庵与罗贯中的合著，至今仍有待考证。

2.故事梗概

《水浒传》取材于北宋末年以宋江为首的一百零八人在梁山泊聚义的故事。北宋末年，朝政腐败。人民艰难为生，最终被逼上梁山起义。然而，正当梁山好汉们士气高涨之时，首领宋江却接受了朝廷的招安，使得这场轰轰烈烈的起义彻底地失败。全书故事曲折、语言生动、人物性格十分鲜明，具有很高的艺术成就与价值。

3.《水浒传》中部分人物简介

鲁智深（花和尚）：拳打镇关西、倒拔垂杨柳、大闹野猪林。嫉恶如仇、侠肝义胆、粗中有细、勇而有谋、豁达明理。

武松（行者）：醉打蒋门神、大闹飞云浦、血刃潘金莲、斗杀西门庆、除恶蜈蚣岭。崇尚忠义、勇而有谋、有仇必复、有恩必报，是下层英雄好汉中最富有血性和传奇色彩的人物。

吴用（智多星）：智取生辰纲。足智多谋、神机妙算。

林冲（豹子头）：误闯白虎堂、风雪山神庙、火烧草料场、雪夜上梁山。武艺高强、勇而有谋，但为人安分守己，循规蹈矩，被逼上梁山。

李逵（黑旋风）：真假李逵、中州劫法场。嫉恶如仇、侠肝义胆、脾气火爆、头脑简单、直爽率真。

宋江（及时雨）：私放晁盖、怒杀阎婆惜、三打祝家庄。为人仗义、善于用人，但总想被招安。

杨志（青面兽）：杨志卖刀、智取生辰纲。精明能干、粗暴蛮横。

三位女将："一丈青"扈三娘、"母大虫"顾大嫂、"母夜叉"孙二娘。

4.经典故事

(1) 武松打虎

武松在阳谷县的一家酒店内开怀畅饮后，不信别人的话，认为山上没有老虎，趁着酒兴上了景阳冈。武松正走，酒气涌了上来，看见一块大青石，于是躺了下来。这时，一阵狂风刮过，一只吊睛白额大虎跳了出来。武松躲过了老虎的一扑、一掀、一剪之后，按下老虎使尽了全身力气踢打老虎，最终老虎七窍流血而死。武松本想把老虎拖下冈子，可惜已经没有力气了，又怕再碰出只老虎来，于是一步步捱下了冈子。武松成了声震八方的打虎英雄。众人给他披红挂彩，抬着他，也抬着老虎，在街上游行。县官很高兴，把大户们凑集的赏钱一千贯发给武松，武松却不肯领赏。县官见武松这样忠厚，有心栽培他，就让他在衙门里做了一名都头。

(2) 鲁提辖拳打镇关西

一天下午，鲁达、李忠、史进三人到潘家酒楼喝酒，听到隔壁阁子有人啼哭，鲁达叫酒保带来金家父女询问原因。听了金家父女对镇关西强媒硬娶，虚钱实契强占金翠莲后，又将她赶出，还向金家追要典身钱的血泪控诉，鲁达对镇关西大怒，当即赠送银两，为金家父女安排出逃方法。第二天一早，鲁达赶到金家父女住宿的鲁家客店，亲自保护金家父女逃出虎口，然后径自到状元桥镇关西郑屠肉案前，先借买肉故意刁难郑屠，激怒他，挑起打斗，继而三拳打死郑屠，为民除害。鲁达打死郑屠后，为避官司，奔出南门出走，上了梁山。

在《水浒传》中，引申出一个成语"逼上梁山"，形容一个人在走投无路时做出的无奈选择。而"梁山好汉"也成为人们常用的词语，来形容一个人侠肝义胆，有英雄气概。

诗意实践

利用身边的资源，查找《水浒传》中自己最喜欢的一位好汉的资料并与大家分享。

本课知识点参考

识记类

1.《水浒传》的作者。

2.《水浒传》中至少四个人物。

3.《水浒传》中的三位女将。

4.两个《水浒传》中的经典故事。

5.与《水浒传》相关的成语。

理解类

《水浒传》的故事梗概及部分经典故事。

课外延展类

《水浒传》中梁山好汉的人生经历及人物特点。

第三十三讲　明清小说（五）

本课教学目标

1.了解我国古代四大名著之《西游记》。

- 概述《西游记》的故事梗概及部分经典故事。

● 学习并识记其中的传世诗词、对联。

2.理解并体会《西游记》诞生时的社会背景。

由于《西游记》的故事广为流传,教师不必过多讲解。可请学生自由选择喜欢的故事进行交流。

教学设计

一、魅力问答

教师提问,让学生通过竞技游戏进行回答,复习前面讲述过的知识。

二、耳朵旅行

讲述中国古代四大名著中《西游记》的内容,通过一系列有趣的故事,让学生体会古代经典小说的无限魅力。

吴承恩与《西游记》

1.作者简介

吴承恩,字汝忠,号射阳山人,淮安府山阳县(今江苏淮安楚州区)人,明代小说家。

2.故事梗概

《西游记》是在民间传说唐僧取经的故事和有关话本及杂剧基础上创作而成的。《西游记》前七回叙述孙悟空出世,大闹天宫等故事。此后写孙悟空随唐僧西天取经,沿途除妖降魔、战胜困难的故事。书中唐僧、孙悟空、猪八戒、沙僧等形象刻画生动,规模宏大,结构完整。

3.主要人物

(1)唐僧

唐僧是小说里虚构的人物,与历史上的真实人物玄奘法师是有区别的。小说里的唐僧,俗姓陈,小名江流,法号玄奘,号三藏,原为佛祖第二弟子金蝉子投胎。他是遗腹子,由于父母凄惨、离奇的经历,自幼在寺庙中出家、长大。他在化生寺出家,最终迁移到京城的著名寺院中落户、修行。唐僧勤敏好学,悟性极高,在寺庙僧人中脱颖而出,最后被唐朝皇上选定,前往西天取经。在取经的路上,唐僧先后收了三个徒弟:孙悟空、猪八戒、沙僧。

(2) 孙悟空

又名美猴王、齐天大圣、孙行者,是东胜神州傲来国花果山灵石孕育迸裂见风而成之石猴。孙悟空生性聪明、活泼、勇敢、忠诚、嫉恶如仇,会"七十二变",在中国文化中已经成为机智与勇敢的化身。

(3) 猪八戒

又名猪悟能,原为天宫中的天蓬元帅,因调戏嫦娥,被罚下人间,但错投了猪胎,长成了猪脸人身的形状,在高老庄抢占民女,后被孙悟空降伏。猪八戒的兵器是九齿钉钯,会三十六种变化。

(4) 沙僧

又名沙悟净、沙和尚,原为天宫中的卷帘大将,因在蟠桃会上打碎了琉璃盏,惹怒王母娘娘,被贬入人间,在流沙河畔当妖怪,后被唐僧师徒收服,负责挑担,使用的兵器是降妖宝杖。

4.经典故事

孙悟空大闹天宫、三打白骨精、过火焰山、真假美猴王等。

孙悟空出生于东胜神洲傲来国花果山。乃一仙石吸收天地之气孕育而生,之后因为闯入水帘洞,被花果山诸猴拜为"美猴王"。为了寻求长生不老,孙悟空赴灵台方寸山、斜月三星洞拜菩提祖师为师,学会了地煞七十二变和筋斗云。回山后打败了混世魔王。为了寻一件好兵器,孙悟空大闹东海龙宫,终得如意金箍棒(定海神针),龙王因宝物被夺而怀恨在心,上报天庭,要求缉拿孙悟空。

悟空324岁时，因阳寿已尽而大闹地府，销毁生死簿。阎王上报天庭，玉皇大帝欲捉拿悟空，太白金星建议招安。玉皇大帝遂授孙悟空做弼马温。孙悟空得知原来这官只不过是个马夫时，怒不可遏，打出南天门，返回花果山，自封"齐天大圣"。

玉帝派天兵天将捉拿孙悟空，却没有成功，便授意孙悟空管理蟠桃园。没想孙悟空偷吃蟠桃，搅了王母娘娘的蟠桃宴，又盗吃了太上老君的金丹，这之后逃离天宫。玉帝再度派李天王率天兵捉拿。观音菩萨举荐二郎神助战，太上老君在旁使暗器帮助，最后悟空被擒。悟空被擒后，到斩妖台问斩。因先前偷吃了太上老君的金丹，变成金刚不坏之身，所以任凭刀砍斧剁、火烧雷击，孙悟空都安然无事，之后又在天宫大打出手。玉帝最后降旨请来如来佛祖，才把孙悟空压在五行山下。

由此故事引申出一句歇后语：**孙悟空的本事再大——也逃不出如来佛的手掌心**。

5.相关成语

腾云驾雾：原是传说中指会法术的人乘云雾飞行，后形容奔驰迅速或头脑发昏。

摇身一变：旧时神怪小说中描写有神通的人能用法术一晃身子就改变自己本来的模样。现用来形容人不讲道义原则，一下子来个大改变。

半路出家：原指成年后才出家做和尚或尼姑。比喻中途改行，从事另一工作。

浑身解数：浑身即全身，指所有的。解数即套数，指武艺。**所有的本领，全部的权术手腕**。

火眼金睛：原指孙悟空那双能识别妖魔鬼怪的眼睛。后用以形容人的眼光锐利，能够识别真伪。

6.思想内涵

《西游记》曲折地反映了劳动人民对反动统治者坚决的反抗精神，以及征服自然战胜困难的理想。如孙悟空的经典之语："**皇帝轮流做，明年到我家。**"

诗意实践

选择《西游记》中自己最喜欢的一个人物形象或故事与大家分享，并说明喜欢的理由。

本课知识点参考

识记类

1.《西游记》的作者。

2.列举《西游记》中的主要人物。

3.列举《西游记》的经典故事。

4.《西游记》中引申出的成语。

5.《西游记》中反映了孙悟空反抗精神的经典之语。

理解类

《西游记》的故事梗概及部分经典故事。

课外延展类

《西游记》中主要人物的人生经历及人物性格。

第三十四讲　明清小说 (六)

本课教学目标

1.了解我国古代四大名著之《红楼梦》。

- 概述《红楼梦》的故事梗概及部分经典故事。
- 学习并识记其中的传世诗词、成语。

2.理解并体会《红楼梦》的思想内涵。

本课教法指导

《葬花吟》整首诗词供教师参考，教师可根据情况只对诗词中的千古名句进行讲解。

教学设计

一、魅力问答

教师提问，让学生通过竞技游戏进行回答，复习前面讲述过的知识。

二、耳朵旅行

讲述《红楼梦》的相关内容，使学生理解《红楼梦》在中国乃至世界文学史上的重要地位。

（一）曹雪芹

曹雪芹，名沾，字梦阮，号雪芹，中国清代伟大的文学家，祖籍辽宁辽阳。

曹雪芹的祖辈曾任高官，颇受康熙皇帝宠信，家族一度兴盛，曹雪芹在荣华富贵中长大。雍正初年，由于封建统治内部发生斗争，曹家受到牵连，遭受多次打击,家产被抄收,举家迁回北京,从此家道日渐衰微。生活的重大转折,使曹雪芹深感世态炎凉,对社会、人生和世情产生了别样的真切感受。饱经沧桑之后,曹雪芹郁结的情感需要宣泄,他的才华也需要一种实现,他以坚韧不拔的毅力专心致志地从事小说《红楼梦》的写作和修订,披阅十载,增删五次,写出了《红楼梦》,将中国古典小说创作推向了巅峰。曹雪芹以自己全部的心血和深情写作《红楼梦》,其付出堪比司马迁写《史记》。

(二)《红楼梦》

1. 故事梗概

《红楼梦》原名《石头记》,作者是清代文学家曹雪芹。《红楼梦》写于十八世纪中叶的乾隆时代,规模宏大,结构严谨,具有很高的艺术成就。此书以贾、王、史、薛四大家族为背景,以贾宝玉、林黛玉的爱情悲剧为主线,着重描写贾家荣国府和宁国府由盛到衰的全过程。作品语言生动优美,刻画人物栩栩如生,塑造了**贾宝玉**、**林黛玉**、**薛宝钗**、**王熙凤**等个性鲜明的人物。同时,还塑造了"金陵十二钗"的女性形象。

"金陵十二钗"是《红楼梦》里太虚幻境"薄命司"里记录的南京十二个最优秀的女子:林黛玉、薛宝钗、贾元春、贾探春、史湘云、妙玉、贾迎春、贾惜春、王熙凤、贾巧姐、李纨、秦可卿。

2. 主要人物

(1) 贾宝玉

贾宝玉是本书的男主人公,贯穿于全书始终。他生长在贵族之家,从小就被寄予厚望,但是他的追求却是自由的生命,并不情愿与陈旧的社会同流合污。他认为男女之间的情感是诗意而纯净的美感,也是自己的人生中有意义的部分,这在当时成为了对抗社会正统价值观的精神力量。他的名言是:"女儿是水作的骨肉,男人是泥作的骨肉。"贾宝玉对女性饱含同情与欣赏。

(2) 林黛玉

少女林黛玉是一个情感化的、"诗化"的人物,是曹雪芹着意刻画的女性。她寄居在荣国府中，聪慧伶俐而又才华横溢，但却柔弱多病而又多愁善感。寄人篱下的她极度敏感，有时显得尖刻。她的聪慧和才能，也突出地表现在文艺方面。她和宝玉两小无猜，成为生死相恋的情人，但最终他们的爱情却被封建家族扼杀。

(3) 薛宝钗

"金陵十二钗"之一，薛姨妈的女儿。她容貌美丽，肌骨莹润，举止娴雅，是当时正统淑女的典范，她有现实的处世原则，处处考虑自己的利益；也同样有少女的情怀，有对于宝玉的真实感情，虽然她最终和宝玉成婚，但却没有得到宝玉的爱情。

(4) 王熙凤

王熙凤是荣国府内一个与众不同的人物。在《红楼梦》中，王熙凤是女性人物群中与男性的世界关联最多的人物。她玲珑洒脱，"体格风骚"，机智多变却又心狠手辣。作为一个智者和强者，她在支撑贾府勉强运转的同时，也尽力地攫取个人利益。最终，她加速了贾府的沦亡，并由此淹没了自己的生命。在《红楼梦》中，王熙凤是写得最复杂、最有生气且最为新鲜的人物形象。

3.《红楼梦》中引申出的歇后语

大观园里哭贾母——各有各的伤心事。

贾宝玉的丫环——喜（袭）人。

王熙凤害死尤二姐——心狠手毒。

刘姥姥进大观园——眼花缭乱。

刘姥姥出大观园——满载而归。

林黛玉葬花——自叹命薄。

4.《红楼梦》中的经典诗词

(1) 开篇诗词

满纸荒唐言，一把辛酸泪。都云作者痴，谁解其中味。

(2)《世难容》（评妙玉）

气质美如兰，才华阜比仙。天生成孤癖人皆罕。你道是啖肉食腥膻，视绮罗俗厌，却不知**太高人愈妒，过洁世同嫌**。可叹这，青灯古殿人将老；辜负了，红粉朱楼春色阑。到头来，依旧是风尘肮脏违心愿。好一似，无瑕白玉遭泥陷；又何须，王孙公子叹无缘。

（3）《聪明累》（评王熙凤）

机关算尽太聪明，反算了卿卿性命。生前心已碎，死后性空灵。家富人宁，终有个，家亡人散各奔腾。枉费了，意悬悬半世心；好一似，荡悠悠三更梦。忽喇喇似大厦倾，昏惨惨似灯将尽。呀！一场欢喜忽悲辛。叹人世，终难定！

（4）《葬花吟》（节选）

一年三百六十日，风刀霜剑严相逼。明媚鲜妍能几时？一朝飘泊难寻觅。

花开易见落难寻，阶前闷杀葬花人。独倚花锄泪暗洒，洒上空枝见血痕。

……

昨宵庭外悲歌发，知是花魂与鸟魂。花魂鸟魂总难留，鸟自无言花自羞。

愿奴胁下生双翼，随花飞到天尽头。天尽头，何处有香丘？

未若锦囊收艳骨，一抔净土掩风流。质本洁来还洁去，强于污淖陷渠沟。

尔今死去侬收葬，未卜侬身何日丧？**侬今葬花人笑痴，他年葬侬知是谁？**

试看春残花渐落，便是红颜老死时。一朝春尽红颜老，花落人亡两不知！

诗意实践

选择《红楼梦》中自己最喜欢的一个人物形象与大家进行分享，并说明喜欢的理由。

本课知识点参考

识记类

1.《红楼梦》的作者。

2.《红楼梦》中的主要人物。

3.《红楼梦》中引申出的四条歇后语。

4.《红楼梦》的开篇词。

5.《葬花吟》中的两句名句。

理解类

《红楼梦》的故事梗概及部分经典故事。

课外延展类

《红楼梦》中主要人物的人生经历及人物特点。

本单元推荐阅读书目

[1] 蔡义江著.红楼梦诗词曲赋鉴赏.北京：中华书局，2001.

[2] 曹雪芹、高鹗著.红楼梦.北京：人民文学出版社，2008.

[3] 陈其欣选编.名家解读三国演义.济南：山东人民出版社，1998.

[4] 黄霖著.中国小说研究史.杭州：浙江古籍出版社，2002.

[5] 鲁迅著.中国小说史略.上海：上海古籍出版社，1998.

[6] 罗贯中著.三国演义导读.北京：中华书局，2002.

[7] 蒲松龄著.聊斋志异.北京：中华书局，2009.

[8] 蒲松龄著，孙通海等译.新白话聊斋志异.北京：中华书局，2009.

[9] 施耐庵著.水浒传（金圣叹批评本）.长沙：岳麓出版社，2006.

[10] 谭邦和著.明清小说史.上海：上海古籍出版社，2006.

[11] 谭帆主编.明清小说分类选讲.北京：高等教育出版社，2007.

[12] 王俊年著.吴承恩和西游记.北京：北京人民出版社,1973.

[13] 吴承恩、陈先行著.李卓吾评本：西游记.上海：上海古籍出版社,1994.

[14] 吴承思著.西游记.北京：人民文学出版社,2009.

[15] 薛洪绩著.传奇小说史.杭州：浙江古籍出版社,1998.

[16] 杨义著.中国古典小说史论.北京：中国社会科学出版社,2009.

[17] 俞平伯著.红楼梦研究.北京：人民文学出版社,1988.

[18] 俞晓红著.王国维《红楼梦评论》笺说.北京：中华书局,2004.

[19] 朱一玄编.三国演义资料汇编.天津：南开大学出版社,2003.

[20] 朱一玄著.水浒传资料汇编.天津：南开大学出版社,2002.

知识课

选讲篇　诗与生活

诗词就像古人的生命之盐，让原本单调的生活变得有滋有味。古人风雅，爱茶爱酒爱琴音，这小小的热爱便化作轻轻浅浅的诗行，读之令人心旷神怡，欲罢不能；古人浪漫，无论是帝王将相还是名士才女，尽将万千思绪凝于笔端，让我们得以一窥千百年前的风光和寂寞；古人虔诚，细细揣摩节气的更替，悠悠品味山水的内涵，用一管生花妙笔，为我们留下清纯的智慧和自然的箴言。

所以，要走进古人的心灵世界，感受他们的生活之美，诗词无疑为我们打开一扇精致的小窗。在本篇里，我们将通过山水与诗、交友与诗、美酒与诗、古乐与诗、君王与诗、才女与诗等六个专题，全方位感受诗词带给古人生活的奇妙影响。精致、典雅、随性、悠游……感知古人的形象，涵咏诗词的雅趣，提升审美的能力，孩子们将不虚此行。当然，作为选讲篇，这一部分的内容更趋向于专业和深度，不必过于强求，只要怀一颗诗心，尽可随心所欲，择兴趣而教，视能力而为。

诗与生活，妙不可言。不求面面俱到的完美，但求载欣载奔的欢愉。我们的《中华儿童诗意课》，在这里升华。

第一单元 山水与诗

本单元教学目标

1.体悟山水诗中的独特意象,了解并掌握山水诗的代表诗人和经典作品,感受诗人的诗情雅致。

2.了解诗人游历故事,背诵山水诗名篇名句,体味诗中情感。

第一讲 山水与诗 (上)

本课教学目标

1.体悟山水诗中的独特意象,感受诗人的诗情雅致。

2.了解诗人游历故事,背诵山水诗名篇名句,体味诗中情感。

教学设计

一、魅力问答 (略)

二、耳朵旅行

自古以来,山水都是诗人眼中永恒的风景。万水千山总是情,秀美的山水构建了古代文人墨客独有的精神家园，历代的诗人都和山水结下了不解之缘。要了解山水诗，首先要走进神秘的山水文化。

(一) 山水文化的形成

1.畏惧自然

上古时期，生产力水平低下，洪水、野兽威胁着人类的生命，因此人们对自然保持着畏惧之心，在崇拜自然的同时，却又对自然充满敌意。他们往往把诗歌作为咒语使用，表达自我美好的愿望。如《礼记·郊特牲》中的《蜡辞》中写道"**土反其宅，水归其壑，昆虫毋作，草木归其泽！**"反，通"返"，返回。宅，住地，这里指原来的地方。"土反其宅"就是说土回到原来的地方。"水归其壑"就是说水回到沟渠里。作，兴起。"昆虫毋作"就是昆虫不要兴起。"草木归其泽"，就是说草木呀，回到河里去。

2.走进自然

(1)《诗经》山水

随着生产力水平的提高，人们对自然的认识和改造能力增强，慢慢地对自然产生了亲近、喜爱、愉悦的感情。这种转变大致始于先秦。我国最早的诗歌总集《诗经》有很多对大自然山光水色的赏悦和体味之辞。《唐风·扬之水》说"**扬之水，白石凿凿**"。扬，激扬，形容水流湍急。凿凿，形容鲜明洁白。意思是激扬的河水不断流淌，水底下的白石更显得鲜明。诗以"扬之水"来开篇，这里用的是起兴手法，利用激扬的河水来暗示当时的形势与政局，这种手法是很巧妙的。《秦风·蒹葭》中有"**蒹葭苍苍，白露为霜**"的诗句，蒹葭就是芦苇。芦苇变成了深青色，晶莹剔透的露水结成霜。诗人凄清中又表露出哀婉的情绪。

(2) 道家自然

道家的代表人物之一庄子追求的是在幻化世界中逍遥而游。人在宇宙中，可以尽情遨游，无牵无挂，追求天人合一的最高精神境界。庄子提出"**天地有大美而不言**"的观点，为我国的美学史做出了贡献。而道家鼻祖**老子**更是将自然中的"水德"奉为"至德"，认为"**上善若水**"。

（3）山水世界

东晋战争频繁，政治十分黑暗。大量文人遭到迫害，因此他们大多从清丽无比的江南山水风物中寻求精神上的安慰和解脱，并写出了大量的山水诗。诗人们在诗作方面提出了自己的主张，如**"越名教而任自然"**（嵇康）以及**"法自然而为化"**（阮籍）。这里的"自然"指宇宙自然规律，也在诗作中常常出现的也是岿然不动的山和变动不居的水，从此文人在祖国的三山五岳、五湖四海留下了许多不朽的名篇。

（二）诗人笔下的奇山秀水

1.黄山

黄山位于中国安徽省南部，并且有"天下名景集黄山"之说。黄山雄伟瑰丽，万姿千态，并以**奇松**、**怪石**、**云海**、**温泉**"四绝"而闻名今古。我国的著名作家老舍就写过一首《黄山小诗》来赞美黄山："天都奇伟海云幽，莲蕊莲花高入秋。欲识黄山真面目，风华半在玉屏楼。"

关于黄山，还有这样一段故事：相传李白攀登黄山时，来到白鹅峰。这座山峰上有许多奇形怪状的石头，并且松林密布，在松树的掩映下，有一件小小的茅舍。李白推门进去，看到一位白胡子的老人，他对李白说："你雅号'诗仙'，何以无诗于黄山？"李白说道："黄山妙绝，处处是诗画。写黄山，画黄山皆落窠臼也！既蒙厚爱，我奉上一诗。"李白说完，铺好纸张，唰唰唰写了下来，诗题是《送温处士归黄山白鹅峰旧居》，诗中这样写道："黄山四千仞，三十二莲峰。**丹崖夹石柱，菡萏金芙蓉，**伊昔升绝顶，下窥天目松。仙人炼玉处，羽化留余踪。……"诗中将黄山的"四绝"写得淋漓尽致。

又相传老翁与李白携手来到北海观云海。山灵对李白的诗作十分感激，只见从散花坞中生出一支巨大的石笔，一株奇松盘曲于石笔之上，后来人们称这尊奇峰和这株奇松为**"梦笔生花"**，在它的左边，一只巨大的笔架从云海里慢慢升起。实际上这是一座石山，却呈现出笔架的形状，后人称为"笔架峰"，与"梦笔生花"相应成趣。

2.庐山

庐山又名匡山，或匡庐。位于江西省北部，北临中国第一大河长江，东濒中国第一大淡水湖鄱阳湖。一山独峙，群峰峥嵘，素有"**匡庐奇秀甲天下**"的美誉，以"**奇、秀、险、雄**"闻名于世。

(1) 李白与庐山

《望庐山瀑布》："日照香炉生紫烟，遥看瀑布挂前川。**飞流直下三千尺，疑是银河落九天。**"

一个"直"字，使得庐山的"奇、秀、险、雄"表现得淋漓尽致。

《望庐山五老峰》："庐山东南五老峰，青天削出金芙蓉。九江秀色可揽结，吾将此地巢云松。"

五老峰形似五位老人，而在李白的眼里，阳光照射下的五老峰，金碧辉煌，就如同盛开着的金色芙蓉花一般。一"削"字写得极妙，它生动地刻画出了五老峰的险、峻、陡、直，将五老峰的山色特点都写活了。其中"削"、"揽结"等字词的运用，不乏想象和夸张的趣味，体现了李白诗歌所具的一贯风格。

(2) 白居易与庐山

白居易曾游历庐山的大林寺，写下了著名的《大林寺桃花》："**人间四月芳菲尽，山寺桃花始盛开。长恨春归无觅处，不知转入此中来。**"芳菲，盛开的花，亦可泛指花，花草艳盛的阳春景色。长恨，常常惋惜。意思是：四月，正是平地上芳菲落尽的时候，高山古寺之中的桃花竟刚刚才盛放。作者正为春天的逝去，为其无处寻觅而伤感，此时重新遇到春景后，喜出望外，猛然醒悟——没想到春天反倒在这深山寺庙之中了。可见其对庐山的依恋喜爱之情。

(3) 苏轼与庐山

苏轼在庐山中产生了不同的思考："**横看成岭侧成峰，远近高低各不同。不识庐山真面目，只缘身在此山中。**"（《题西林壁》）苏轼在庐山看风景的同时进行了理性的思索：人们所看到的万千异态毕竟是局部景致，而并非庐山的本来面目。原因就在于游人未能超然庐山之外统观全貌，"只缘身在此山中"，自然难见其本象。当局者迷，旁观者清。诗人在启示我们从一个旁观者的角度，静下心反思自己做过的事情、学过的知识，也许会有意想不到的收获。

3.泰山

五岳，按东、西、南、北、中方位命名，分别是东岳泰山、西岳华山、北岳恒山、中岳嵩山、南岳衡山。其中，泰山被誉为"五岳之首"。

(1) 泰山趣闻

相传唐朝有一位叫**张说**的宰相，不光文章写得好，为人也是十分的严谨、正直。在李隆基小的时候，他是李隆基的伴读。因此，李隆基登基之后，十分信任他，很多事情都交给他来办，比如皇帝到泰山封禅，就让张说担任封禅使。

张说主管泰山的封禅事务，许多事情都要助手协助，他的女儿说："爹，你把一些事情交给女婿郑镒去办吧。"张说想想就答应了。可是在举行祭典时，五品以上的官员才能上山，而郑镒只有九品，于是张说借口郑镒办事得力，就把郑镒从九品提为五品官。祭祀的那天，郑镒穿上了代表五品官的绛红色官服。祭礼完毕，皇上摆宴席，在宴席上，发现一个九品官居然穿的是五品的红袍子官服，就说："郑镒，你怎么来了啊？"郑镒此时吓得大气不敢出，而黄幡绰解围说，"这是泰山给出了力呀！"他这么一解释，逗得皇帝也乐了。此后，人们就把**岳父**叫作"**泰山**"。

(2) 泰山名诗

晋代谢道韫在《泰山咏》中写道"**峨峨东岳高，秀极冲青天**"。意思是说，高高的东岳泰山，秀峰直刺云天。"诗圣"杜甫的千古绝唱《望岳》中这样描写泰山："岱宗夫如何？齐鲁青未了。造化钟神秀，阴阳割昏晓。**荡胸生层云，决眦入归鸟。会当凌绝顶，一览众山小。**"决，裂开。眦，眼角。决眦，极力张大眼睛。意思是，看着层层云升腾，这心中便觉得荡然，张大眼睛极力想把飞鸟归山的情景映入眼帘。登上泰山的顶峰，再俯瞰群山，会觉得群山是多么渺小啊。

4.西湖

宋朝苏轼任杭州知府时，疏浚西湖，取湖泥葑草堆筑而成。后人为了纪念东坡的功绩，将这座堤坝命名为**苏公堤**，简称**苏堤**。如今"苏堤春晓"成了西湖十景之一，可以说苏轼筑堤桥为西湖增添了魅力。而苏轼的"**欲把西湖比西子，淡妆浓抹总相宜**"也成为赞美西湖的千古名句。西子即西施，诗人用西施来比喻西湖，不仅仅是因为这两者都有一个"西"字，还是因为他们都能展现出大自然的情态和风致，这个比喻也被后世所公认。所以，西湖又有"西子湖"的别称。

西湖是充满活力的。**白居易的《钱塘湖春行》**便是最好的证明："**几处早莺争暖树，谁家新燕啄春泥**。"新燕，刚从南方飞回来的燕子。有几只早出的黄鹂争着飞向了向阳的树，不知谁家的燕子嘴里正衔着春泥呢。

西湖是艳丽的。**杨万里的《晓出净慈寺送林子方》**便是最好的证明："**接天莲叶无穷碧，映日荷花别样红**。"无穷碧，莲叶面积很广，好像与天相接，呈现无穷的碧绿。从"碧"到"红"，莲叶无边无际，又有映日的荷花作为点缀，非常富有情趣，整个画面绚烂生动。

5.洞庭湖

八月的傍晚，孟浩然来到了洞庭湖，他发现洞庭湖宽阔又平静，月亮投影在湖里，湖面上还有淡淡的雾气，远处的岳阳城仿佛随着水雾的摇曳微微地颤动。**孟浩然**不禁为这景色所震撼，写下了"**气蒸云梦泽，波撼岳阳城**"（《临洞庭湖赠张丞相》）的诗句。一个"蒸"字给人以云蒸霞蔚、万马奔驰、龙腾虎跃之势；一个"撼"字，仿佛使人看到了巨澜飞动。而洞庭湖畔便是著名的岳阳楼，"诗圣"**杜甫**则在《登岳阳楼》中写道："**吴楚东南坼，乾坤日夜浮**。"在这壮阔的情景中寄托的是作者身世无可归依的感怀之情。

6.长江

长江是历代文人墨客笔下的"永恒之水"。唐代大诗人李白曾经写过一首名篇《黄鹤楼送孟浩然之广陵》，其中便有千古名句："**孤帆远影碧空尽，唯见长江天际流**。"尽，消失。唯见，只能见到。天际，天边。"孤帆远影碧空尽"这句诗是用景来抒发作者的心绪，诗人站在黄鹤楼上，看着那渐渐消失在水天相接之际的一片孤帆，他的心中早已相随那孤帆远去。"唯见长江天际流"，紧承上句，友人毕竟离去了，无可挽回，作者心中存留的是对友人的留恋之情。此诗中的"江"指的是长江，"唯见长江天际流"中的"唯见"把诗人心中的情感刻画得淋漓尽致，如果不是他与友人交情深厚，此刻，他怎么会有如此依依不舍的情感呢？

唐代另一位诗人**崔季卿**也曾经写过歌颂长江的诗，题目是《晴江秋望》，诗说道："**八月长江万里晴，千帆一道带风轻。**"这句话写的是在初秋的晴天里眺望长江时作者的感受，表达了对长江气势宏大而壮美的感情，以及对长江的赞美之情。

此外，还有大量描写长江的经典诗句传唱千古，同学们可自行回去查阅诗人和出处，如：

无边落木萧萧下，不尽长江滚滚来。（杜甫《登高》）

大江东去，浪淘尽，千古风流人物。（苏轼《念奴娇·赤壁怀古》）

星垂平野阔，月涌大江流。（杜甫《旅夜抒怀》）

我住长江头，君住长江尾。日日思君不见君，共饮长江水。（李之仪《卜算子》）

云帆望远不相见，日暮长江空自流。（李白《送别》）

7.黄河

黄河是中华儿女的母亲河，自古以来被许多文人歌颂，王之涣在《凉州词》中这样写道："**黄河远上白云间，一片孤城万仞山。**"孤城，指玉门关。仞，古代七尺或八尺为一仞。意思是：从远处奔流而来的黄河，好像是与白云连接在了一起，玉门关孤零零地耸立在高山之中，显得十分孤独清冷。而在王之涣的另一首名作《登鹳雀楼》中，则这样描述黄河："**白日依山尽，黄河入海流。欲穷千里目，更上一层楼。**"将眼前的山河之景与人生哲理结合在一起，不禁引人深思。而其他诗人也写下了对黄河的一片深情，如：

九曲黄河万里沙，浪淘风簸自天涯。（刘禹锡《浪淘沙》）

黄河九天上，人鬼瞰重关。（元好问《水调歌头》）

大漠孤烟直，长河落日圆。（王维《使至塞上》）

派出昆仑五色流，一支黄浊贯中州。（王安石《黄河》）

诗意实践

结合自己的游山玩水经历，写一首浪漫的山水诗。

第二讲　山水与诗（下）

本课教学目标

1.体悟山水诗中的独特意象，了解山水诗的代表诗人和经典作品。

2.背诵山水诗中的经典篇章和诗句。

教学设计

一、魅力问答（略）

二、耳朵旅行

（一）山水诗的鼻祖——谢灵运

南朝的第一位大诗人是谢灵运，他也是史上有记载的一位大旅行家。他比陶渊明生活的年代略晚一些，但他俩却生活在不一样的天地里。谢灵运有个很可爱的小名，叫客儿，他十八岁就袭封康乐公，所以人们也称他做"谢康乐"。

谢灵运可是中国文坛上第一位大量写作山水诗的诗人。他的诗能够逼真细致地刻画自然景物，这是他诗的一大特色。江南的青山绿水，在他的诗歌里显得格外妖娆。例如《石壁精舍还湖中作》中的名句**"林壑敛暝色，云霞收夕霏"**，写的是傍晚山林上明下暗的景象，谢灵运把这种特点写得如描如画，甚至连大诗人李白也对这两句赞不绝口。

其实，谢灵运所处的时代，诗歌多是寡淡无味的玄言诗。谢灵运把山水写进诗中，已经是了不起的创造了，更为宝贵的是，在谢灵运的诗歌中，名联佳句数不胜数。例如**"云日相辉映，空水共澄仙"**（《登江中孤屿》），空水指天空和江水。这两句是说天上的云彩、太阳相互辉映，由于江水太清澈了，使得映在水中的蓝天色彩也十分鲜明。又如**"明月照积雪，朔风劲且哀"**（《岁暮》），明月映照在皑皑积雪之上，给人十分寒冷的感受。下句转为听觉描写，强劲的"朔风"，透出了风势的迅猛，在描写朔风时又用了一个"哀"字，不仅好像听到了朔风怒号的凄厉鸣咽之声，而且透出了诗人的主观感受。描写更加传神的是《登池上楼》中的千古名句**"池塘生春草，园柳变鸣禽"**。这两句一向被人称道，甚至连谢灵运自己也很得意。他说苦思一天，没有写出很好的句子，是睡着了，受到了神人指点，才写出这两句的。

谢灵运酷爱登山，而且喜欢攀登那些险峻的山峰，可以说是我国古代攀岩运动的先行者。他登山时经常穿的是一双木制的钉鞋，上山时取掉前掌的齿钉，下山时取掉后掌的齿钉，这样，上下山就方便多了，这就是著名的**"谢公屐"**。

（二）"小谢"——谢朓

谢朓与谢灵运同族，为了跟谢灵运有所区别，人们称谢灵运为"大谢"，称谢朓为"小谢"。谢朓受谢灵运的影响，也很擅长写山水诗。只不过他的诗的风格更为清新流丽，例如，《晚登三山还望京邑》中的名句**"余霞散成绮，澄江静如练"**，这一联比大谢的"林壑敛暝色，云霞收夕霏"似乎更胜一筹！小谢与同时代的**沈约**一起开创了**"永明体"**。小谢诗中名句十分多见，如**"天际识归舟，云中辨江树"**（《之宣城出新林浦向板桥》），这两句是说，遥望远处，可以望见的是归来的船只，而自己离别时岸边的江树却已难以分辨了。再如**"鱼戏新荷**

动，鸟散余花落"（《游东田》），意思是，水中游鱼触碰到了新生的荷叶，飞鸟离开了枝头，枝上余花散落。这些诗句都可谓是神来之笔。再如**"朔风吹飞雨，萧条江上来"**（《观朝雨》），使人从诗句中似乎就感受到了雨急风冷的气氛。谢朓的诗在当时就深受人们推崇。梁武帝说："我三天不读谢诗，就觉得口臭。"这已经是极高的赞誉。李白对谢朓也有过高度评价："**蓬莱文章建安骨，中间小谢又清发。**"（《宣州谢朓楼饯别校书叔云》）李白攀登九华山时，还曾感叹说："恨不携谢朓惊人诗句来，搔首一问青天耳！"（《天山杂记》）也是对谢诗的称赞。

大谢开创了山水诗派，而小谢是这一派中成就最高的诗人。他们的诗还直接影响到了王维、孟浩然的山水田园诗派。

（三）山水田园诗派的先声——孟浩然

说到唐代山水田园诗派的先声，就不得不提孟浩然，孟浩然是唐代第一个大力写作山水诗的诗人。

孟浩然生活在太平盛世，青年时期一直在家闭门读书。四十岁的时候，他想到长安去谋个官职，但却始终没当上官。不过没当官也有好处，使得孟浩然有更多的机会接受山水的熏陶。孟浩然特别喜欢山水，曾经在很多地方游历。他的诗歌特别注重表现自己的生活和思想感情；同时，他把山川景物、田园风光描写得平淡自然，非常富有情趣，这就给盛唐的诗坛带来了一股新的气息。例如《过故人庄》中的**"开轩面场圃，把酒话桑麻"**，朋友的情谊就浸透在这种亲切自然的环境中。

然而孟浩然还有另一种风格的诗，例如**"永怀愁不寐，松月夜窗虚"**（《岁暮归南山》）。这句诗的意思是说，永远怀着满腔愁绪并且还要忍受着失眠的痛苦，眼看松间明月幽幽地照射着深夜的窗户。诗境悠远，表达了一种意味深长的思索。

（四）诗中有画，画中有诗——王维

孟浩然虽然是唐朝山水诗的始创者，但王维的成就更高。王维不但是诗

人，还是音乐家和画家，这使他对山水风光有一种不同寻常的领悟力。宋代大诗人苏轼给予他的评价是"诗中有画"、"画中有诗"。如《汉江临眺》一诗中，他写游览汉江的所见所闻，"江流天地外，山色有无中"。《终南山》中的"白云回望合，青霭入看无"，又如同一幅山水画，满是深山和云雾。又如《山居秋暝》中的"明月松间照，清泉石上流"，这样一幅画卷真让人赏心悦目。而王维的田园诗则主要是描写农村生活的淳朴美好，抒发自己想要归隐的情感。如《渭川田家》中的"斜光照墟落，穷巷牛羊归"，牛羊、牧童、农夫归家时的和谐场面跃然纸上。

王维的某些诗也是很动感情的。如《相思》："红豆生南国，春来发几枝。劝君多采撷，此物最相思。"又如《九月九日忆山东兄弟》，其中的千古名句是"独在异乡为异客，每逢佳节倍思亲"。另有一首《送元二使安西》，是写朋友之情的，其中的千古名句是"劝君更尽一杯酒，西出阳关无故人"。后人把这首诗谱成曲子，叫做《阳关三叠》，哀婉凄凉，一唱三叹，很能打动人。值得一提的是，王维的边塞诗写得也很出色，如《使至塞上》中的"大漠孤烟直，长河落日圆"，描绘出雄奇壮丽的塞外景色，是被王国维称为"千古奇观"的名句。

（五）一生好入名山游——李白

李白虽出生于盛唐时期，但他的一生，绝大部分却是在漫游中度过，李白的足迹遍及大半个中国。他二十岁时便开始了广泛漫游，南到洞庭湘江，东到吴、越，寓居在安陆（今湖北安陆）、应山（今湖北广水）。他到处游历，希望能够结交朋友，拜谒到社会上的知名人士，从而得到引荐，获得一个高位，去实现他的政治理想和政治抱负。可是，在十年漫游间，他并没有获得很高的官位。他又继续北上太原、长安（今陕西西安），东面到了齐、鲁各地，并寓居山东任城（今山东济宁）。这时他已结交了不少名流，并且创作了许多的优秀诗篇。

李白并不是以山水诗而闻名，但是李白的山水诗却是非常雄奇、豪迈、大气而苍凉。

李白"志在青山"，频频流连美酒和山水，自称"**五岳寻仙不辞远，一生好入名山游**"。他的一生很多时候都是在隐逸或漫游。李白漫游名山大川，把思绪寄托于清风明月，留下了许多含而不露并且意境深远的山水诗名篇。

李白的一生游历很广，进入巴蜀地区，他留下了"**蜀道难，难于上青天**"（《蜀道难》）的千古佳句；出三峡，他留下了"**两岸猿声啼不住，轻舟已过万重山**"（《早发白帝城》）的千古绝音；南行到江浙一带，留下了"两岸青山相对出，孤帆一片日边来"（《望天门山》）的美丽景象；登上庐山，他又留下了"**飞流直下三千尺，疑是银河落九天**"（《望庐山瀑布》）的画卷；东到齐鲁，他留下了"**黄河之水天上来，奔流到海不复回**"（《将进酒》）的豪迈景色；渡过荆门，他留下了"山随平野尽，江入大荒流"（《渡荆门送别》）的醉人诗篇，这一首诗与王勃的"城阙辅三秦，烽烟望五津"（《送杜少府之任蜀州》）、王湾的"潮平两岸阔，风正一帆悬"（《次北固山下》）的艺术境界比起来，则更为壮阔。

李白不仅游山玩水，大自然中的任何景物都能在他的笔下变得栩栩如生。例如，《秋登宣城谢朓北楼》中"**两水夹明镜，双桥落彩虹。人烟寒橘柚，秋色老梧桐**"的秋日景色，《鹦鹉洲》中"**烟开兰叶香风暖，岸夹桃花锦浪生**"的花草树木，《关山月》中"**明月出天山，苍茫云海间**"的山川明月等，都是以深邃而隽永的笔触，绘声绘色地描画出瑰丽的山光水色，时时给人以明朗清新、境界开阔的独特感受。"天才"的"诗仙"李白和他"惊天地"、"泣鬼神"的诗作，千百年来一直散发着独特而且无穷的人格与艺术魅力。作为继屈原之后最伟大的浪漫主义诗人，李白通过一生的游历，将山水之情与人生之思表达得淋漓尽致。

诗意实践

选择一首你喜欢的山水诗，为其配一副优美的图画。

第二单元　交友与诗

第三讲　交友与诗(上)

本课教学目标

1.了解古人朋友称谓的类别及含义。

2.背诵经典的交友诗句。

3.体会古人的交友准则,培养自己良好的交友准则。

教学设计

一、魅力问答（略）

二、耳朵旅行

"有朋自远方来，不亦乐乎？"这是中国古典文化经典著作《论语》的开篇名言。古人非常看重友谊，因此，在中国灿烂的历史长河中，流传着许多动人的友谊故事。这种对友谊的体验通过诗歌娓娓道来，又是那么的浓郁、深厚。从《诗经·小雅》中的《伐木》浅唱"嘤其鸣矣，求其友声"，到陶渊明轻吟"**相知何必旧，倾盖定前言**"（《答庞参军》），再到王闿运悲歌"**一夜梧桐老，闻君江上琴**"（《寄怀辛眉》）。在历史的长河中，友情与诗情似乎始终相伴而行。其间的故事，着实令人动容，现在就让我们徜徉在古典诗歌中，去聆听那一首首动人的绝唱吧。

（一）古人对朋友的划分

古人喜爱游历，诗人更是这样。他们在漫长的游历过程中，认识了不同的人，经历了很多的事。当这种特殊的经历与友谊挂钩时，他们便有了不同的感悟。古人对朋友的划分主要有：**布衣之交、生死之交、莫逆之交、车笠之交、忘年之交、总角之交、杵臼之交、金兰之交**等。

1.贫寒老友，布衣之交

布衣之交是指平常百姓之间的交往，也称贫民之交。关于布衣之交，有一段鲜为人知的故事。在唐代大诗人**杜甫**的求官生涯中，有一个人对他的仕途进展产生了巨大的影响，这个人便是唐代名相**房琯**。说起房琯与杜甫之间的情谊，还要从他们未成名之时开始。那时，两人都是名不见经传的小人物，杜甫诗名未成，房琯亦隐居于陆浑山。十年间，杜甫多次拜谒他，二人结下了深厚的"布衣之交"的情谊。也就是这种情谊，使两人在失意沦落时互相慰籍。房琯去世后，杜甫在诗《别房太尉墓》里深情地写道："**近泪无干土，低空有断云。**"杜甫洒下的伤悼的泪水多得使坟前的土地都湿了，这种哀伤悲痛让天空中的云朵似乎也不忍心离开，周围泛着一种浓愁惨淡的悲凉，这种对老友的思念读来实在让人肝肠寸断。

2.执手而去，生死之交

生死之交是指同生共死的交谊。中国文学史上堪称知己的大诗人固然不少，但要论情之切切，意之深深，当首推白居易与刘禹锡，人称"刘白"。两人政治遭遇颇多相似，思想便很接近，晚年都以诗歌唱和，抒发胸中许多愤懑和不平。这种近乎一样的经历和遭遇，使两人成为生死之交。他们从第一次相见便有"**沉舟侧畔千帆过，病树前头万木春**"（《酬乐天扬州初逢席上见赠》，刘禹锡）的感概，直到最后成为"**杯酒英雄君与操，文章微婉我知丘**"（《哭刘尚书梦得》，白居易）的惺惺相惜。他们是在彼此告慰：好吧，乐天，我就听你的，姑且作为沉舟，作为病树，相信沉舟侧畔千帆竞发，病树前头万木皆春；是啊，梦得，你是我一生的诗友，百年愁苦，那些难言之隐，只有我最懂你。白居易对刘禹锡的诗非常推崇，称他为"**诗豪**"。刘禹锡所作的《望洞庭》中"**湖光秋月两相和，潭面无风镜未磨。遥望洞庭山水翠，白银盘里一青螺**"引起人们无限的遐想；而白居易的"**日出江花红胜火，春来江水绿如蓝**"也是别出心裁地展现了鲜艳夺目的江南春景。

3.相视一笑，莫逆之交

莫逆之交出自《庄子·大宗师》："**三人相视而笑，莫逆于心，遂相与友。**"它是指情投意合，没有抵触的交情。三国魏时的嵇康与吕安可谓是莫逆之交。两人一起种菜灌园，展卷吟诗，生活安然自若。有一次，吕安来找嵇康，恰逢嵇康外出，嵇康的哥哥嵇喜出门迎客，吕安不以为然，在门上题"凤"字而去，古时"凤"写作"鳳"，吕安这是在嘲笑嵇喜是"凡鸟"，而非自己的莫逆之友。后来王维在《春日与裴迪过新昌里访吕逸人不遇》中写道："**到门不敢题凡鸟，看竹何须问主人。**"意思是，即使没有找到主人，也不敢不敬，看看翠竹本也无须问主人。这句话暗示了作者对吕逸人的仰慕之情，同时也表达了自己对莫逆之交的向往。

4.富贵勿忘，车笠之交

车笠之交是指不因贫富而改变的交情。这个故事要从春秋时期的百里奚说起。年过三十的百里奚娶杜氏为妻并得一子，当时百里奚家贫不遇，想出去游说做官，又想到妻子孤苦无依，心中非常舍不得。杜氏看到这种情况对丈夫说："我听说男子志在四方，你正值壮年何不去干一番事业，家中自有我照应。"说完将家里唯一的母鸡杀了为丈夫践行，临别时嘱咐道"富贵了可别相互忘记啊"。后来，百里奚仕途大好，可以说是一人之下，万人之上。而杜氏则以纺织度日，流落他乡。但百里奚从未忘记自己的糟糠之妻，四处寻找杜氏。当两人相遇，已是分别后三十多年的事了。他们之间这种真挚的感情延伸到友情之中，便有了"**君乘车，我戴笠，他日相逢下车辑；君担簦，我跨马，他日相逢为君下**"（《越谣歌》）的真情吟唱。意思是，如果将来你坐车（成了有地位的人），而我还是戴斗笠的农夫平民，那么有朝一日再相见，你会下车跟我打招呼吧；如果将来你撑簦伞，我骑着高头大马，那么有一天见到你，我一定会下马迎接你。这种"苟富贵，勿相忘"的友谊，才是朋友的真正含义。

5.不拘岁月，忘年之交

忘年之交是指辈分年龄不相当的人结下的深厚友谊。中国古代诗坛上最有名的忘年交当属杜甫同李白之间的友谊。杜甫比李白小十一岁，但两人的交情却很深厚。二人中年时在洛阳相见，结为至交，此后长期分别几乎没有机会重逢，但两人的友情却历久弥珍。从与李白分手直到晚年，杜甫写下了不少追念或谈到李白的诗。"**痛饮狂歌空度日，飞扬跋扈为谁雄**"（《赠李白》），写尽李白一生的风貌。"**何时一樽酒，重与细论文**"（《春日忆李白》），思念知己之情溢于言表。还有"**昔年有狂客，尔号'谪仙人'。笔落惊风雨，诗成泣鬼神**"（《寄李十二白二十韵》）这样字字千钧的评价更是成为文学史上对李白诗风的定论。唐肃宗年间李白被流放夜郎，杜甫对李白的生死存亡始终牵挂不已，写下《**梦李白**》两首，流传千古，"**故人入我梦，明我长相忆**"，殷殷叮咛，一往情深。这首诗仿佛是由思念凝结成的，被誉为"笔笔神来"，文学价值极高，将李杜的友情印在了后世文人的心中，赢得了"千秋万岁名"。杜甫在《**春日忆李白**》中写道："**渭北春天树，江东日暮云。**"杜甫通过"春天树"与"日暮云"之间的情谊来暗示自己与李白之间的忘年之交，这种奇特的诗意情缘实在让人无比钦羡。

6.少年同游，总角之交

总角之交是指少年时期结交的朋友，又称竹马之交。说到总角之交，黄庭坚与黄几复之间的故事是我们怎么也绕不过去的。黄庭坚与黄几复少年交游，志趣相投，结下了总角之好。后来两人因身不由己，各自天涯，但感情却从未间断。就像黄庭坚在《**寄黄几复**》中写的："**桃李春风一杯酒，江湖夜雨十年灯。**"想当年，春风拂面，桃李争妍，我们举杯豪饮；而如今风雨潇潇，十年孤灯，心中总会不经意地想起你。这种巨大的反差，充分地表达了诗人的哀伤与思念，至今读来，依然令人感慨万千。

7.交莫羞贫，杵臼之交

杵臼之交是指不计贫贱的友谊，即交友不羞贫。古人重交情，亦重贫贱之交。杵臼之交的典型当属管鲍二人。管仲年轻的时候，常常喜欢跟鲍叔牙交游。由于家境贫寒，管仲曾几次骗鲍叔牙，但鲍叔牙并未嫌弃管仲，而是极力帮助管仲完成他的仕途，以至于心甘情愿地身居下位。人们在佩服管仲的才能的同时对鲍叔牙的为人更是称赞有加。管仲自己也说："**生我者父母，知我者鲍叔牙也！**"后来这件事被杜甫写进诗里："**君不见管鲍贫时交，此道今人弃如土。**"（《贫交行》）这是诗人伤今怀古，感念友情的创作。

8.琴心至友，金兰之交

金兰之交比喻朋友间至深情意，患难与共。"高山流水遇知音"的故事在中国家喻户晓。相传先秦时期的琴师俞伯牙在荒山野岭弹琴，樵夫钟子期竟能领会他琴中的意味："**巍巍乎志在高山，洋洋乎志在流水。**"伯牙惊喜地赞叹道"善哉，子之心而与吾心同"，于是两人结为金兰之交。钟子期去世后，伯牙失去了知音，摔琴绝弦，终身不再操琴。这就是历史上有名的"高山流水"的故事。成语"高山流水"、"伯牙绝琴"、"伯牙之叹"等都出于自这个典故。这种心领神会的情思深深的打动了孟浩然，他提笔写道："**欲取鸣琴弹，恨无知音赏**"（《夏日南亭怀辛大》）。后世也有"**万两黄金容易得，知音一个最难求**"的感叹。我们也从中感受到那高山流水般的感情，读来令人心自悲凉。

（二）古人交友的准则

1.《论语》的观点

《论语》中说："益者三友，损者三友，**友直，友谅，友多闻，益矣；友便辟，友善柔，友便佞，损矣。**"孔子认为，交朋友要交那些正直而又宽容的人，不要交那些优柔寡断又有心计的朋友，这是我们从《论语》中学到的交友准则。

2.《庄子》的观点

《庄子·山木》中说："**君子之交淡若水，小人之交甘若醴。**"君子之间的交情淡得像水一样，小人之间的交往却像甜酒一样。这里的"淡若水"不是说君子之间的感情淡的像水一样，而是指君子之间的交往，不含任何的功利心，却长久而亲切。小人之间的交往，有着很浓的功利之心，他们在相互利用的基础上建立起友谊，表面看起来"甘若醴"，但如果对方不满足自己的物质利益，他们之间就很容易断绝来往。所以与人交往，要交往君子，而不是小人。

3.刘向的观点

汉代刘向曾说："**与善人居，如入兰芷之室，久而不闻其香，则与之化矣；与恶人居，如入鲍鱼之肆，久而不闻其臭，亦与之化矣。**"和道德高尚的人生活在一起，就像进入充满兰花香气的屋子，时间久了，自己本身也会沾染上兰花的香气，于是就体味不出兰花的香味了；和素质低劣的人生活在一起，就像进了卖鲍鱼的市场，时间一长，连自己都变臭了，也就不觉得鲍鱼是臭的了。

诗意实践

为你的好朋友写一首诗，告诉他（她）你有多么在乎和感激他（她）。

第四讲 交友与诗 （下）

通过学习古人交友故事，体味古人的修为，并得到相应的交友启示，感悟古代贤人"惺惺相惜"的珍贵感情。

教学设计

一、魅力问答 （略）

二、耳朵旅行

一曲古流水，千载以下，牵动人们多少情思。"知音"这个词语从此成为知己的代称。

（一） 心有灵犀的知音

王维二十七岁时因为佞臣李林甫执政，就隐居在终南山。**裴迪，**比王维小十五岁，青年时期同王维一起居住在终南山，他们两人的《辋川集》五言绝句，被后人所推崇，在艺术造诣上达到了超凡入圣的境地。

王维的赠裴迪的诗《辋川闲居赠裴秀才迪》，传唱很久，尤其是"**渡头余落日，墟里上孤烟**"一句，大文学家曹雪芹在《红楼梦》中借香菱之口给予了高度的评价，所写景物，真切生动，似曾相识；所用语言，自然平淡，得意传神。由于志趣相投，裴迪的诗的风格意境都类似王维，王维的名作《**竹里馆**》写道："独坐幽篁里，弹琴复长啸。深林人不知，明月来相照。"裴迪的同名诗中写道："来过竹里馆，日与道相亲，出入唯山鸟，幽深无世人。"再如《**辛夷坞**》，裴迪的诗是："绿堤春草合，王孙自留玩。况有辛夷花，色与芙蓉乱。"王维的诗则是："木末芙蓉花，山中发红萼。涧户寂无人，纷纷开且落。"他们两人可谓是心有灵犀。

(二) 心性相投的朋友

李白与孟浩然第一次相见是李白生活在安陆的时候。那年李白大概二十八岁，而孟浩然已四十岁左右。虽然年龄相差特别大，但两人一见如故，于是，相约到江夏游历月余，其间两人结下了深厚的感情。后来，孟浩然要南下去广陵，二人相约在黄鹤楼道别。看着好友的离去，李白思绪万千，怅然写下千古绝唱《黄鹤楼送孟浩然之广陵》："故人西辞黄鹤楼，烟花三月下扬州。孤帆远影碧空尽，惟见长江天际流。"烟花三月正是春光明媚的时候，诗人却要与好友分别，心中不舍，于是极目远望直到帆影消失，剩下滔滔江水流向天际。这份绵延悠长的思念也被作为千古佳话所传颂！

十年之后，李白与孟浩然第二次见面，这次李白写了《赠孟浩然》，表达对孟浩然的钦佩。《赠孟浩然》："吾爱孟夫子，风流天下闻。红颜弃轩冕，白首卧松云。醉月频中圣，迷花不事君。高山安可仰，徒此揖清芬！"能让李白这么佩服，确实难得。

(三) 情牵万里的友谊

高适与唐朝著名琴客董庭兰交好。董庭兰虽然擅长操琴，但盛唐时期流行胡乐，这让他感觉知音难觅；当时高适也是郁郁不得志，到处浪游。两人就是在这种情况下相识并结下了深厚的友谊。可是两人很快又要离别，在这种失意黯然的时刻，高适却以他开阔的胸襟与豪迈的语调写下了一首激昂慷慨、鼓舞人心的赠别诗——《别董大》，全文如下："千里黄云白日曛，北风吹雁雪纷纷。莫愁前路无知己，天下谁人不识君？"前两句用白描的手法写出了黄沙千里、大雪纷纷的荒凉景象，后两句话锋一转，道出了对友人的劝慰：请你不要担心遇不到知己，天下有谁不知道你董庭兰的！这话说得多么有力，多么响亮，响彻千年。

(四) 志同道合的知音

说起文坛上志同道合的朋友，可能有很多，但如果说到志同道合的夫妇，就少了许多。也许人们第一个想到的便是**李清照和赵明诚**。李清照的父亲李格非是位学者，母亲文学修养也很高，自幼在良好艺术氛围里成长起来的李清照也是文学造诣过人，"**常记溪亭日暮，沉醉不知归路。兴尽晚回舟，误入藕花深处。争渡，争渡，惊起一滩鸥鹭。**"（《如梦令》）语言朴素、自然、流畅，浪漫的少女生活可见一斑。赵明诚是宰相的孩子但却无纨绔子弟习气，精通考古等艺术门类，是一位名满天下的金石学家。两人从"**和羞走，倚门回首，却把青梅嗅**"（《点绛唇》）的相识相知到"**笑语檀郎，今夜纱厨枕簟凉**"（《丑奴儿》）的幸福恩爱再到"**花自飘零水自流，一种相思，两处闲愁。此情无计可消除，才下眉头，却上心头**"（《一剪梅》）的两地相思，可见二人比翼齐飞，琴瑟调和。李清照另有一首作品《**醉花阴**》，尤其以"人比黄花瘦"一句最为经典。赵明诚读后，赞叹不已，却又想胜之，便闭门谢客，废寝忘食三天，最后得词五十首，中间夹杂着李清照的词叫人评鉴。友人品味后说："只有三句绝佳。"赵明诚急忙问是哪三句。友人回答后，赵明诚不禁哑然。原来是妻子李清照的"**莫道不消魂，帘卷西风，人比黄花瘦**"。赵明诚由此更钦佩妻子的学问。在丈夫去世后，李清照尝尽饱经忧患、家破人亡时的凄苦。最终，她在"寻寻觅觅，冷冷清清，凄凄惨惨戚戚"（《声声慢》）的悲凉心境中，在家国系于一身的哀愁中，走完了坎坷的一生。

（五）才情并茂的知音

黄庭坚，字山谷，比苏轼要小八岁，早年出自苏轼的门下，是"苏门四学士"之一；但与苏轼交好，文才与其齐名，同时书法成就也同苏轼相并列。他们两个人在京城做官时经常诗酒唱和，其乐融融，也经常斗嘴。例如，在民间就流传着这样一个关于"皛（xiǎo）饭与毳（cuì）饭"的故事：

苏轼恢复官职后与黄庭坚调侃说："我以前在牢里的时候，每天吃的是'三白饭'，是很香甜的，世间美味也就是这样了！"黄庭坚奇怪地问苏轼何谓"三白饭"，苏轼回答说："一撮盐，一碟生萝卜，一碗米饭，依此做出，就是'三白'。"苏轼渐渐忘记了这件事情。突然有一天苏轼接到了黄庭坚的请帖，邀请苏轼去他家吃皛（xiǎo）饭。苏轼非常开心地去赴约，还欣欣然对自己的夫人说："黄庭坚是咱们世间的学士，博览群书，他这皛饭肯定是稀有珍贵的东西。"但是等他到了黄庭坚的家里却发现餐桌上面只有盐、萝卜、米饭这三样东西，苏轼顿悟是被黄庭坚逗耍了。此事过去不久，黄庭坚同样接到了苏轼的请帖，内容是邀请他去吃毳饭。黄庭坚明知苏轼是要报复自己的先前一宴，却又压制不了自己强烈的好奇心欲知何谓毳饭，就去了苏轼家赴宴。但是苏轼从早至晚一直同黄庭坚侃聊，这使得黄庭坚实在饥饿难忍，于是就问毳饭到底在哪里。苏轼徐徐答道："盐也毛（音 mǎo，"没有"的意思），萝卜也毛，饭也毛，难道不是'毳'饭？你一直在享用着啊。"黄惊愕后，二人同时大笑不已。

（六）相见恨晚的知己

纳兰性德，字容若，满洲最杰出的诗人，清代第一词人。至今仍很流行的**"人生若只如初见，何事秋风悲画扇？等闲变却故人心，却道故人心易变"**这一富于意境的佳作，是其众多的代表作之一。当时盛传"家家争唱饮水词，纳兰心事几人知"。《纳兰词》传至国外，朝鲜人称**"谁料晓风残月后，而今重见柳屯田"**。**顾贞观**，字华峰，号梁汾，江苏人。康熙十五年，顾贞观四十岁，容若只有二十二岁，容若为相国长子，顾贞观是一介寒儒，但容若一向以济贫为己任，古道热肠，对有着坎坷境遇的落迫才士平等接纳，与顾贞观更是志趣相投，相见恨晚，慷慨挥洒写作了《金缕曲·赠梁汾》，"德也狂生耳。偶然间、缁尘京国，乌衣门第。……青眼高歌俱未老，向樽前、拭尽英雄泪。……然诺重，君须记。"词中率真地表露了对富贵的冷眼蔑视、对黑暗现实的认识和追求高尚情操的执着信念，同时也表达了对朋友的真挚友情，其中的**"君不见，月如水"**是两人纯洁友谊的见证。他们相互倾慕对方的才华和品格，文学见解和创作上也十分契合，二人的"性情说"是清初词坛上的文学主张，作品风格也相似，真纯清新。容若的《饮水词》和顾贞观的《弹指词》被视为当时的"词坛双璧"，名扬海内外。在腐朽的官场里，容若更是不顾自身安危保护着挚友。顾贞观的好友吴兆骞曾被清初冤案牵累在塞外流放长达二十多年，容若得知这件事后，毅然用他的智慧和真诚，克服重重困难，营救吴兆骞回京，不仅维护了正义，也帮助挚友完成了心愿，一时间传为美谈。有生之年，容若以他高尚的生命和心灵印证了他与顾贞观的好友情谊，而顾贞观也同样倾注全部的真诚珍惜这来之不易的友情，成为容若生平的第一知己。容若英年早逝，贞观撰写了感人肺腑的祭文，笔端流露来的是不尽的思念，以及对容若自身价值的最深刻理解。

诗意实践

你从古人身上看到哪些交友的美德？试着总结出来，并作为你的交友准则。

第三单元　美酒与诗

本单元教学目标

1.了解酒的起源和别称，感知中国的诗酒文化。

2.了解诗酒文化的代表文人，识记与之相关的经典诗作。

3.了解中国古代酒中珍品的故事，从诗酒故事中体味古人的生活情致。

第五讲　美酒与诗 (上)

本课教学目标

1.了解酒的起源和别称，感知中国的诗酒文化。

2.了解中国古代酒中珍品的故事，识记与之相关的经典诗文。

教学设计

一、魅力问答（略）

二、耳朵旅行

打开酒盖，一股混合着稻米醇香的气味扑鼻而来，将我们的思绪带回到那遥远的时空。以酒相邀，明月为伴，诗人的快乐、惆怅一泻而出。酒成为了诗人不可缺少的挚友。

（一）酒的雅号

古人是浪漫的，他们根据酒不同的味道、颜色和浓淡而赐予酒与众不同的雅号。

1.绿蚁

蚁是酒的代称，因为酒刚酿出来过滤之前表面会有一层泡沫，细细的像小蚂蚁一样，酒的颜色也微微泛绿，因而被称为"绿蚁"，后用来专门表示新出的酒。不仅酒有称号，盛酒容器的名称也很别致，如**"蚁尊"**专指酒杯，而**"蚁瓮"**则指酒坛。

古人爱酒，就连诗里也有浓浓的酒香。**白居易**在一首《问刘十九》里写道："**绿蚁新醅酒，红泥小火炉。晚来天欲雪，更饮一杯无？**"在一个即将下雪的夜晚，若能与挚友共饮一杯，是何等畅快的事啊，这时酒便承载着深深的朋友情谊。**李清照**的《行香子》中说："**薄衣初试，绿蚁新尝，渐一番风，一番雨，一番凉。**"杯酒过后，留给人的还是无尽的思念，只能在这充满凉意的日子里靠酒来暖一下身。

2.欢伯

欢伯是酒的另一个名字，宋代杨万里的《题湘中馆》中有云："**愁边正无奈，欢伯一相开。**"这句诗很好地解释了取名为"欢伯"的用意，消忧解愁，带来欢乐，可见酒是多么讨古人喜欢。

3.杯中物

杯中物，顾名思义，指的便是杯中酒，因为古人喝酒的时候习惯了将酒倒在杯子里而不是其他器具，所以杯中物也成为了酒的别称。**陶渊明的《责子》**中有一句：**"天运苟如此，且进杯中物。"**这里的"杯中物"指的便是酒。

4.清圣、浊贤

到了三国时期，魏国曹操下了禁酒令，从此酒成为了人们口头所避讳的词，但是大家还是抵挡不住美酒的诱惑，私下还会偷着饮酒。但在公开场合闭口不谈酒字，买酒的时候便用**"贤人"**和**"圣人"**分别代替**浊酒**和**清酒**。于是后人陆游的诗中便有了**"闲携清圣浊贤酒，重试朝南暮北风"**（《溯溪》）。

5.青州从事、平原督邮

酒除了有"圣人"和"贤人"这样的隐语外，还有**"青州从事"**和**"平原督邮"**的说法。南朝刘义庆在《世说新语》中说，桓温有一个对酒特别有研究的手下，他只要尝一口，就能分辨出酒的优劣。美酒被称为"青州从事"，劣酒被称为"平原督邮"。他说好酒喝下去之后，酒气可以直达肚脐，而劣酒喝下去只能到膈部。当时青州恰好有个地名叫齐郡，而齐与脐同音，于是"青州从事"便成了美酒的代名词；而平原这个地儿也有地方叫鬲县，恰与膈同音，于是劣酒也有了"平原督邮"的隐语。

（二）酒中珍品的传说

1.女儿红

晋代的《南方草木状》里记载，女儿酒为旧时富家生女、嫁女必备之物。女儿酒便是后来的女儿红，以前富人家生女儿和嫁女儿时，女儿红是必不可少的。尤其是江浙一带，女儿出生之时，家里都会酿数坛酒，等到女儿出嫁之时，再拿出来招待客人。

古人大多都有重男轻女的思想。相传绍兴有个裁缝，发现自己的妻子怀孕了，非常高兴，盼着妻子给他生个儿子。他准备了好几坛酒，打算儿子出生后款待亲朋。结果，妻子偏偏生下了一个女儿，裁缝很懊恼，没有心情招待朋友，就把酒坛埋在了树下不去理会。女儿慢慢长大了，就跟着父亲学手艺，她心灵手巧，又肯勤学苦练，很快便精通了裁缝的手艺。店里的生意也被她打点得越来越好。女儿的努力被父亲看在眼里，记在心里。在女儿出嫁的那天，裁缝师傅高兴地招待亲朋，忽然想起了当年埋在树下的几坛酒。十几年过去了，坛盖一开启，一阵酒香便扑鼻而来，且味道纯正。于是，这酒便有了"女儿红"的名字。

2.状元红

在明朝的崇祯年间，山西灾荒严重，百姓流离失所。有一对夫妇，逃难到上蔡这个地方住下，凭着酿酒的手艺，开了家小酒庄，以卖酒为生。这两个人老实善良，酒做得也好喝，生意慢慢火了起来。一天，他们救了一位受伤的老人，老人非常感激，便留在店里帮忙以报答夫妇俩。自从老人来这之后，做酒用的水总是香甜可口，酒也好喝得妙不可言。原来这位老人是天庭的一条苍龙，受到陷害而被罚到人间接受处罚，却发现人间有真情，再也不想回到天上。就这样，夫妇俩和老人一直生活在一起，最后苍龙变成了一口深井，为他们制酒提供原料。最后，夫妇俩为了感谢苍龙，以"龙"为酒名，用**"龙泉红酒"**做自己的店名，从此，上蔡的酒便名声远扬。

到了清朝，上蔡人程元章把酒推荐给了雍正皇帝，皇上非常喜欢，连连称赞，并下旨凡是考上状元的人都赏赐"龙泉红酒"庆贺，逐渐地，"龙泉红酒"发展为"状元红酒"。后来，除了考取状元时喝酒庆祝外，人们在结婚时也会用"状元红"来宴请宾客。

3.杜康酒

杜康所造的美酒因为一个有趣的故事，而有了**"杜康美酒，一醉三年"**这样的传言。

刘伶是"竹林七贤"之一，他特别爱喝酒，甚至没有酒就无法生存。他的酒量相当大，在当时无人能比。有一次外出喝酒，恰好经过杜康的酒坊，门上贴着一副对联**"猛虎一杯山中醉，蛟龙两盏海底眠"**，横批是**"不醉三年不要**

钱"。刘伶见对子，并不放在眼里，不顾店主杜康的好生劝阻，一连三杯下了肚。没想到果然醉了，东摇西晃，好不容易回了家。他醉醺醺地嘱咐妻子，等他死后，要连同酒壶酒盅一同放进棺材里再埋。说完，他就醉倒过去，妻子就按照他说的埋葬了他。

三年已过，杜康想起刘伶没给酒钱，就来索要，却意外得知刘伶醉死，他连忙向他妻子解释刘伶只是醉了，并没有死。挖开坟墓，打开棺材一看，刘伶竟然脸色红润，跟活人一样。杜康拍了拍他，"好酒，好酒"，刘伶一边喊着，一边伸了个懒腰，醒了过来。此后，"杜康美酒，一醉三年"就传开了。

诗意实践

你的家乡有没有著名的酒？如果有，了解一下它的文化和与它相关的历史名人并与大家分享。

第六讲　美酒与诗(下)

本课教学目标

1.了解诗酒文化的代表文人，识记与之相关的经典诗作。

2.从诗酒故事中体味古人的生活情致。

教学设计

一、魅力问答（略）

二、耳朵旅行

酒在中国的发展源远流长，几千年的美酒在中国飘香，酒不单单是一种饮品，而逐渐发展成一种文化。多少爱酒之人因为酒而创造了传奇的故事，酒仙、酒鬼和醉酒时作出的诗篇，使得酒似乎也有了灵魂，酒文化的内涵也越来越丰满。

（一）"酒伯"淳于髡

春秋战国时期，百家争鸣，而淳于髡是杂家的创始人。虽然杂家没有多少名气，但是在中国酒史上，淳于髡"酒伯"的这个称号却被人熟知。

淳于是他的姓，髡实际上是指一种刑罚，他因为犯罪而被剃成光头，所以大家都叫他淳于髡。淳于髡长得瘦小，也并不帅气，出身贫民家，给富人做农奴，没有人身自由。意想不到的是，他后来当上了大官，而这一切都离不开他的勤苦努力。

淳于髡非常好学，一有时间就捧起书本，认真研究。长时间积累使他变得见多识广，知识渊博，并且胸怀大志。他的才气终于被齐威王发现，赏赐他千金，并封他上卿的官职，作为外交官出使诸侯各国。

齐威王虽然爱才，但更爱酒，整天醉醺醺的，不理朝政，国家危在旦夕。臣子虽然着急，却没有敢上前劝阻的。

由于淳于髡多次顺利出使诸侯国，为国争光，齐威王非常器重他。有一次，齐威王见淳于髡顺利归来，很高兴，就邀淳于髡于宫中饮酒。喝酒间，威王无意间问起："先生喝多少酒才醉？"淳于髡说："臣喝一斗也能醉，喝一石也能醉。"齐威王感到很奇怪，问他喝一斗就醉了，怎么还能喝一石。淳于髡解释说这得分哪种情况，当大王赏酒喝的时候，我心怀敬畏之心，喝一斗就已经醉了。如果家中来了贵客，我会在一旁小心地陪酒，并时不时地起身敬酒，喝不到两斗也会醉的。若是来了老朋友，一起聊着天，喝着酒，喝五六斗不成问题。如果是村里举行的聚会，席地而坐，没有拘束地开怀畅饮，一边饮酒，一边游戏，兴高采烈，这时喝到八斗才稍有醉意。傍晚时分，大家靠坐在一起，酒杯散乱着，主人留我继续饮酒，送走了其他客人，女子翩翩起舞，香气萦绕，这时我最能喝，一石不成问题。淳于髡说：**"故曰酒极则乱，乐极则悲；万事尽然，言不可极，极之而衰。"**（《史记·滑稽列传》）享乐虽然美妙，但却不能无度，否则乐极生悲，会走上邪路。

淳于髡通过自己的智慧劝谏齐威王清醒过来，不再通宵达旦地享乐，而开始整顿朝政，强大自己的国家。淳于髡则继续作为外交官，接待各诸侯国使者。淳于髡之所以被称为"酒伯"，并非是酒量大的缘故，而是他可以用酒来劝谏齐王，挽救国家命运。

（二）竹林七贤

在中国的魏晋时期有这样七个人，他们常在山阳县（今河南修武）的竹林下聚会，喝酒做诗，过着就像《庄子》中所说的**"尸居而龙现，渊默而雷声"**的逍遥生活。他们就是被后人称为"竹林七贤"的嵇康、阮籍、山涛、向秀、刘伶、王戎和阮咸。他们放荡不羁，活出了自己的真性情，常常在一起快乐地饮酒，纵情高歌。

1. 刘伶

对于刘伶，酒便是生活，生活便是酒，他堪称是一位不含水分、真真正正的酒仙，被称为是**"千古醉人"**，醉酒时，**"志气旷达，以宇宙为狭"**，达到**"至人"**之醉的境界。

刘伶曾写下一首**《酒德颂》**，其中写道："行无辙迹，居无室庐，幕天席地，纵意所如。""静听不闻雷霆之声，熟视不睹泰山之形，不觉寒暑之切肌，利欲之感情。俯观万物，扰扰焉如江汉之载浮萍。"大概意思是：我刘伶行无踪迹，居无定所，以天为被，以地为席，不管什么时候，少不了的便是酒壶，喝酒就是我要做的事，管他还有什么其他。别人怎么说我，我都不在意，要是管我饮酒，越管我越要喝得畅快。醉酒之后，恍如隔世，就算是突然一声炸雷也吓不倒我，就算是泰山在我眼前我也看不见。天气冷热就像世俗的冷暖一样，和我没什么关系。

他是这样写的，更是这样做的。带个酒壶走天下，这就是刘伶，乘车的时候喝酒，走路的时候喝酒，走到哪里，都是酒不离身。他甚至让自己的仆人带着铁锹跟着他，嘱咐道："死便埋我。"可谓嗜酒如命。

刘伶的妻子看在眼里，疼在心里，多次劝他戒酒都没有效果。有一次，刘伶答应了戒酒又忍不住要喝，妻子哭着把酒瓶摔破，劝他不要再喝。刘伶答应下来，说要在神灵面前发誓，让妻子去准备祭神的酒肉，妻子以为刘伶真的下决心了，便听从了他的吩咐，买来酒肉供奉在神桌前。刘伶跪下来祝告："天生刘伶，以酒为名；一饮一斛，五斗解酲。妇儿之言，慎不可听。"说完，就拿来酒肉，又喝了个大醉。

2.阮籍

酒不仅可以用来解除忧愁，还可以用来逃避灾祸。生活在"时无英雄，使竖子成名"的时代，在狂人阮籍这儿，酒便成了他的挡箭牌。

阮籍有一个女儿长得非常漂亮，被司马昭相中，想娶来为妻。可阮籍不同意这门婚事，但司马昭又得罪不起，于是他想出一计，凭借着自己的绝招醉酒，连着两个月，每天喝得醉醺醺，上门提亲的人还没等开口，阮籍已经呼呼大睡了。无奈的司马昭只得放弃。

阮籍是一个不性至性、不孝至孝、不礼至礼之人。母亲去逝时，他正在与人下棋。棋友知道他是个孝子，劝他赶快回去，他却非坚持下完、决出胜负不可。下完棋后又饮酒三斗才放声大哭，口吐鲜血。母亲下葬时，他又吃一碗肉，喝了二升酒，又吐了好多血。好友裴楷闻讯前往阮家吊唁，却见阮籍醉卧于地，对他没有任何表示。裴楷并不计较，只管插香焚纸，跪地痛哭，哭完起身就走。有人问他："一般的吊唁都是主家哀哭，客人默哀。他自己死了母亲都无所谓，你又何必痛哭？"他回答说："此言差矣。阮籍乃是大彻大悟之人，当然不遵守一般的礼法。我是个凡夫俗子，就只能按规矩行事了。"阮籍丧母心痛，只有喝酒才能稍稍缓解痛楚。

3.嵇康

与刘伶、阮籍相比，嵇康可以说是"竹林七贤"中最有分寸的"酒鬼"了。他饮酒非常有节制，再加上天生一表人才，所以嵇康的醉态也是潇洒的，被誉为醉酒如"**玉山倾倒**"。所以，后来人们常用"玉山倾倒"形容美男子喝醉了的样子。唐代大诗人李白在《襄阳歌》中所写的"**清风朗月不用一钱买，玉山自倒非人推**"就是用到了这个典故。但也正是因为嵇康难得一醉，不能像阮籍那样用大醉来装糊涂，最终惨死在司马昭的手中。

（三）陶渊明

在我国文学史上，陶渊明不仅是第一位将目光投到平淡无奇的乡村生活和田园风光的诗人，也是以饮酒为题材，大量创作酒诗的第一人。

陶渊明年轻时，就特别爱喝酒。他的自传《五柳先生传》的一段话就能充分说明这一点："闲静少言，不慕荣利。好读书，不求甚解；每有会意，便欣然忘食。性嗜酒，家贫不能常得。亲旧知其如此，或置酒而招之；造饮辄尽，期在必醉。既醉而退，曾不吝情去留。"

酒后的陶渊明诗兴大发，留下的《饮酒》诗就有二十首。其中当属第五首最出名："结庐在人境，而无车马喧。问君何能尔？心远地自偏。采菊东篱下，悠然见南山。山气日夕佳，飞鸟相与还。此中有真意，欲辨已忘言。"

陶渊明的田园生活并不富裕，反而非常清贫，不得已去当了彭泽县令。他刚上任，就下令部下在地里多种糯米，以便用糯米作酒。他自己也说过："我要是经常能喝几口小酒，就心满意足了！"

又是一年重阳节，九月的菊花开得正盛，陶渊明正在篱笆下一边弹琴，一边唱歌，一边赏花。虽然很开心，但是对一个爱酒之人来说如果再添一壶浊酒便心满意足了。但家里的酒已经喝光了，他惆怅不已，呆坐在菊花旁。偶然间抬头，发现了一个抱着酒坛的白衣人，忍不住上前打听，原来是江州刺史王弘派来的人，正去他家送酒呢。王弘非常看重陶渊明的才气，又知道他是个爱酒之人，于是经常派人送来好酒。陶渊明正愁没酒喝，于是马上打开酒坛，在花丛中开怀畅饮，灵感大发，吟出了一首好诗。从此，**"陶公咏菊"、"白衣送酒"**的故事也如同酒香一样传扬开来。

（四）李白

李白生活在唐代，他追求自由，而且性情浪漫，经常配一柄长剑，携一壶浊酒，穿一身白衣，四处游走，如同仙人。杜甫是李白的好朋友，他这样评价李白：**"敏捷诗千首，飘零酒一杯。"**李白频频地与酒约会，饮出了中国诗史上的"千古绝唱"。

1.《将进酒》

有一天，李白和好朋友岑勋、元丹丘一起游走，登高望远。待回到居所时月亮已经出来了，三人准备了美酒佳肴，在院中高谈阔论，开怀畅饮，很是热闹。正在此时，李白诗兴大发，出口便是"君不见，黄河之水天上来，奔流到海不复回"，朋友二人大声叫好，连忙拿出纸笔记下来。接着又是两句"君不见，高堂明镜悲白发，朝如青丝暮成雪"，似乎多了一番愁苦的滋味。"人生得意须尽欢，莫使金樽空对月"，月光洒下来，李白的脸上泛着微笑。**天生我材必有用，千金散尽还复来**。烹羊宰牛且为乐，会须一饮三百杯"，如此阔绰的筵席也只有李白能想出来。"岑夫子，丹丘生，将进酒，君莫停。与君歌一曲，请君为我倾耳听"，朋友二人侧耳倾听，李白就像对话一样说道："钟鼓馔玉不足贵，但愿长醉不复醒。"、"古来圣贤皆寂寞，唯有饮者留其名。"、"陈王昔时宴平乐，斗酒十千恣欢谑。"、"主人何为言少钱？径须沽取对君酌。"、**五花马，千金裘，呼儿将出换美酒，与尔同销万古愁**。"说完，李白便长醉不醒。

第二天，李白醒来匆匆离去，丹丘想起昨夜的诗还没有题目，就赶忙去询问李白，李白已上马扬鞭，只听他说"请喝酒"，马就跑开了。于是朋友二人便以《将进酒》为题。

酒可以给人灵感，却不见谁能有如此大胸怀，旷达豪迈，不可思议。只有李白,酒一杯,诗千首,诗意无边,浪漫洒脱。

2.水中捞月

李白晚年,贫病交加,只好投宿在族叔李阳冰家。不久,就患病卧床,久医不愈。在一个月明星稀的晚上,一个人悄悄地来到了江边,请一个熟识的船夫代买一坛酒,乘小舟往采石矶畔饮酒赏月。这夜,风平浪静,月明如昼。李白呼吸着江边的新鲜空气,一扫多日的郁闷和无力,朗声吟起了自己的得意之作:"青天有月来几时?我今停杯一问之……"边吟诗边喝酒,异常兴奋。醉眼朦胧中,他忽然发现江中的月亮更圆,更近,更朦胧可爱,忍不住伸手去捞,无声地掉进了浩浩的江中……正应了**郭沫若先生的话——"李白生于酒而死于酒"**。

(五)饮中八仙

《新唐书·李白传》记载:**李白、贺知章、李适之、李进、崔宗之、苏晋、张旭、焦遂为"酒中八仙人"**,杜甫一首《饮中八仙歌》写出了他们对酒的痴狂。

1.李适之

李适之的酒量很大,《唐书·宗室宰相传》中讲到李适之喜欢和朋友一起饮酒,喝一斗多都不会醉。白天工作,晚上饮酒,第二天照常工作,从来不会因为喝酒而误事。

杜甫的《饮中八仙歌》中这样描述李适之:"**左相日兴费万钱,饮如长鲸吸百川。**"李适之好酒从不心疼花钱,一天甚至能花万贯钱,可见他的豪奢。他的酒量极大,好比是鲸鱼吸纳百川,令人惊叹。

李适之自己也作过一首诗表达自己的爱酒之情:"避贤初罢相,乐圣且衔杯。为问门前客,今朝几个来?"自己尽管被罢官,但是仍然爱酒,仍然喜欢和朋友们欢聚饮酒。嘱咐侍从一旦来了酒客,一定要立即报上来。爱酒的李适之果然是性情豪迈,心胸豁达。

2.张旭

张旭是唐代的草书大家,他的草书堪称一绝,被誉为"**草圣**"。唐文宗曾下诏，封**李白**的诗歌、裴旻的剑舞、张旭的草书为"三绝"。张旭多才多艺，除了书法写得好，在诗文方面也才气纵横，与贺知章、张若虚、包融号称"吴中四士"。

张旭是个个性十足的书法家，因为好饮酒，经常喝得大醉，呼叫狂走，趁着酒兴，在纸上挥洒自如，有时甚至用头发蘸着墨汁书写，于是便有了"张颠"的雅称。后来的草书大家**怀素**非常喜爱张旭的笔法，并且也经常酒后创作书法神作，两人被后人称为"**颠张醉素**"。

唐代诗人高适专门写过一首描述草圣张旭饮酒的诗，题为《醉后赠张九旭》：世上谩相识，此翁殊不然。兴来书自圣，醉后语尤颠。白发老闲事，青云在目前。**床头一壶酒，能更几回眠？**

张旭在杜甫的《饮中八仙歌》中是这样一种形象："**张旭三杯草圣传，脱帽露顶王公前，挥毫落纸如云烟。**"都说酒能让人产生灵感，张旭喝了酒，兴奋得呼叫狂奔，要来笔墨便写，有时竟用头发代替，遒劲的字体霸气外露。然而等他酒醒过后，再书写同样的内容，却没有醉时写得好。于是，我们似乎也可以说酒成就了张旭，成就了他的书法艺术。

诗意实践

在中国古代，除了男子，女子中也有写出精彩酒诗的人，查查看，与大家分享。

第四单元　古乐与诗

本单元教学目标

1.了解音乐与中国古典诗歌的联系，理解古乐的基础知识，识记与古乐相关的诗歌以及文学常识。

2.欣赏古乐府名作，识记其中著名诗句。

3.了解中国古代十大名曲的相关典故，背诵经典诗句。

4.通过了解古乐与诗的相关知识，激发起对中国诗乐文化的热爱与向往之情。

第七讲　古乐与诗（上）

本课教学目标

1.了解音乐与中国古典诗歌的联系，理解古乐的基础知识，识记与古乐相关的诗歌以及文学常识。

2.激发起对中国诗乐文化的热爱与向往。

本课教学目标

1.欣赏古乐府名作,识记其中著名诗句。
2.了解中国古代十大名曲的相关典故,背诵经典诗句。

教学设计

一、魅力问答（略）

二、耳朵旅行

（一）诗歌与音乐的联系

中国古代诗词与音乐是紧密相连的。《毛诗序》中说:"**在心为志,发言为诗**。情动于中而形于言,言之不足故嗟叹之,嗟叹之不足故咏歌之。"诗,是用来传递和表达人的志向的文学形式。人心里的志向用语言表达出来的时候便称之为诗。当诗人的情感被触动时就会通过话语表达;当简单说话不足以表达诗人全部的感情时,就会感叹;当感叹也不足以表达时,就长声歌咏。

《尚书·尧典》中说:"**诗言志,歌永言,声依永,律和声,八音克谐,无相夺伦,神人以和**。"其中,"**诗言志,歌永言**"是指诗人创作诗歌来表达自己的意志和思想感情。徐徐吟唱出来的诗歌,增添了诗的魅力,突出了诗的意境。"**声依永,律和声,八音克谐**"是指配合着高低起伏的声音,并用律吕（古代用来校正乐律的器具）来调和,不同的乐器和谐相配,悠然成曲。"**无相夺伦,神人以和**"则指在诗与音乐的完美配合下,神与人的思想感情得到充分的交流,最终就会达到人神和谐的境界。

（二）五声、八音、十二律

我国古代音阶分为"**五声**",分别是"**宫**"、"**商**"、"**角**"、"**徵**"、"**羽**";后来又发展成七声音阶——在"**五声**"的基础上增加了"**变徵**"和"**变宫**"。

古时候乐器统称为"**八音**",是用**金、石、丝、竹、匏、土、革、木**八种不同材料制作而成。

当时的定音方法采用**十二律**，是将一个八度的整音分为十二个不完全相同的半音，从低到高依次为：黄钟、大吕、太簇、夹种、姑洗、仲吕、蕤宾、林钟、夷则、南吕、无射、应钟。十二律又被分为阴阳两类，凡是位于单数位置上的六种律称为阳律，双数位置上的称为阴律。奇数各律称之为"律"，偶数各律称之为"吕"，因此十二律又叫做**律吕**。

（三）古代诗乐文学的发展

我国最早的诗歌总集《诗经》，大约出现在西周到春秋时期，因出色而受到众家好评。到了战国，屈原发明了"楚辞"与"骚赋"两种新的诗歌形式，开启了诗歌文学的新篇章。但是进入汉代，因为那时的骚赋很难融入当时的音乐，于是人们合着当时流行的音乐创作了古乐府。后来经过发展，古乐府也越来越难以融合各个朝代的音乐，至唐代出现了"绝句"，成为新乐府。但是绝句固定的字数、平仄要求使得其难有委婉之气，于是到了宋代就出现了"词"。宋代之后，人们为了更加方便地抒发情感，直接创作了"曲"这一语言形式。下面我们就从最古老的上古歌谣开始，一起走进古乐与诗歌的发展历程。

1. 上古音乐

《吕氏春秋·古乐》中记载："三人操牛尾，投足以歌八阕，一曰《载民》，二曰《玄鸟》，三曰《遂草木》，四曰《奋五谷》，五曰《敬天常》，六曰《达帝功》，七曰《依地德》，八曰《总万物之极》。"那时人们最关心的还是温饱问题，所以会歌颂"奋五谷"、"敬天常"、"总万物之极"这样的内容，祈求天下福瑞，五谷丰登，衣食无忧。祈福的时候，人们会唱起歌，歌唱自己的美好愿望，并且一边唱一边跳，舞姿独特而富有灵性，伴着简单的音乐，表达着对图腾神的崇拜。就像黄帝氏族曾经用云作为自己的图腾，于是创作了一种乐舞就叫做《云门》。而最早的歌曲形式，根据《吕氏春秋》的记载，大体都与**涂山氏之女**所作的**《候人歌》**相似，仅仅一句歌词**"候人兮猗"**的简单歌谣，寄托着涂山氏之女对经常外出治水的**大禹**的深深思念。

2.礼乐制度

西周时期，周天子将天下分封给不同诸侯，各诸侯在自己的领地上各自为政。**周公旦**是周武王的弟弟，他为了维护周天子的统治地位，制礼作乐，被奉为**周礼**，也就是之后的**礼乐制度**。周公旦规定了贵族生活中的所有礼仪和典礼音乐，无论是谁，无论在何种场合，都要遵守礼乐制度。从此，音乐摇身变成了维护王权统治的武器。这种对礼的尊崇也正是孔子穷尽一生所追求的。《诗经》当中便收录了许多与礼乐制度相关的诗，其中宴饮诗描写了君与臣、亲与朋共享美筵的场面，不单单表达欢乐的气氛，更是表现了当时人们在礼乐的熏陶之下，对亲情、友情的忠信。

3.汉代古乐府

到秦汉时期出现了新的诗体——"**乐府诗**"。最初的乐府诗只是"一人唱，三人和"的清唱小调，很受人们的喜爱。后来又加入了丝、竹等乐器的伴奏，"相和大曲"便应运而生。乐府诗中出现了许多杰出的作品，**像我国古代最长的叙事诗《孔雀东南飞》**，还有与之并称为"**乐府双璧**"的《**木兰诗**》。这些作品对后世诗人的诗歌创作产生了深远的影响。

4.隋唐诗歌

到了隋唐时期，音乐发展到了顶峰时期，各种民族的音乐在唐朝交融，尤其以歌舞音乐发展最为猛烈。当时的唐代宫廷音乐，又被称作"**燕乐**"，歌舞音乐是独立于燕乐中的一朵奇葩。在当时，**琵琶**是最主要的伴奏乐器，琵琶音域宽广，唐代诗人白居易就在自己的《琵琶行》中对琵琶的演奏技巧与音效进行了生动的描写，"**大弦嘈嘈如急雨，小弦切切如私语。嘈嘈切切错杂弹，大珠小珠落玉盘**"，仿佛琵琶弦声的高低起伏、错落有致就在耳边；"**冰泉冷涩弦凝绝，凝绝不通声渐歇。别有幽愁暗恨生，此时无声胜有声**"，一首琵琶曲将那音符弹活了，将那感情表达得淋漓尽致，独到而又生动。

5.宋词

词，不被唐诗的平仄要求所束缚，不被工整的句式所约束，表达感情比之于唐诗多了自己的细腻与精致。词作为诗歌中新诞生的一种格式，因为配合了音乐小调，所以又被称为**曲子词、长短句**等。其实词早在唐代就出现了，经过五代时期才慢慢地成熟，在宋代被诗人广泛接受，流行开来。

6.元曲

曲盛行于元代，元曲主要是指当时的**元杂剧**和**散曲**，两者都采用北曲来演唱，是元代文学的主体。当时颇为著名的当属"**元曲四大家**"了，即《**窦娥冤**》的作者**关汉卿**、《**汉宫秋**》的作者**马致远**、《**倩女离魂**》的作者**郑光祖**和《**梧桐雨**》的作者**白朴**，这四位作家在当时的声望很高。除此之外，《**西厢记**》的作者**王实甫**也是写作元曲的大家。

诗意实践

1.听听古代十大名曲，试着走进曲子的意境中。

2.有机会深入了解或学习一种古代乐器。

第八讲　古乐与诗 (下)

本课教学目标

1.欣赏古乐府名作，识记其中著名诗句。

2.了解中国古代十大名曲的相关典故，背诵经典诗句。

教学设计

一、魅力问答（略）

二、耳朵旅行

（一）乐府诗

1.古乐府：《陌上桑》

《陌上桑》讲述的是汉代一名美丽的采桑女罗敷的故事，她拒绝与太守同车的调戏，用智慧保全了自己的贞操。故事发生在一个阳光明媚的日子，罗敷就像往常一样，到自己经常去的城南角去采桑。"头上倭堕髻，耳中明月珠；缃绮为下裙，紫绮为上襦"的罗敷美丽无比："**行者见罗敷，下担捋髭须；少年见罗敷，脱帽著帩头。耕者忘其犁，锄者忘其锄；来归相怨怒，但坐观罗敷。**"看到罗敷，行人纷纷放下担子抚摩髭须，腼腆的少年马上脱下头顶的帽子，整理自己的头巾，耕种的人们忘记了手中的犁，锄地的人忘记了手里的锄头，互相抱怨因为贪看罗敷而耽误了农作。也许多了些夸张的成分，但是罗敷的美貌由此可见绝非一般。

这时使君乘坐的马车慢慢行来，透过车帘，使君看到美貌的罗敷缓缓走过，忙派身边的小吏去打听这是谁家的姑娘。小吏回来报，这是秦氏家的罗敷。使君又问年龄几何？答，不到二十，十五以上，正是花季。使君于是上前询问罗敷，"宁可共载不"，愿意和我坐一辆车离开吗？

罗敷义正言辞地回绝使君："您是有妻子的，我也有自己的丈夫，怎么能蠢钝地问出这样的话来！""我的丈夫'**何用识夫婿，白马从骊驹；青丝系马尾，黄金络马头；腰中鹿卢剑，可值千万余**'，他十五岁就在府中做了小官，二十岁升任到大夫，三十岁的时候已经官拜侍中郎，现在四十岁做了一城的太守。'**坐中数千人，皆言夫婿殊**'，在场的几千人中都说我的丈夫是与众不同的！"

2.新乐府：《兵车行》

生在晚唐的杜甫，深受着连年战火的侵扰，处处烽火连天，时时殚精竭虑。一年接一年的战争，让人们背井离乡，妻离子散，甚至是家破人亡。万恶的战争，使他写下了新乐府的代表作《兵车行》。

"**车辚辚，马萧萧，行人弓箭各在腰。**"轰鸣的战车，嘶鸣的战马，出征的士兵们弓箭时刻挂在腰上。这些将士和战车就要远赴沙场，为帝王征战。"**爷娘妻子走相送，尘埃不见咸阳桥。牵衣顿足拦道哭，哭声直上干云霄。**"将士即将与亲人们分离，战争带走了家中的脊梁，只剩下家中这些老弱病残，也许，再也没有机会相见。这渭河之上，处处是妻离子散的悲惨画面。多少战士的爹娘妻儿依依不舍地奔走送别，飞扬的尘土遮盖了整条咸阳桥，哭喊与哀鸣直冲九重云霄。路过的行人看到这样的景象，问这些即将远行的战士为何如此悲痛。这些征夫苦笑，还不是朝廷的战事太频繁了，有的人从小就在边关把守，人过中年又被征去屯田。年复一年，为了这万恶的战争，直到白首还要戍守在边疆，他们的血即使汇成了河流也阻挡不了帝王开疆拓土的欲望。家乡的田地已经长满了杂草，即使再能干的妇女去耕种，也种不出像之前那样苗壮的庄稼了。而战场上奋勇杀敌的士兵在帝王眼中也不过是战争的工具，被赶来赶去。征战的士兵还没有归来，县令又开始收租税，这税哪里交的出来啊！"**信知生男恶，反是生女好。生女犹得嫁比邻，生男埋没随百草。**"现在回想还不如生个女孩，至少女孩成人后嫁到隔壁村子，还能不时见上一面；男孩背井离乡，难免战死客乡，就再也见不到了。被封建思想统治了一辈子的人居然能说出这样的话来，战争究竟给人们带来了多少沉痛的伤害啊！"**君不见青海头，古来白骨无人收。新鬼烦冤旧鬼哭，天阴雨湿声啾啾。**"难道你看不到，自古征战而亡的累累白骨无人掩埋，散落在青海之边。天地间，新鬼旧鬼的怨气与伤痛，让整个天地动容。

（二）中国古乐十大名曲

1.高山流水

相传《高山流水》是伯牙所作，他们的故事早在战国时就广泛流传开来。这首著名曲子的谱子最早出现在明朝，记载于朱权编纂的《神奇秘谱》之上。

乐谱上对《高山》和《流水》的解释为："《高山》、《流水》二曲，本只一曲。初志在乎高山，言仁者乐山之意。后志在乎流水，言智者乐水之意。"仁义的人喜爱山，智慧的人喜爱水，志向浑然立于天地之间。《高山流水》的大气与磅礴也充盈于天地之间。

2.广陵散

在蔡邕的早期琴曲作品大集合的专著《琴操》中记载着这样一段广为流传的故事：战国时期战火纷飞，韩王正在为下一场战斗做准备，因为一个工匠没有按时完成铸剑的任务，韩王一怒之下杀了他。工匠的儿子**聂政**悲痛不已，发誓杀死韩王，为父报仇。他找机会谋刺韩王，都没成功。后来了解到韩王酷爱音乐，于是躲进深山苦学琴艺十年，练成绝技。为了不被认出，他竟然自毁容颜，寻机会入宫，演奏给韩王听，趁韩王听得入迷，他从琴中抽出匕首刺死韩王，终于报仇雪恨，最终也壮烈身亡。

后人根据这个故事，谱成了琴曲，名字就叫《聂政刺韩王曲》，曲调慷慨激昂，曲风气势宏伟，听过的人都能感受到被压迫者反抗暴君的斗争精神，并且深受感染。而《广陵散》就是来源于这首古曲。

提到《广陵散》就不得不提到"竹林七贤"中的**嵇康**。嵇康在当时也是一个响当当的音乐家，抚琴作曲，有着艺术家的情怀，甚至有达上千学生愿拜他为师。嵇康的作品有四部非常有名，分别是《长清》、《短清》、《长侧》、《短侧》，统称为"**嵇氏四弄**"。后来因为嵇康豁达的人生观刺痛了当朝的大官，被处以死刑。临刑时，嵇康泰然自若，演奏了《广陵散》后便从容赴死，天之骄子般的嵇康殒于天地之间。

一曲《广陵散》，即使跨越千年，也难以忘怀聂政的威武，嵇康的洒脱。

3.平沙落雁

秋天到了，树叶黄了，大雁开始飞往南方，寻找温暖的巢穴。或许这已是平常景色，但细细品味之后却别有一番风情。传说在衡阳的回雁峰旁有座美丽的小岛，每当秋季江水退去的时候，小岛上就会露出一大片平整的沙滩。大雁寻到这儿，被这儿的青山秀水吸引，不肯离去。天气晴朗的时候，大雁会成群结队地一起飞翔，累了就停在沙滩上休息。好一幅美丽的平沙落雁图。不知是谁，或许是唐代的陈子昂，也许是宋代的毛敏仲，明代的朱权，在看到这样一幅美景后，顿时有感而发，奋笔疾书，《平沙落雁》一气呵成。

《古音正宗》中这样评价《平沙落雁》："盖取其秋高气爽，风静沙平，云程万里，天际飞鸣。**借鸿鹄之远志，写逸士之心胸也。**"曲子弹来悠扬动听，仿佛是来自天上的仙乐。碧空万里，大雁飞鸣；远处传来悠扬的钟声，绵绵不绝。"借鸿鹄之远志，写逸士之心胸也"这两句是点睛之笔，书写出逸士的情怀，而逸士就是指隐士，如陶渊明、谢灵运一样不拘于现世的生活，在田野、山林中寻找自己的一片天地。而要做个真正的隐士，又谈何容易。不知古今的隐士是否能够找到真正的栖身之所，还自己一片宁静。

4.夕阳箫鼓

《夕阳箫鼓》为中国古代十大名曲之一，是一首富有江南情调的抒情曲。前奏中鼓声与箫声和谐相配，悠悠然，仿佛是水波声与划船声。接着，悠长委婉的曲调带我们来到了江南小城，在欢快的鼓点声里，夕阳西下，夜幕降临，又是一个月圆的傍晚，悠扬的箫声在江中绵绵不绝。江上有人划着小船，赏着月色，沉思着什么。

更多的人认为美妙的乐曲《夕阳箫鼓》是来自于**张若虚**一首美丽的诗**《春江花月夜》**。《春江花月夜》的作者张若虚生活在初唐，他的诗只有两首被收录下来，一首是《春江花月夜》，另一首是《代答闺梦还》。因为这首《春江花月夜》，使他在那个绚烂的唐朝拥有了**"孤篇压全唐"**的评价。

"春江潮水连海平，海上明月共潮生。滟滟随波千万里，何处春江无月明。"潮起潮落，月升月落，江树与花林，现实与梦境，让人难分哪是幻境，哪是真景，苍茫而又辽阔。"**人生代代无穷已，江月年年只相似。不知江月待何人，但见长江送流水。**"这四句，被古今多少人诵读过，已经数也数不清。不仅景美，而且极具哲理意味。其中包含了作者对人生对宇宙的思索。闻一多曾说过：

"在神奇的永恒前面，作者没有错愕，没有憧憬，没有悲伤。"

聆听《夕阳箫鼓》的阵阵琴声，回到那盛世，满眼尽是繁华；而《春江花月夜》却带我们走进一片诗情画意，将美留在心间。

5.梅花三弄

《梅花三弄》和《平沙落雁》都与衡阳这个地方有着千丝万缕的联系。衡阳山青水秀，梅花也堪称一绝。在云锦峰上有一座云锦庵，内外种了好多梅树。每到冬日，梅花的幽香与婀娜吸引了成群结队的人前来观赏。甚至有人干脆隐居于此，不愿离开。而这番景色也有了"云锦梅香"的美誉。

明代《神奇秘谱》中说，最早演奏这首曲子的是东晋的桓伊。桓伊十岁的时候就跟随父亲来到了云锦庵，在寺中赏梅吹笛。他吹奏的笛曲宛转悠扬，仿佛仙乐。《晋书》中甚至这样称赞他："善音乐，尽一时之妙，为江左第一。"后来桓伊成为一名大将，并领导晋兵与秦军大战于淝水（"淝水之战"），战争取得完胜。桓伊并没有继续留在朝廷，而是隐退在云锦庵，一边赏梅，一边奏笛。而这《梅花三弄》的灵感便源于这洁白傲骨的梅。

因为在演奏的过程中主题段被循环演奏三次，所以被称为"三弄"。

桓伊虽然早已远去，《梅花三弄》却用它的清丽、高洁依然感染着一代又一代华夏儿女。

6.阳春白雪

提到"阳春白雪"，你或许会想到"下里巴人"。在《楚辞》中《宋玉答楚王问》一文中，记载了这样一个故事：说有位唱歌的人，当唱《阳春白雪》时，"国中属而和者"不过数十人，而当唱《下里巴人》时，"国中属而和者"有数千人。从中不难看出，当时的《阳春白雪》曲深难学，所以跟着唱的人很少；而《下里巴人》则通俗易学，故有许多人跟着唱，于是便留下了"阳春白雪，和者盖寡"的说法。

"阳春白雪"四个字，在这里完全可以顾名思义，它不再承载高雅难懂这样的含义，而是其字面意思：阳春时节的白雪。《阳春白雪》是一首广泛流传的优秀琵琶古曲。它的旋律清新流畅,节奏活泼轻快。听这首曲子仿佛有春风拂面的感觉,冬去春来,大地复苏,万物向荣,生机勃勃的春天已然来到。一个个音符打破了冬日的冷寂,将活泼、欢乐播撒人间;大地回春,万物享受着春日的滋润。

7. 十面埋伏

《十面埋伏》是根据垓下(今安徽灵璧南)之战谱曲而成的,展现了激烈的战斗场面。垓下之战发生在公元前202年,刘邦与项羽为了争霸天下,展开了生死之搏。当时刘邦拥有30万的强大兵力,对于项羽的10万楚军来说是绝对优势。刘邦将项羽围了个水泄不通,为了彻底瓦解对方军心,在深夜让自己的兵士唱起楚歌,歌声凄凄,哀婉苍凉。楚兵已经离开家乡很久了,他们思念自己的亲人,想念自己的家乡。战争,带来的只有无数死伤。于是军中的士气顿时在这歌声中土崩瓦解。大势已去,项羽眼看着军心动摇却无计可施,他对着虞姬悲声唱道:"**力拔山兮气盖世,时不利兮骓不逝。骓不逝兮可奈何?虞兮虞兮奈若何!**"虞姬了解项羽悲痛的心情,也跟着和道:"**汉兵已略地,四面楚歌声。大王意气尽,贱妾何聊生。**"唱完便拔出宝剑,自刎而死。

夜里,项羽率领八百骑兵突围,汉军紧追不舍,厮杀声越来越近。项羽此时已到乌江边,滔滔的江水奔流不止。"此天亡我,非战之罪也",泪水浸湿了衣襟,项羽仰天长啸后拔剑自刎。

《十面埋伏》又叫做《淮阴平楚》,琵琶的演奏技法得到了充分的体现,从埋伏到短兵相接,再到项王败阵,自刎而死,激动人心的旋律震撼不已。战前的紧张,战争的急促,战后的悲壮,每一幅战斗的场面都融汇在音乐当中。战鼓雷鸣声,兵戈相击声,厮杀呐喊声,还有胜利的号角声与败者的悲鸣声,一幅古战场的全景画面展露无遗。

《十面埋伏》,一段悲壮的旋律,刻画了一段悲壮的历史。

8. 汉宫秋月

相传在汉武帝时,陈皇后失宠,独自居住在长门宫,为了重新获取汉武帝的宠爱，她花了千两黄金请求司马相如为自己做《长门赋》，借此打动皇帝。"忽寝寐而梦想兮，魄若君之在旁。""夜曼曼其若岁兮，怀郁郁其不可再更。""妾人窃自悲兮，究年岁而不敢忘。"于是，《长门怨》古乐曲便流传下来，而《汉宫秋月》就是其中之一。

也有人认为《汉宫秋月》与元杂剧《汉宫秋》有关。《汉宫秋》是元曲作家马致远的作品，讲述的是汉朝的宫女王昭君出塞和亲的故事。

无论是哪一种传说，都表现了一种哀怨的愁绪，一种不甘心生命的寂寥冷清，却又无可奈何的悲愁情绪。曲子的速度较慢，旋律缓和细腻，多处休止停顿，就像欲言又止，又不敢多说一句话似的，感染力非常强。

9.渔樵问答

渔夫和樵夫，一个打渔人，一个砍柴的农夫，简单的人，却展现了意想不到的大境界，一种超凡脱俗的生活。

《渔樵对问》是北宋的一部奇书，与《渔樵问答》此曲有异曲同工之妙，都是通过渔夫与樵夫的对话试图让人们明白一些道理。屈原的作品《楚辞》中有一章叫做《渔父》，讲了这样一个故事：屈原被楚王流放后，在江边游荡，"颜色憔悴，形容枯槁"，像个乞丐一样落魄。恰一渔父经过，便问他为何流浪。屈原说，"举世皆浊我独清，众人皆醉我独醒"，所以才被流放。渔父好生劝慰他看清世事，不必太清醒，不必太高洁。屈原不听，执意想跳入江中，"葬于江鱼之腹中"。渔父淡然一笑，唱着"沧浪之水清兮，可以濯吾缨；沧浪之水浊兮，可以濯吾足"的歌走远了。能悟到如此大道理，可不是普通的渔父，而是一位引领世人的先知，是"道"的化身。

《渔樵问答》这首乐曲如其名字，虽不是人与人之间的对话，却是调子与调子的问询，调子上升表示询问，调子下降表示回答，节奏安排非常巧妙。"古今多少事，都付笑谈中"，"千载得失是非，尽付渔樵一话而已"，仿佛听见了渔樵在谈古论今，充满玄意。"青山依旧在，几度夕阳红"，尘世间的兴亡得失，在这曲调中，在渔樵的谈笑之间烟消云散。

10.胡笳十八拍

胡笳是古代少数民族匈奴的一种乐器，它的声音圆润柔和，但有人却用它吹出了一曲哀婉凄凉，令人肝肠寸断。

蔡文姬是历史上有名的才女，她的童年恬静而美好，受父亲蔡邕的影响，文姬从小耳濡目染，琴棋书画样样精通。但是当时年代并不太平，战火不断。她在逃难中不幸被匈奴掳走，远离家乡，孤身一人，伶仃可怜。

此时的蔡文姬已是匈奴左贤王的妻子，并为他生下了两个孩子。虽然身在异地已多年，但是仍然无法适应这里的生活。听不见家乡的亲切话语，触摸不到家人温暖的双手，这个家根本就不是家。多少个梦中她回到了故乡，拥抱了亲人，醒来之后，却只有满脸的热泪，帐外依然刮着呼呼的北风，周围依然是陌生的面孔。"殊俗心异兮身难处，嗜欲不同兮谁可与语"，谁又能理解那颗痛苦的心？或许唯有这胡笳，能够奏出这种忧伤。

每日，蔡文姬遥望远处，手拿胡笳，吹奏自己的悲伤。曲子如同话语飘进了人们心间：我多么渴望回到故乡，亲吻故乡的大地，侍奉年迈的父母亲。可是我又如何舍得离开我的孩子们，他们还那么小，如何能失去母亲的爱。岁月悠悠，蔡文姬每日都被思乡的痛所折磨。当她得以返还故乡之时，新的疼痛也随之而来，她舍不得与自己的孩子分开，"才下眉头，却上心头。"

《胡笳十八拍》正是演奏出了文姬那种极度矛盾的心情：哪一种情都难以割舍。那种哀伤、痛苦寄托在琴声之中，感人于泪水之中。

诗意实践

试着用自己喜欢的曲调来唱唱诗词，会有与众不同的感觉。

第五单元　君王与诗

本单元教学目标

1.初步了解帝王诗的个性特点和写作内容,体会其思想感情,识记与之相关的著名文学常识与诗作。

2.培养学生对中国古诗文的热爱之情。

第九讲　君王与诗

本课教学目标

1.初步了解帝王诗的个性特点和写作内容,识记与之相关的著名文学常识与诗作。

2.体会帝王诗的思想感情。

3.培养学生对中国古诗文的热爱之情。

教学设计

一、魅力问答（略）

二、耳朵旅行

帝王写诗，会将自己的情感宣泄在诗篇中。帝王诗的发展有着很强的时代性，随着时代的变化，不同的帝王都会有自己不同的感受。帝王诗不能根据感情或者风格的统一而自成一派。虽然每个皇帝都处在相同的位置上，但他们的性格都是不同的，对于相同的事情有着不一样的感受，因此帝王诗没有固定的风格。但是，在不同的帝王诗篇中却可以找到相同的王者之气的。

（一）王者之气

"王者之气"作为帝王诗的个性特点，向来被人们津津乐道。但究竟什么才是"王者之气"呢？就是争天下的狂气、解救天下的正气、一统天下的霸气、感召天下的雅气和丧失天下的怨恨之气。

1.争夺天下的狂气

秦始皇出去巡游，气势威武雄壮，刘邦看到了羡慕地说："嗟乎，大丈夫当如此也！"项羽看到了心动地说："彼可取而代之。"这就是争夺天下的狂气，通过诗来表达出自己情感，于是就有了朱元璋带兵征战在野外过夜时的"**天如罗帐地如毡，日月星辰陪我眠。一夜不敢伸足睡，惟恐蹬倒太行山**"。宋太祖赵匡胤在没当皇帝前，作了一首《咏初日》，写道："**一轮顷刻上天衢，逐退群星与残月。**"还作了一首《咏月》，写道："**未离海底千山黑，才到中天万国明。**"当上皇帝以后，人们都认为他写的诗预测到了以后的事情。太平天国时期的领袖洪秀全，更是十足的张狂："一张天榜蔑古贤，文王武王皆是犬。屈指盘古迄明世，风流数我洪秀全。"根据清代张汝南的《金陵省难纪略》记载，洪秀全用几匹黄色的绸缎作"天榜"，上面写上七言诗句，从上自盘古，下到明末，君臣史实，都一个一个地评论了。遇到"帝"字一律不用，"王"字就加"犬"旁，例如文王、武王，写作"文狂"、"武狂"，用来规避他"天王"的名号，可见其是多么的狂妄自大了。

2.解救天下的正气

解救天下的正气，对于帝王来说是最宝贵的一种气质。"**白骨露于野，千里无鸡鸣。生民百遗一，念之断人肠。**"曹操这首《蒿里行》诗中流露出了救民于水火的真挚情怀。但是这民不聊生的惨象是汉朝衰微和各种地方军阀混战造成的，曹操自己并没有多少责任，诗中只有重新改造世界的使命感，而不是自责的意思。后世帝王诗歌，也有很多是怜悯百姓苦难、检讨自己治国失误的。比如唐玄宗李隆基登太行山时写的，见"**野老茅为屋，樵人薜作裳**"，就有自责的意思。明宣宗**朱瞻基**《悯旱诗》写的比李隆基更加的真诚："**予为兆民主，所忧与民同。**"太阳猛烈如火，粮食因为干旱而歉收，老百姓吃不上饭，皇帝就觉得非常担忧。由此可见，朱瞻基是一个爱民的好皇帝。

3.一统天下的霸气

汉高祖刘邦在《大风歌》里除了有霸气之外还有几分忧愁："**威加海内兮归故乡，安得猛士兮守四方？**"而南朝宋文帝刘义隆的《北伐诗》则添加了几分焦虑之情："**不睹南云阴，但见胡尘起。**"李世民贞观年间写的《正日临朝》则充满了得意和骄傲的心态："**虽无舜禹迹，幸欣天地康。车轨同入表，书文混四方。**"一代女皇**武则天**竟然在诗中命令掌管春天的女神，其《腊日宣诏幸上苑》诗云："**明朝游上苑，火急报春知。花须连夜发，莫待晓风吹。**"那么君主们的霸气是从哪里来的呢？不过是在封建思想控制下，人们认为皇帝的权力是上天给的，所有的人都必须服从，这就是所谓的"**普天之下，莫非王土；率土之滨，莫非王臣**"。这种言论听得多了，君王难免就会有高高在上的骄奢之气。

4.感召天下的雅气

王者之气还包括感召天下的雅气。中国是四大文明古国之一，人民在臣服强权的同时，更崇尚文化，儒雅的统治者往往更能得到人民的认同和爱戴。马背上可以得天下，但却不能治天下，就暗含用文化治理国家这一层涵义。汉族的皇帝就不用说了，历史上占领中原的少数民族的统治者们，也都具备了一些儒雅之气，学作汉诗就是标志。辽道宗**耶律洪基**的《题李俨黄菊赋》："昨日得卿黄菊赋，碎剪金英填作句。襟袖犹觉有余香，冷落西风吹不去。"意境美妙，构思巧妙。金主**完颜亮**的绝句："万里车书尽混同，江南岂有别疆封？提兵百万西湖上，立马吴山第一峰！"即使宋灭亡了，宋人每当读到这首诗，也应该会有不少镇痛作用。"只识弯弓射大雕"的成吉思汗子孙，经过南宋文化的熏陶，到元文宗图帖睦尔时，已经能吟出这样纯正而又充满创意的律诗："犬吠竹篱人过语，鸡鸣茅店客惊眠。须臾捧出扶桑日，七十二峰都在前。"

（二）人生思考

在其他时候，帝王也会把自己当成一个普通人，暂时忘掉自己高贵的身份，抒发普通人的情怀。因为帝王也是人，人的思想毕竟是有共同点的。

当帝王写的诗不是关于国家的兴亡和各种世俗的关怀时，同样作为大自然的孩子，帝王的诗也会流露出对生命的思考，为短暂的青春和易逝的生命而感伤。例如**汉武帝刘彻**的《秋风辞》中写道："欢乐极兮哀情多，少壮几时兮奈老何！"**隋文帝杨坚**《宴秦孝王于并州作》写道："一朝花落，白发难除。明年后岁，谁有谁无？"他们拥有数不清的权力、财富和美色，但在面对衰老和死亡的时候，和平民百姓相比会显得更加的悲凉绝望。

人们在面对有限的生命时，只有两种选择，要么及时建功立业，要么就及时行乐。南朝的梁武帝萧衍《赠逸民诗》感慨："晨朝已失，桑榆复过。漏有去箭，流无还波。"表达了招揽人才成就一番事业的愿望。而作为及时行乐的代表，陈后主的"**妖姬脸似花含露，玉树流光照后庭**"（《玉树后庭花》），和前蜀后主王衍的"**月华如水浸宫殿，有酒不醉真痴人**"（《宫词》）之类，就反映出面对人生的消极思想。传说清初出家为僧的顺治皇帝曾写道："禹开九州汤放桀，秦吞六国汉登基。古来多少英雄汉，南北山头卧土泥。黄袍换却紫袈裟，只为当年一念差。**我本西方一衲子，为何生在帝王家？**十八年来不自由，南征北讨几时休。我今撒手西方去，不管千秋与万秋。"

（三）爱恨情愁

帝王诗也会吟咏爱情，他们虽然没有平民的专注执着，但是偶尔也有让人动心的作品。例如**李隆基**《题梅妃画真》："忆昔娇妃在紫宸，铅华不御得天真。"帝王诗有的时候也歌颂友谊，但是歌颂的大多数是君臣之间的友谊。如朱元璋《题扇示胡日星》："有一老古叟，胸中罗星斗。许朕作君王，果应仙人口。赐官官不愿，予金金不受。持此一握扇，四海遂行走。"有的时候帝王诗中也会流露出对民间疾苦的关心。**曹操**《却东西门行》和**曹丕**《燕歌行》就是其中的代表。前一首"戎马不解鞍，铠甲不离傍。**冉冉老将至，何时反故乡**"抒发的是守卫边疆的士兵思念家乡和讨厌打仗的情绪；后者"**君何淹留寄他方？贱妾茕茕守空房**"写的是等待丈夫回家的妻子空虚寂寞的情感。南唐中主**李璟**，沉醉在风花雪月的事里不能自拔，缠绵其间："**青鸟不传云外信，丁香空结雨中愁。回首绿波三峡暮，接天流。**"（《摊破浣溪沙》）唯美的诗韵给人无尽的遐想。

而南唐后主李煜则是名副其实的"一代词帝"。他的《望江南》：多少恨，昨夜梦魂中。还似旧时游上苑，**车如流水马如龙，花月正春风**。这首词，是李煜投降宋以后追恋故国的作品。李煜把追恋旧梦时悲恨交加的情感，表露得含蓄但又充实，浅淡却又深致。"多少恨"开启全篇，所悲所恨原来是来自昨天夜里的一场梦。曾经的繁华出现在梦里，梦醒后的李煜更加心痛，悲恨交加。"车如流水马如龙"一句，借用成语车水马龙，浑然天成，表达了他投降宋以后极端悲伤、痛恨的心情。

《虞美人》（春花秋月何时了？）是李煜的最后一首怀念故国的名作。词的上半部分高亢悲慨，下半部分则用了曲笔。"朱颜"指的是江山换了主人，"改"字点出全篇悲恨的根源。最后，李煜把对故国的思念，亡国的痛苦都聚集在一个"愁"字里。"问君能有几多愁，恰似一江春水向东流"是千古悲凉的绝唱。**王国维**说："尼采谓一切文学余爱以血书者。**后主之词，真可谓以血书者也。**"

这首词用了形象的比喻，采用质问的语气，抒发了词人悲痛的亡国情怀，写出了寄人篱下的亡国君主的哀愁怨恨。

诗意实践

请选择一位你最喜欢的君王，为他（她）写一首诗。

第六单元　才女与诗

本单元教学目标

1.了解从先秦到魏晋时期中国古代著名才女诗人,并识记与之相关的典故、古诗文。

2.了解唐代以来杰出女诗人的生平事迹,掌握与之相关的典故、古诗文,熟练记忆著名古诗词,学会品读诗词中幽美深邃的意境,提高诗词鉴赏能力,加深对中国古典文学的了解。

3.通过听课锻炼集中注意力的能力,并掌握记大容量笔记的方法。

第十讲　才女与诗（上）

本课教学目标

1.了解从先秦到魏晋时期中国古代著名才女诗人,并识记与之相关的典故、古诗文。

2.通过听课锻炼集中注意力的能力,并掌握记大容量笔记的方法。。

3.体会中国女子的才情,激发对古代诗词的热爱。

教学设计

一、魅力问答（略）

二、耳朵旅行

（一）中国古代历史上第一位女诗人

1.庄姜

庄姜，春秋时齐国公主，原姓姜，后来因为嫁到卫国做了国君卫庄公的夫人，后人便统称她为庄姜。庄姜出身贵族，美貌出众，据《诗经·卫风·硕人》中描写，庄姜的美貌是"**手如柔荑，肤如凝脂；领如蝤蛴，齿如瓠犀。螓首蛾眉，巧笑倩兮，美目盼兮**"。在始终模糊描写女人样貌的《诗经》中获得这样高的称赞，庄姜的美貌应该是有目共睹的，而这细致的描写在后世也成为了评判美女的标准。庄姜除了美貌名动一时，她的才华更是被后人推崇，**朱熹**还认为她就是**中国历史上第一位女诗人**。庄姜最让人津津乐道的便是她的名篇《燕燕》："燕燕于飞，差池其羽。之子于归，远送于野。瞻望不及，泣涕如雨。"被后代诗评家推为**万古离别之祖**。

2.许穆夫人

许穆夫人，姬姓，是春秋时期卫国人士，后来嫁给许穆公，于是后人称其为许穆夫人。许穆夫人是我国**见于记载的第一位爱国女诗人**。许穆夫人远嫁许国，心中仍然牵挂着卫国。当卫国被侵占的消息传到许国，她痛彻心扉，恨不得立刻赶赴沙场，抗敌复国。于是，她请求许穆公发兵援助卫国。许穆公怕引火烧身，不愿出兵。许穆夫人不愿袖手旁观。经过多次思考后，她号召当年一同嫁到许国的姑娘姐妹，亲自赶赴漕邑，与逃到那里的卫国新国君戴公（许穆夫人的哥哥）相见。用自己随车带来的物资救济周围的灾民。与卫国的君臣们商讨后，随即召集百姓四千余人，进行大规模的军事训练。同时，许穆夫人又建议卫国向齐国求助。就在此时，许国大臣赶到了漕邑，他们一来便对许穆夫人的做法大肆批评。有的指责她考虑不周，有的嘲笑她徒劳无益，甚至有的认为她抛头露面有损许国的威严。大臣们纷纷出言阻止许穆夫人。许穆夫人坚信自己的主张，面对大臣们的无礼行为，她怒不可遏，义正词严地高歌："**既不我嘉，不能旋反；视尔不臧，我思不远。既不我嘉，不能旋济；视尔不臧，我思不閟。**"（《载驰》）即使你们都觉得我不好，说我渡过济水返回卫国的做法不对，也难以使我改变自己的初衷；比起你们那些绝不算高明的主张，我的眼光是为长远打算的，我的思国忠国之心是禁锢不住的。

不久，戴公病逝，卫文公（许穆夫人的另一哥哥）即位。许穆夫人的忠国之举使卫国得到齐桓公的支持。同时，宋、许等国参战助卫，卫国一步步收复了失地；至此以后，卫国的命运慢慢好转。两年后，在楚丘重新建立卫国都城，恢复自己诸侯国的地位，长达四百多年。所有这一切与许穆夫人心系卫国、为复兴卫国不懈奔走都有密切的联系。

（二）**魏晋三才女**

蔡琰、苏蕙、谢道韫并称"魏晋三才女"。

1.蔡琰

（1）聪慧过人

蔡琰，字文姬或昭姬，东汉末年陈留（今河南杞县南）人。史书上说蔡文姬"博学有才辩，又妙于音律"。据刘昭《幼童传》记载，蔡文姬6岁时听父亲蔡邕弹琴，十三根弦中的一根突然断了，蔡文姬马上判断出是第二根弦断了。蔡邕认为有可能是她碰巧猜对，于是故意弄断一根，问蔡文姬是哪一根断了。蔡文姬马上回答是第四根，结果正是第四根弦。文姬的博学与音律上非凡的造诣都是与父亲蔡邕的良好教育分不开的。

蔡邕的藏书十分可观，仅给文姬的书就达到了四千余卷。东汉后期战乱不断，文化也遭到重大打击。蔡文姬归汉后，曹操想起师傅蔡邕藏书丰厚，听闻那些藏书都已葬身战火之中，对此深感惋惜。文姬知道后表示自己可回忆其中四百多本，曹操大喜过望，立即命人纸笔伺候。文姬凭着自己的记忆梳理文稿、整理书籍，为中国文化的流传做出了巨大贡献。

(2) 文姬归汉

东汉年间,董卓死后,他部下的兵将又攻打并占领长安,军阀混战的局面终于形成。羌胡番兵乘机掠掳中原一带,蔡文姬与许多妇女被掳至南匈奴,嫁给了匈奴左贤王,一去十二载。在这十二年中,她饱尝了异族异乡异俗生活的痛苦,学会了吹奏"胡笳"和一些异族语言,并为左贤王生下两个儿子。"**冰霜凛凛兮身苦寒······夜闻陇水兮声呜咽**"(《胡笳十八拍》),表现出文姬对当地自然气候的不适应。在精神上,她经受着双重的屈辱:作为汉人,她成了胡人的俘虏;作为女人,被迫嫁给了胡人。在身心两者都受到煎熬的情况下,思念故土、思返故乡,就成了支持她坚强活下去的最重要的精神力量。

在这十二年中,曹操也已经基本扫平北方群雄。汉献帝即位,迁都洛阳。曹操为丞相,挟天子以令诸侯。曹操想到少年时代的老师蔡邕,想起老师对他的教导。经过一番寻找,才得知老师唯一的女儿蔡文姬被掠掳到了南匈奴。于是,他派使者,携带黄金千两,白璧一双,赎回文姬。

归汉后,文姬被曹操指婚嫁给了董祀,并作《悲愤诗》。《悲愤诗》是中国诗歌史上**第一首自传体的五言长篇叙事诗**。后人称赞此文是"真情穷切,自然成文",有别于建安诗歌的其他体系。

她在诗中用饱含血泪的笔触细细描述了自己长期痛苦的经历。全诗让人觉得最难能可贵的就是,文姬在书写个人的不幸遭遇的同时,大笔墨地讲述广大人民的苦难,直切地攻击东汉王朝的腐朽统治,并对匈奴奴隶主与贵族的种种恶行进行揭露和控诉。此诗全长540字,分三段,从董卓作乱以致自己被俘受虐,讲到塞外生活/分离之痛,最后到回归故里新生活的描写。第一段以叙事为主,抒情为辅。后两段转为抒情为主,辅以叙事。其中描写最为沉痛的就是第二段了:

边荒与华异,人俗少义理。处所多霜雪,胡风春夏起。翩翩吹我衣,肃肃入我耳。

感时念父母,哀叹无穷已。有客从外来,闻之常欢喜。迎问其消息,辄复非乡里。

邂逅徼时愿,骨肉来迎己。己得自解免,当复弃儿子。天属缀人心,念别无会期。

存亡永乖隔，不忍与之辞。儿前抱我颈，问母欲何之。人言母当去，岂复有还时？阿母常仁恻，今何更不慈？我尚未成人，奈何不顾思？见此崩五内，恍惚生狂痴。号泣手抚摩，当发复回疑。兼有同时辈，相送告离别。慕我独得归，哀叫声摧裂。马为立踟蹰，车为不转辙。观者皆歔欷，行路亦呜咽。

《悲愤诗》全诗有着浓重的汉乐府叙事诗的风采，是能够与《孔雀东南飞》相媲美的佳作，后世杜甫的《北征》等许多诗篇也都有《悲愤诗》的影子。

2.苏蕙

苏蕙，字若兰，**东晋时期前秦武功人，是回文诗的创始人，也是回文诗之集大成者**，代表作为《**璇玑图**》。《璇玑图》构思精巧，全诗八百余字，纵读、横读、顺读、反读都能成句，按照不同的读法能够组成二百多首诗。其中有这样四句："仁智怀德圣虞唐，贞志笃终誓穹苍。钦所感想妄淫荒，心忧增慕怀惨伤。"将其倒读便成另一首："伤惨怀慕增忧心，荒淫妄想感所钦。苍穹誓终笃志贞，唐虞圣德怀智仁。"

3.谢道韫

（1）咏絮才

谢道韫，魏晋时期赫赫有名的才女，其出身望族，父亲是晋安西将军谢奕，叔父是一代名将谢安。谢道韫天资聪慧，七八岁时，一天大雪纷飞。谢安问谢道韫的哥哥谢朗："**白雪纷纷何所似？**"谢朗答道："撒样（盐）空中差可拟。"此言一出，连谢朗自己都认为对得不好。突然身边的谢道韫出言答道："**未若柳絮因风起。**"谢安拍手称好，大家都觉得谢道韫的对子绝佳。"未若柳絮因风起"妙处在于春天柳絮到处飘扬，本身就与白雪很是相像；而且柳絮本身很轻，飘飞的时候，忽上忽下，忽左忽右，与雪花从天空上飘扬而下的场景更是相像，因此用柳絮来比喻雪花妙极。自此，谢道韫"咏絮才女"之名流传开来，后世称赞能诗善文的女子为"**咏絮才**"也出于此。

(2) 林下之风

"林下"一词最早出现在"竹林七贤"的典故之中。"竹林七贤"都是我行我素、追求个体自由性情之士，能够为了自己的操守从容赴死。谢道韫虽然身为女子，但是出尘脱俗，魏晋人士称其"林下之风"，这算得上是魏晋时期的最高赞誉了。

她所写作的《泰山吟》颇具"林下之风"："峨峨东岳高，秀极冲青天。岩中间虚宇，寂寞幽以玄。非工非复匠，云构发自然。气象尔何物，遂令我屡迁。逝将宅斯宇，可以尽天年。"

谢道韫大家闺秀的淡定从容中又不失少女的率真自然，她的才情、风韵、气度超凡脱俗，作品中自然放逸的"林下风气"使她成为魏晋女性的杰出代表。她的身上闪烁着魏晋时期女性夺目的独立色彩，将自我对生命的意识和对人生的理性精神都淋漓尽致地表现出来，成为中国文化史上的一抹亮丽的风景。

诗意实践

从课外搜集更多的近代或当代才女资料，与大家分享。

第十一讲　才女与诗 (下)

本课教学目标

1.了解唐代以来杰出女诗人的生平事迹，掌握与之相关的典故、古诗文，熟练记忆著名古诗词，加深对中国古典文学的了解。

2.品读各位女诗人的诗词，学会品读诗词中幽美深邃的意境，提高诗词鉴赏能力。

教学设计

一、魅力问答（略）

二、耳朵旅行

（一）唐代四大女诗人

唐代诗歌艺术登峰造极，女诗人也是其中夺目的风景，其中以李冶、薛涛、鱼玄机、刘采春四人的诗作最为突出，此四人被赞为唐代四大女诗人。

1.李冶

（1）女冠诗豪

李冶，原名李给，字季兰，一作秀兰，是**中唐**诗坛上享受盛名的**女冠诗人**。李冶的诗以五言擅长，作品多为酬赠遣怀之作。刘长卿曾盛赞李冶为"**女冠诗豪**"。

唐代佛教和道教盛行，帝君王侯、官绅富豪之家，形成一种风气——将女儿送去出家。受时风的影响，李冶也被父亲送进剡中（今浙江嵊县一带）玉真观，成为一名女道士，改名为李季兰。后栖身开元寺为女冠（唐代一般女人不戴帽子，只有女道可以戴帽，因此也把女道士称作女冠）。

在李冶的诗歌中，充分表现了她追求自由、渴望热烈情感的态度和对生存的焦虑，也有着对生命意识的深层理解。

（2）咏蔷薇，扬诗名

李冶六岁那年，一天，风和日丽，春意盎然。李冶跟随父亲到花园游玩，陶醉在美丽的春色当中。

父女两个人穿过假山，绕过水池，来到蔷薇花圃前。她看到五彩缤纷、姹紫嫣红的蔷薇花，一簇簇，一丛丛，像是流光溢彩的瀑布。这些触动了李冶的心灵，一首《咏蔷薇》脱口而出："经时未架却，心绪乱纵横。已看去鬈散，更念木枯荣。"

蔷薇花的枝条太软，如果不适时搭架，就会倒伏触地。蔷薇花长得杂乱，就像人们杂乱的心绪。看着这些杂乱的花朵和枝条，禁不住会想到树木的繁盛与枯荣。此诗观察细致，联想丰富。李冶的才名由此远播。

2. 薛涛

薛涛，字洪度，长安人，中唐杰出女诗人。

（1）视角独特

在薛涛的诗作中，她表现得不同于一般女子，习惯于用一种男性的视角来书写与友人离别的情感。例如她在《赠友人》中写道："**水国蒹葭夜有霜，月寒山色共苍苍。谁言千里自今夕，离梦杳如关塞长。**"诗文大气从容，有巾帼不让须眉之风。

（2）薛涛笺

在中国古代，四川特产蜀纸，闻名天下，尊为贡品。薛涛曾派人专门生产一种有着自然松花纹路的纸张，裁剪加工制成纸笺，用来誊写自己的诗作，这种纸笺据说有三大特殊之处：染色、实用、节约（张蓬舟《薛涛诗笺》）。诗作随着这样的纸笺广泛流传，渗透着一种女性独特的细腻柔情，又不失薛涛作为诗人的文人气质。于是在每次与其他诗人唱酬答和、题诗留念后，薛涛就将诗作题写在纸笺上相赠，慢慢地"**薛涛笺**"与薛涛的诗名都宣扬开去，这一张小小的"薛涛笺"也被后世看作是风流雅韵的象征。

3. 鱼玄机

鱼玄机，原名幼薇（一作幼微），字慧兰，**晚唐**杰出女诗人。鱼玄机写诗最大的特点是善于用典，纵览鱼玄机现存的50首诗歌，几乎每首诗都能发现一二处用典句。她用典最大的特点有两个：一是不着痕迹，一是反用创新。

（1）如盐入水，不着痕迹

杜甫曾说过，诗人用典的最高境界应该像佛家修禅所讲的"水中着盐，饮水乃知"一样，玄机用典恰似洒盐水中，浑然无迹。如《早秋》一诗："嫩菊含新彩，远山闭夕烟。凉风惊绿树，清韵入朱弦。**思妇机中锦，征人塞外天。雁飞鱼在水，书信若为传。**"前两联描绘早秋风景，后两联连用三个典故来书写思妇思念征夫之苦，分别是苏蕙回文锦字、苏武雁足传书与古乐府《饮马长城窟行》中"客从远方来，遗我双鲤鱼；呼童烹鲤鱼，中有尺素书"之典。全诗用典恍若无物，让人读后只觉诗人情感到位、丰富，好像自己就是那思妇在叙述自己的绵绵思念。玄机通过用典，克服了自己经历有限的不足，利用典故丰富诗歌的情感，当读者细细品味时，典故的痕迹若隐若现，淡然无迹。

(2) 妙用典故，反意创新

鱼玄机的诗用典浑然天生，纵观其全部现存诗作用典诗句比比皆是，无论是直接点明还是委婉暗含，都用得灵活自在，其中最为出彩的就数玄机的反意用典了。这是对典故的一种超高的驾驭，展现了玄机对用典技巧的灵活掌握，以及对典故意义的深刻了解，用典功力非同一般。

以《次韵西邻新居兼乞酒》一诗为例："一首诗来百度吟，新情字字又声金。西看已有登垣意，远望能无化石心。河汉期赊空极目，潇湘梦断罢调琴。况逢寒节添乡思，叔夜佳醪莫独斟。"全诗共运用了四个典故，颔联中诗人先自比宋玉《登徒子好色赋》中的东家邻女，"登墙窥臣三年，至今未许"；之后化用《列异传》中望夫石的故事，东家女发现西邻也在登墙窥看自己，那我怎么能毫无表示呢，自己也怀有望夫化石的心思啊。原本毫无联系的两个典故在鱼玄机的笔下有了新的生命，根据自己的心境将不同的典故串联一起，在了解对方的情意之后，委婉表述了自己的爱意与决心，同时也表现了玄机对于爱情的独特的理解与心境，其主动追寻爱情热烈绝非一般女性。

(3) 悲凉爱情，坎坷人生

鱼玄机的诗歌写作让人津津乐道，不同凡响，可是如此热烈的女子的爱情却始终弥漫着忧伤，总是让她深感遗憾。十五六岁时，鱼玄机曾嫁给李亿为妾，两人相亲相爱，度过了一段美满幸福的时光。但李亿的妻子是个心高气傲的人，嫉妒玄机，不愿与她共事一夫，逼迫惧内的李亿用一纸休书将玄机逐出家门。风华绝代的玄机渴望的美满婚姻仅仅几月就被无情地扼杀了。虽然亲手写下了休书，但是曾经的丈夫李亿还是深爱着玄机，暗地里派人将她送到了一处安静的道观中，并发誓总有一天会重新迎回玄机。无路可走的玄机便在咸宜观中安心做了一名女冠，得到了"玄机"的道号。年轻的玄机一直被相思之苦侵蚀着，只能用笔墨来抒发自己心中的苦闷与眷恋，"**忆君心似西江水，日夜东流无歇时**"（《江陵愁望有寄》）。

三年之后，痴情的玄机还在苦苦地等待，却无意中从来访友客的谈话中得知李亿早已离开京城，偕同妻子远赴扬州为官。一时间五雷轰顶，被人抛弃的痛苦让玄机绝望，在这深深的悲伤之中玄机留下了传诵千古的诗篇《赠邻女》："羞日遮罗袖，愁春懒起妆。**易求无价宝，难得有心郎**。枕上潜垂泪，花间暗断肠。自能窥宋玉，何必恨王昌。"

同样是将自己比作"东邻女"，却在开篇就先进入了邻女已被抛弃的忧伤中，整日以袖遮面、懒于梳妆、不愿出门、羞见阳光。刻骨的绝望让邻家女发出了响彻古今的感慨，同样也是诗人对于自己身世的感伤。结尾连用典故，将自己比作"东邻女"，将李亿比作魏晋时期的王昌，借用古乐府"人生富贵何所望，恨不早嫁东家王"的期盼，展现了玄机对于寻找一个真命天子的深刻决心。鱼玄机的爱情观从中也得以展现，女人不用总是记挂着薄情寡义的负心人，要大胆地去追寻自己的爱情，鼓励女子要自主地选择自己的婚姻，自己把握自己的命运，"天涯何处无芳草"，又何必为了一个薄情人耽误了自己的一世年华呢？表现出无视传统礼教对女子"从一而终"的要求、不被封建礼教束缚的自由精神。

4.刘采春

刘采春，中唐女艺人，元稹称赞她是"**言辞雅措风流足，举止低回秀媚多**"（《赠刘采春》）。代表作《啰唝曲》："**不喜秦淮水，生憎江上船。载儿夫婿去，经岁又经年。**"情真意切，颇有民歌特色，被称为"天下奇作"。

（二）词坛双璧

1.李清照

李清照，号易安居士，北宋末期人，是中国古代文学史上最绚烂的女性之一，作品集《漱玉词》。虽存世作品仅余七十多篇，但生花妙笔下的作品让她取得了男子也难以取得的成就，被尊为**婉约词派**的"**一代词宗**"。其独有的"易安体"诗词独树一家。由于李清照在前文已多次介绍，此处不再过多叙述。

2.朱淑真

朱淑真，号**幽栖居士**，宋代著名女诗人、女词人。才艺双绝，博采经史，善绘画，通音律，是留存诗作最为丰富的女作家之一。相传淑真离世后，父母将其文稿付之一炬，现存《**断肠诗集**》、《**断肠词**》。又传淑真由父母做主，嫁与一小吏，不幸所托非人，抑郁而终。

朱淑真的诗作中多以花卉为托，喜爱在诗作中通过花卉抒情。

（1）海棠花

海棠是盛春花事，有色无香，在各色诗歌中都有着甚高的格韵。而朱淑真笔下的咏海棠之作却有着别样的韵味，她用女性独特的审美意蕴来欣赏海棠不流俗套的美，是一种极有女忄纤细特色的感悟。就好像这首《春日感怀》："寂寂多愁客，伤春二月中。惜华嫌夜雨，多病怯东风。不奈莺声碎，那堪蝶梦空。**海棠方睡足，帘影日融融。**"诗人看海棠盛开凋落，引发了对爱情的向往，怀春、思春的感情处处可见。反观诗人自己不幸的婚姻，不知道这是心中苦闷的抒发，还是要表达与情人不得相见的哀怨，无论哪般都若隐若现地展现了词人内心的孤单背影、寂寞沉思。

（2）梨花

梨花花开雪白美艳而又不失端庄清丽，看上去光鲜亮丽，却也是孤花寂寞，就好像朱淑真所面对的婚姻一般。成亲之后，朱淑真的丈夫就带着宠妾远赴别处做官去了，空荡荡的家里只留下朱淑真一个人。就好像那些盛开的梨花，表面上是让人欣羡的大官夫人，背后却是孤身一人的寂寞难耐。当梨花盛开唤起新愁，牵动旧恨，而花期短暂，光阴冷酷，美艳的花朵匆匆凋谢而去，诗人的悲伤情绪就系在了一树梨花之上。"**无奈梨花春寂寂，杜鹃声里只颦眉**"（《春夜》），月光倾洒，夜色中的梨花寂寞凄凉，让人睹物伤怀。当诗人思及自己没有体味到婚姻所应带来的人间温暖时，想到丈夫的无情无义，苦苦思念的意中人却无法相聚，深闺中的孤寂诗人发出了绝望的呼喊："**梨花细雨黄昏后，不是愁人也断肠。**"（《恨春二首》其二）

（3）梅花

朱淑真是钟爱梅花的。梅花冲破严寒、傲然绽放、孤傲地凌驾于春花烂漫之上，拥灼灼霜花之艳、浅淡萦绕之香，又不失"岁寒三友"的风骨，卓然不群、光明磊落。于是高洁坚韧、傲骨铮铮的梅花成了朱淑真的最爱。

争春梅："**争先何物早，唯有后园梅。**"（《除夜》）在这个生机勃勃的季节里，作者把对未来生活的渴望和自信寄予在这些梅花上，梅花的劲拔、美妙，正是朱淑真一直追求的人格所在。

风雪之梅：朱淑真作为女性作家，在吸纳了男性咏梅文学艺术的表现方式之上，借助风、雪意象，营造了梅花寒冷凄寂、高洁峻拔的审美意蕴，将自己独特的生命体验融入自己的诗作之中，让诗有了自己的生命。就如词人所作的《菩萨蛮·梅》："湿云不渡溪桥冷，蛾寒初破东风影。**溪下水声长，一枝和月香。**人怜花俾旧，花不知人瘦。独自倚阑干，夜深花正寒。"

在这些咏梅诗篇中我们不难看出，无论是争春梅还是风雪之梅都寄托了诗人对幸福婚姻和自由生活的强烈向往；在对梅花的咏叹中，一位不屈于命运，敢于向现实宣战的独立女性渐渐成长起来。

（三）清代第一女词人贺双卿

贺双卿，初名卿卿或庆青，字秋碧，清代人。出生于丹阳蒋墅的一个世代务农之家。她天生慧敏，完全是自学成才的田家女词人。后人尊其为"**清代第一女词人**"，又称"**清代李清照**"。

她的诗词意境优美、用语素朴，其"田家语"别具特色，在中国词史上具有重要地位。

十八岁时，她嫁给周姓樵子为妻。丈夫比她大十几岁，性情暴恶易怒，她的舅姑也蛮横顽恶。面对"姑恶夫暴"，加之"三从四德"、"三纲五常"等旧时礼教，她忍受着体力与精神的双重折磨。即便如此，双卿仍然对其"事之善意虽弗欢，见夫未尝无愉色，饥倦忧悴。言笑犹晏晏也"。繁重的劳动与郁闷心情，使得双卿原本纤弱的身子变得愈加虚弱不堪。在"霜刀雪剑严相逼"之下，双卿"劳瘁以死"。她的代表作有《湿罗衣》："世间难吐只幽情，泪珠咽尽还生。手捻残花，无言倚屏。镜里相看自惊，瘦亭亭。**春容不是，秋容不是，可是双卿！**"

另一首《**凤凰台上忆吹箫**》也写得哀婉动人："寸寸微云，丝丝残照，有无明灭难消。正断魂魂断，闪闪摇摇。望望山山水水，人去去，隐隐迢迢。从今后，酸酸楚楚，只似今宵。**青遥，问天不应，看小小双卿，袅袅无聊。**更见谁谁见，谁痛花娇？谁望欢欢喜喜，偷素粉，写写描描？谁还管，生生死死，夜夜朝朝？"

诗意实践

在你身边有了不起的女性么？为她写一首诗吧。

创作课

第一单元　对联创作

本单元教学目标

1.了解对联创作的基本规则，能进行基本的对联创作。
2.了解并理解鉴赏对联的基本方式和标准，对原创作品进行公开展示。

第一讲　对联创作

本课教学目标

1.了解对联创作的基本规则和鉴赏标准。

2.能运用对联创作的规则进行简单的对联创作。

3.对原创作品进行公开展示。

本课教法指导

1.本课时为第一次技法创作课。在整个初级教程中，所有创作技法的讲授都是点到为止，主要目的在于拓宽学生的写作领域，提升学生的自信心和学习兴趣,对所有学生作品以鼓励赏识为主,并不苛求创作质量,也不评比学生的作品。

2.教师可以参考《笠翁对韵》和《声律启蒙》等蒙学教材,亦可参照对联的有关书籍,自行设计"炼字"题目。

3.在最初进行创作时,学生会出现写不出来或是写不完整等状况,教师可以在巡视学生创作时给予指导。

4.在"联林高手"展示环节,尤其应注意鼓励学生们创作的积极性,即使学生只创作出一句也让其大胆上台展示。同时培养良好的团队意识。学生上台后教师所作的即时点评,应努力挖掘学生作品中闪光点,多给予赞扬、鼓励性的评语,以小优点见大潜力,充分调动学生们的创作热情。

教学设计

一、对联基础知识讲解

通过讲解对联的特点,使学生对对联创作有基本的认识。

对联文字长短不一,短的仅一两个字,长的可达几百字。对联形式多样,有正对、反对、流水对、联球对、集句对等。有关对联的特点,教师可参考前面"魅力对联"一节,与学生一起回忆学习。

二、模拟练习

教师可先对学生进行"炼字"训练。

例如:

清风对(明月);淡月对(梅花)。

清风(舞)细柳;淡月(映)梅花。

让学生不拘一格地进行填字补充,师生共同点评。

教师可以出类似的几组练习,让学生反复熟悉对联的基本规律,例如:

云对(雨),雪对(风),晚照对(晴空)。来鸿对(去燕),宿鸟对(鸣虫)。

人间清暑殿，（天上广寒宫）。两岸晓烟杨柳绿，（一园春雨杏花红）。……

三、现场对联创作

限定时间，请学生尝试根据主题进行对联的现场创作，例如"夏日"、"家"、"父母"、"花草树木"等，通常时间为5—10分钟。

四、"联林高手"展示

学生在限定时间内自主创作，完成后两队队员轮番登台，按照擂台形式分别上台展示作品（每位队员每副对联的展示可为团队加10分，每队有10秒钟上台时间，超时则自动轮空，机会转至另一队），教师现场点评，并给出相应分数（1—5分）作为个人魅力分值。

诗意实践

1.阅读《笠翁对韵》或《声律启蒙》，并选择喜欢的部分进行背诵。

2.自由创作两副对联，下次技法课中讲解新内容前，老师对学生作品进行点评。

第二单元　绝句创作

本单元教学目标

1.了解绝句的概念,能准确区分五言绝句、七言绝句。

2.理解押韵的概念,能准确判断韵脚,并能初步运用押韵规则进行绝句创作。

3.了解创作绝句时应注意的问题,了解鉴赏绝句的基本方式,尝试公开展示自己创作的作品。

第二讲　绝句创作

本课教学目标

1.了解绝句的概念,能准确区分五言绝句、七言绝句。

2.理解押韵的概念,能准确判断韵脚。

3.了解绝句创作时应注意的问题。

4.能初步运用押韵规则进行绝句创作。

5.尝试公开展示自己创作的作品,并了解鉴赏绝句的基本方式。

1.古时候的"韵"和"韵母"是两个并不完全相同的概念。所谓同韵,指韵母的韵腹相同或相近;如有韵尾则韵尾相同,韵头可以不同。但为了不至于让小学生感到困惑,教师可以简单讲解为"韵母相同或相近称为押韵"。

2.在讲解近韵时,教师可以引导学生用直接发音的方式感受韵脚的相似。

3.教师最初的命题一定要贴近学生生活,让学生有话可说,例如"家"、"妈妈"等。

4.教师可提醒学生结合对联的创作技法,先根据题目做一副"五字联"或"七字联",然后再补上两句,使意思更完整。要求押韵,这样一首简单的绝句就完成了。

5.初次创作,学生会有畏难情绪,教师要热情激励,提醒学生独立思考,必要时给予帮助,并让学生了解和学会运用绝句的创作规则。

6.统计创作数量是为了调动学生创作的积极性,但并不作为诗作主要的评价标准。

7.教师在点评诗作时,也应以鼓励为主。如时间允许,应保证绝大多数学生登台诵读自己的"大作",哪怕只写了一句,也要挖掘亮点,热情激励。

8.教师评价时只需关注学生是否押韵即可,对其他方面概不做要求。但对特别优秀的诗作,除肯定其押韵外,还应从修辞手法、用词意境等方面给予更高评价,以激发学生的创作热情和竞争意识。

教学设计

介绍如何进行押韵以及绝句创作的基本规则,指导学生进行创作。

一、绝句的概念

绝句,也称截句、断句、绝诗。每首仅有四句,通常有五言、七言两种,也偶有六言绝句。绝句来源于汉魏晋南北朝歌谣。"绝句"这一名称大约起源于南朝。在梁、陈时已较普遍地用绝句泛指四句短诗。唐以后盛行近体绝句,格律相同于八句律诗中的前、后或中间两句。绝句每首四句,每句五个字的叫五言绝句,简称五绝(如李白的《静夜思》);每句七个字的叫七言绝句,简称七绝(如王安石的《书湖阴先生壁》)。

二、押韵的概念

押韵就是把韵母相同或相近的字有规律地配置在诗词等韵文的句尾。韵母相同称同韵,韵母相近称近韵。各句押韵的字叫做韵脚或韵字。押韵是诗词等韵文的语言特点之一。其主要作用是使声音和谐优美,吟诵顺口悦耳,便于记忆流传。

以下面的诗句为例:

绝句

[唐]杜甫

两个黄鹂鸣翠柳 (iu),

一行白鹭上青天 (an)。

窗含西岭千秋雪 (ue),

门泊东吴万里船 (an)。

在这首诗中,韵脚为"天"和"船",韵母相同,都是"an",故押韵,且押同韵。

我们再看一例:

凉州词

[唐]王翰

葡萄美酒夜光杯 (ei),

欲饮琵琶马上催 (ui)。

醉卧沙场君莫笑 (ao),

古来征战几人回 (ui)。

在这首诗中，韵脚是"杯"、"催"、"回"，韵母相近，分别是"ei"、"ui"、"ui"，故押韵，且押近韵。

三、押韵的规律

1.偶句押韵

绝句是二、四句押韵，首句押韵或不押韵均可。这是绝句押韵的黄金法则，可以总结为："二四押韵，一三不论；一二四韵，诗中极品。"例如：

寄扬州韩绰判官

[唐]杜牧

青山隐隐水迢迢，

秋尽江南草木凋。

二十四桥明月夜，

玉人何处教吹箫。

这首诗就是一、二、四句押韵的。

2.只押平声韵

近体诗规定，只能押平声韵，平声就是声调为一二声，仄声就是声调为三四声。事实上以近体诗的体例，假如押仄声韵会感到非常拗口，所以古人都能自觉遵守这一规则。同样以上面的诗为例，韵脚为"迢"、"凋"和"箫"，均为平声。可以加上**"只押平声，读来轻松"**作为黄金法则的末句。

四、押韵的避忌

1.忌重韵

即同一个韵字在一首诗的韵脚里重复出现，此乃大忌。例如，二、四两句的韵脚都用了同一个字"天"。

2.避免同义字相押

如一首诗中同时使用"花"与"葩"、"芳"与"香"等。

3.避免出韵

古人写诗多依官韵，而许多我们认为是同韵的字在官韵中被分别列入不同的韵部之中。如同一首诗中，二、四句中的韵脚分别是"冬"与"东"，即为出韵。

4.避免全韵

绝句不能句句都押韵，这样读起来就缺少了抑扬顿挫，是诗词创作的大忌。

教师可以把以上押韵避忌变成口诀，帮助学生理解和记忆："重韵乃大忌，同义不相押；出韵要避免，全韵更可怕。"

五、绝句创作应注意的问题

1.避免重字，如"春风吹春草"。但可以叠字，如"冷冷清清"。

2.避免赘字，如"的、着、了、吗、呀、么"等。

3.注意节奏。五言绝句的节奏一般是"二三式"，如"床前/明月光"；七言绝句的节奏一般是"四三式"，如"两个黄鹂/鸣翠柳"。

4.注意押韵规则。

六、牛刀小试

在三分钟时间内，从必背诗目中找出诗的韵脚，并用笔做标记，说明是同韵还是近韵，并写出韵母，看谁找得又多又准。

提示：找韵脚时可直接找二、四句或一、二、四句。

教师提问，并酌情给予答题学生魅力分值。

七、指导创作

（一）教师可用"唱和"的方式指导学生进行创作

唱和就是依照别人诗中所使用的韵字来押韵做诗，又称"和韵"或"步韵"，主要有三种方式：

1.次韵：又称步韵，即用与原诗相同的韵字，且前后次序都必须相同，这是最常见的一种方式。

2.用韵：即使用原诗中的韵字，但不必依照其次序。

3.依韵：即用与原诗同一韵部的字，但不必用其原字。

具体方法：教师出示一首原诗，例如《赋得古原草送别》，找出韵脚，然后给定主题，在规定时间（5—10分钟）内，让学生尝试用这些韵脚创作一首绝句，五言或七言均可。

（二）教师也可直接让学生进行现场创作

具体方法：直接给定主题，请学生在规定时间（5—10分钟）内，创作一首绝句，五言或七言均可。自由选择韵脚。

以上两种方式，学生完成创作后，均需举手示意。如果时间未到，学生还可继续自命题进行创作。

教师需规定诗词创作的格式，详见下表。

诗词创作格式：

题目：
当代诗人：
诗作内容：

达到规定时间后，统计最先完成的学生，以及同一时间内完成最多诗作的学生，并进行表扬。

（三）天才诗人展示

学生在限定时间内自主创作，完成后以两队队员轮番登台，按照擂台形式分别上台展示作品（每位队员每首诗的展示可为团队加10分，每队有10秒钟上台时间，超时则自动轮空，机会转至另一队），教师现场点评，并给出相应分数（1—5分）作为个人魅力分值。

诗意实践

自由创作绝句，并与同学、家人分享或请老师点评。

第三单元 十六字令创作

本单元教学目标

1.了解十六字令的特点和基本的创作技巧。

2.理解并运用十六字令创作的规则，熟练创作十六字令。

第三讲 十六字令创作

本课教学目标

1、了解十六字令的特点和基本的创作技巧。

2、理解并运用规则，进行十六字令的创作。

本课教法指导

1.在出示十六字令的示范诗作时，教师可带领学生边读边打节拍，增强学生的节奏感。

2.展示同龄学生的原创作品，既能让学生熟悉十六字令的创作规律，又能激发创作热情,提升自信和竞争意识。

3.教师可以原创作品为例,让学生从中寻找韵脚,并通过诵读掌握节奏。

4.特别提醒学生,十六字令的第一个字(即第一句)并非必须与题目一致。例如题目为《十六字令·水》,第一个字可以用"水",也可以用诸如"清"、"美"、"纯"等其他字。

5.教师可以借助激励性的语言进行创作前的动员,以增强学生的创作信心。

6.刚开始创作新的词体,对学生要求不必过高,仍然以鼓励为主。十六字令的初次创作参考题目:春、夏、秋、冬、家、老师、花。

7.自本课起,诗词创作的基本技法课告一段落,后期的学习应以学生创作训练和师生互动点评为主。教师可以根据需要补充更细化的诗词创作技法,并对学生的创作提出更高的要求。同时,可以根据学生不同的创作风格,调动学生的积极性,在班级中自由组合不同的"诗词流派",并运用已经掌握的押韵等基本创作手法进行尝试性填词(宋词)作曲(元曲),为将来进入更高级别的技法学习打下坚实的基础。

8.教师应充分利用各种渠道和资源激发学生的创作兴趣,强化学生的创作技能。例如,各种学校活动、诗词创作比赛、节日或生日的庆祝诗甚至学习心得、课文感怀、学生评语等,均可采用诗词创作的方式,将创作课程的学习化为学生的自主自发行为,进而升华成影响学生一生的情趣志向和生活态度。

教学设计

举例分析十六字令的特点和创作规则,让学生尝试在限定时间之内创作十六字令。

一、介绍十六字令

十六字令是词的一种,堪称中国诗词体式中最短、最可爱的诗体,又叫做

"长短句"，是诗的一种变体，句子有长有短，共有十六个字。"十六字令"是一个词牌，后面接一个圆点，叫间隔号，再加上需要表达的题目，就可以组成一个完整的题目，如《十六字令·山》。

二、十六字令的结构特点和押韵规律

通过分析毛泽东的《十六字令·山》，来学习十六字令的创作技巧。

十六字令·山

毛泽东

山，

快马加鞭未下鞍。

惊回首，

离天三尺三。

本首词共有四句，十六个字，每句的字数是一、七、三、五。从押韵的角度来分析，一、二、四句末字押韵。这样就有了一句很简单的口诀："**一、七、三、五十六字，押韵放在一、二、四。**"十六字令的节奏鲜明，节拍表示如下：

×，

××××　×××。

×××，

××　×××。

在尝试创作之前，首先向学生展示一组同龄学生的原创作品。

三、进行现场创作

教师激励：做出优秀的十六字令的潜力，每一位魅力天才都具备！十六字令会成为你们最喜欢的主打词体！让我们大胆地挑战自己的智慧小宇宙吧！

教师现场命题，学生进行限时创作（5—10分钟），要求避免重字、赘字，注意节奏、押韵等。在规定时间内完成的学生，还可以继续选择自命题创作。

四、学生互评，教师点评

学生在限定时间内自主创作，完成后两队队员轮番登台，按照擂台形式分别上台展示作品（每位队员每首诗的展示可为团队加10分，每队有10秒钟上台时间，超时则自动轮空，机会转至另一队），学生先进行互评，教师再点评，并给出相应分数（1—5分）作为个人魅力分值。

诗意实践

自由创作十六字令，并与同学、家人分享或请老师点评。

竞技课

本课教学目标

1.学习并运用"诗词大擂台"的竞技规则。

2.在分组竞技学习中记忆大量诗词。

3.学会在一定的游戏规则下,开展竞争和合作。

4.在分组竞技学习中,体验如何承受压力,学会挑战自我,展现自信。

5.在分组竞技学习中,感受团队合作精神,体会团结合作的快乐。

6.在分组竞技学习中,体会诚实、谦虚、独立、自信的品格的作用和价值。

本课教法指导

1.竞技课堂是一种团队竞赛类型的课堂,通过游戏的方式让学生在一定的规则和竞赛的压力下,复述所学过的知识和诗词作品,起到事半功倍的独特功效,提升学生的学习兴趣和学习效率。同时培养他们遵守规则、尊重他人、团队合作、挑战自我的品德。

2.每次开赛前,教师和学生都要喊一次热身口号,以鼓舞士气。要求声音洪亮,士气高昂。

3.如果学生诗词基础薄弱,在"压力挑战诗"环节可只要求背诵"五言绝句"和"七言绝句",律诗暂不作要求。同时规定的答题时间也可适当延长。

4.在本课程的附件部分,提供部分比赛环节参考篇目和示范,以供相应环节进行参考背诵。

5.第一次上竞技课,各环节只对学生介绍规则或模拟热身,不进行实质性比赛。

6.有效计分的人数可根据具体参加比赛的人数而定,总的原则是半数以上参与则记有效成绩。

7."魅力主打诗"不能作为"魅力本色诗"进行重复背诵。"魅力本色诗"

的难度系数是一个主观判断，没有一定的标准，老师可根据学生的实际情况自行将诗词作品的难度分类。本轮不提供参考诗目，由学生自由选择。

8.成绩盘点时，教师统计两队分值需要一些时间，其间要求学生绝对保持安静，发现违反纪律者当场扣除其所在团队50分。

9.学生在第一次进行"诗词大擂台"时，可能会出现对规则不了解、记忆的诗词作品太少，从而导致竞技难以继续的情况，这是正常现象。因此，第一次竞技课堂上教师要有意识地放宽尺度，让学生适应。通常两次以后，学生就能准确把握比赛规则了。

教学设计

介绍分组竞技活动的规则，组织学生开展分组竞技。

（一）赛制简介

"诗词大擂台"是"魅力诗词"的一个主打项目，老师们可以根据情况来操作，可以每个月进行一次。比赛包括以下的全部环节，也可以将六个环节打散，分别在每周进行其中一个环节。具体实施方法，由老师灵活调控。"诗词大擂台"分为联赛和巅峰对决。联赛根据情况，进行单数次，如5、7、9等，两队以累计获胜次数决出联赛冠军队。学期的最后一次"诗词大擂台"为巅峰对决，即公开展示课，成绩不受之前联赛的影响，单独记录，在两队之间决出巅峰对决获胜队。

（二）具体组织过程和方法

1.赛前热身口号

教师高喊：诗词大擂台！

学生齐喊：高手请上来！

2.具体比赛项目

第一轮：压力挑战诗

比赛规则：随机抽取队员，在10秒钟之内，按要求背诵五言绝句、五言律诗、七言绝句、七言律诗。教师为学生简单讲述"绝句"、"律诗"和"言"的概念：四句的诗，每句字数相等，称为绝句；八句的诗，每句字数相等，称为律诗。"言"就是字，五个字称为五言，七个字称为七言。由此可以推断，五言绝句即为有四句，每句五个字的诗；七言律诗即为有八句，每句有七个字。依此类推，使学生能区分并按要求在规定时间内背诵。

两队队员轮流答题，答对者为本队加10分，个人加1分魅力值；答错不扣分；时间到答不出者本轮自动轮空。当天已背过的诗目不能重复背诵。换言之，队员要在10秒钟内迅速反应三个问题：要背的诗是五言还是七言？是绝句还是律诗？别人有没有背过这首诗？

同时，在未发言的时候，学生可以翻看资料，但不能对发言的同学进行提示，否则倒扣团队分数。

第二轮：魅力主打诗

比赛规则：发给每位学生主打诗，每首诗都有各自的难度系数。两队分别选择本队的集体背诵篇目，根据难度、熟练程度、艺术表现力（即情感、形式等）和参与人数分别计分（少于十位同学不记分数），总时长不超过2分钟，累计思考时间不超过20秒，10秒钟内不应答以弃权论。例如：梦之一队选择的是一首最简单的主打诗《静夜思》，最简单的诗的难度系数是10分，有19个同学站起来背诵，加分就是190分；如果只有9人站起来，则不计分。本队选择的诗词对手团队中有队员同样可以背诵，则可以起立一起背诵，依照其人数加相应的难度和熟练程度分，但艺术表现力不能加分。此轮比赛既要求做好本队的"传播工作"，又要求做好队外的"保密工作"。

第三轮：魅力联想诗

比赛规则：由教师命题，两队队员根据题目联想相关的诗句，轮流答题，思考时间5秒钟，答对者加10分，答错或不答者不加不减，自动轮空。同一首诗中的内容不重复出现。如联想和"明月"相关的诗句，梦之一队说了"床前明月光"，梦之二队就不能说"举头望明月"。每次联想命题为两个，第一个联想题目为预告题目，学生可以提前查阅资料；第二个题目为现场联想，考查学生的平日积累以及现场发挥。联想诗环节，所有队员都不能翻看资料，要依靠强大的智慧小宇宙取胜，有违反者，倒扣团队分数。

第四轮：魅力接龙诗

比赛规则：由教师首先出一句诗词，请一队进行回答，要求接出的诗句中必须含有上句诗最后的一个字，谐音也可以。如出题目"床前明月光"，可以接"天光月影共徘徊"，也可以接"安得广（光的谐音字）厦千万间"。两队轮流答题，时间5秒钟，答对者加10分，答错或不答者不加不减，自动轮空。在同一轮接龙中，如出现"同字（同音）反复"，则之前说过的诗句不能重复出现。接龙诗环节，所有队员都不能翻看资料，要依靠强大的智慧小宇宙取胜，有违反者，倒扣团队分数。

第五轮：魅力本色诗

比赛规则：一对一的挑战，共进行3轮。前两轮是自荐选手，每队各2位。自荐选手一学期内只有一次登台机会。第三轮是推荐选手，每队各1位。推荐选手共有两次登台机会（含自荐一次）。要求选手年级相当，背诵自己最拿手的诗作，与本轮登台的对方选手进行"一对一"的比较，分别以长度、难度、熟练程度和艺术表现力计分。背诵总时长不超过3分钟，遗忘时，中间累计思考时间不超过30秒，30秒钟内不应答以弃权论。可以选择跳过遗忘部分继续背诵，仍计有效成绩，但会因熟练程度而影响整体分值。

第六轮：风险挑战诗

比赛规则：首先由教师任意抽取一名队员，两队轮流答题。被选中的队员可自由选择"答"或"不答"，同时选择答题的相应难度系数，分值从50分到200分不等。先选择，后出题。教师在队员选择难度系数的诗词范围内任意出一句，让答题者答出该句的上句或下句，思考时间10秒钟。期间不出现题目、作者等任何提示信息。答对者加相应分数，答错则倒扣相应分数。若其间队友提示，则扣掉双倍的分数。每人有两次选择机会，即答完一题后可继续选择"答"或"不答"。如果第一轮选择放弃，第二轮该队队员则必须答题。在此过程中，参与答题的队员每答对一题即有1分的个人魅力值入账。

3.成绩盘点

盘点规则：分别计算出两队总成绩，将比值和比分公示在黑板固定位置（冠军队的优势分用本队的代表色书写，如：红色或蓝色）。获胜队每人加5分魅力值，队长加10分。如果班长也在获胜团队，则班长也加10分。团队的比值和比分都累计到下一场比赛中。前一场比赛冠军队的队名（如梦之一队）将在下一场开战前被置于失败队的上方。

附录

附录一：必背古诗80首

五言绝句20首

《鹿柴》——[唐]王维

《登鹳雀楼》——[唐]王之涣

《送别》——[唐]王维

《竹里馆》——[唐]王维

《独坐敬亭山》——[唐]李白

《秋浦歌》——[唐]李白

《绝句》——[唐]杜甫

《宿建德江》——[唐]孟浩然

《何满子》——[唐]张祜

《渡汉江》——[唐]宋之问

《江雪》——[唐]柳宗元

《寻隐者不遇》——[唐]贾岛

《塞下曲》（其二）——[唐]卢纶

《悯农》（其一）——[唐]李绅

《悯农》（其二）——[唐]李绅

《送灵澈》——[唐]刘长卿

《登乐游原》——[唐]李商隐

《八阵图》——[唐]杜甫

《江上渔者》——[宋]范仲淹

《夏日绝句》——[宋]李清照

七言绝句30首

《逢入京使》——[唐]岑参

《回乡偶书》——[唐]贺知章

《咏柳》——[唐]贺知章

《凉州词》（出塞）——[唐]王之涣

《凉州词》——[唐]王翰

《出塞》——[唐]王昌龄

《从军行》（其三）——[唐]王昌龄

《芙蓉楼送辛渐》——[唐]王昌龄

《送元二使安西》——[唐]王维

《九月九日忆山东兄弟》——[唐]王维

《别董大》——[唐]高适

《赤壁》——[唐]杜牧

《赠汪伦》——[唐]李白

《黄鹤楼送孟浩然之广陵》

——[唐]李白

《早发白帝城》——[唐]李白

《望天门山》——[唐]李白

《绝句》——[唐]杜甫

《赠花卿》——[唐]杜甫

《江南逢李龟年》——[唐]杜甫

《枫桥夜泊》——[唐]张继

《寒食》——[唐]韩翃

《滁州西涧》——[唐]韦应物

《竹枝词》——[唐]刘禹锡

《乌衣巷》——[唐]刘禹锡

《望洞庭》——[唐]刘禹锡

《泊秦淮》——[唐]杜牧

《山行》——[唐]杜牧

《清明》——[唐]杜牧

《江南春》——[唐]杜牧

《己亥杂诗》——[清]龚自珍

五言律诗15首

《送杜少府之任蜀州》——[唐]王勃

《送友人》——[唐]李白

《题破山寺后禅院》——[唐]常建

《早寒江上有怀》——[唐]孟浩然

《赋得古原草送别》——[唐]白居易

《旅夜书怀》——[唐]杜甫

《登岳阳楼》——[唐]杜甫

《山居秋暝》——[唐]王维

《过故人庄》——[唐]孟浩然

《春望》——[唐]杜甫

《月夜忆舍弟》——[唐]杜甫

《望月怀远》——[唐]张九龄

《使至塞上》——[唐]王维

《渡荆门送别》——[唐]李白

《望岳》——[唐]杜甫

七言律诗15首

《无题》——[唐]李商隐

《游山西村》——[宋]陆游

《钱塘湖春行》——[唐]白居易

《过零丁洋》——[宋]文天祥

《黄鹤楼》——[唐]崔颢

《蜀相》——[唐]杜甫

《客至》——[唐]杜甫

《登高》——[唐]杜甫

《锦瑟》——[唐]李商隐

《书愤》——[宋]陆游

《临安春雨初霁》——[宋]陆游

《酬乐天扬州初逢席上见赠》
——[唐]刘禹锡

《闻官军收河南河北》——[唐]杜甫

《雁门太守行》——[唐]李贺

《登金陵凤凰台》——[唐]李白

附录二："魅力主打诗"参考格式

魅力提示：分值的划分根据诗的难度、长度来估算，可根据示例给其他诗词设置分值。

30分 《出塞》（王昌龄）

20分 《春望》（杜甫）

25分 《饮酒（其五）》（陶渊明）

30分 《江城子·密州出猎》（苏轼）

40分 《雨霖铃》（柳永）

50分 《曹刿论战》（《左传》）

80分 《桃花源记》（陶渊明）

100分 《岳阳楼记》（范仲淹）

200分 《琵琶行》（白居易）

150分 《长恨歌》（白居易）

附录三："魅力联想诗"参考格式

山

采菊东篱下，悠然见南山。（《饮酒》其五）

会当凌绝顶，一览众山小。（《望岳》）

空山不见人，但闻人语响。（《鹿柴》）

空山新雨后，天气晚来秋。（《山居秋暝》）

黄河远上白云间，一片孤城万仞山。（《凉州词》）

明　月

明明如月，何时可掇？（《短歌行》）

深林人不知，明月来相照。（《竹里馆》）

明月松间照，清泉石上流。（《山居秋暝》）

秦时明月汉时关，万里长征人未还。（《出塞》）

江畔何人初见月？江月何年初照人？（《春江花月夜》）

四　季

孤舟蓑笠翁，独钓寒江雪。（《江雪》）

树树皆秋色，山山唯落晖。（《野望》）

自古逢秋悲寂寥，我言秋日胜春朝。（《秋词》）

羌笛何须怨杨柳，春风不度玉门关。（《凉州词》）

春风又绿江南岸，明月何时照我还？（《泊船瓜洲》）

动　物

客从远方来，遗我双鲤鱼。（《饮马长城窟行》）

两个黄鹂鸣翠柳，一行白鹭上青天。（《绝句》）

飞来山上千寻塔，闻说鸡鸣见日升。（《登飞来峰》）

两岸猿声啼不住，轻舟已过万重山。（《早发白帝城》）

老夫聊发少年狂，左牵黄，右擎苍，锦帽貂裘，千骑卷平冈。（《江城子·密州出猎》）

战　争

烽火连三月，家书抵万金。（《春望》）

将军百战死，壮士十年归。（《木兰辞》）

白骨露于野，千里无鸡鸣。（《蒿里行》）

剑外忽传收蓟北，初闻涕泪满衣裳。（《闻官军收河南河北》）

八百里分麾下炙，五十弦翻塞外声。沙场秋点兵。（《破阵子·为陈同甫赋壮词以寄之》）

送　别

仍怜故乡水，万里送行舟。（《渡荆门送别》）

桃花潭水深千尺，不及汪伦送我情。（《赠汪伦》）

与君离别意，同是宦游人。（《送杜少府之任蜀州》）

劝君更尽一杯酒，西出阳关无故人。（《送元二使安西》）

轮台东门送君去，去时雪满天山路。（《白雪歌送武判官归京》）

花　草

林暗草惊风，将军夜引弓。（《塞下曲》其二）

离离原上草，一岁一枯荣。（《赋得古原草送别》）

乱花渐欲迷人眼，浅草才能没马蹄。（《钱塘湖春行》）

正是江南好风景，落花时节又逢君。（《江南逢李龟年》）

忽如一夜春风来，千树万树梨花开。（《白雪歌送武判官归京》）

爱　情

所谓伊人，在水一方。（《蒹葭》）

迢迢牵牛星，皎皎河汉女。（《迢迢牵牛星》）

两情若是久长时，又岂在朝朝暮暮！（《鹊桥仙》）

得成比目何辞死，愿作鸳鸯不羡仙。（《长安古意》）

此情无计可消除，才下眉头，却上心头。（《一剪梅》）

颜　色

知否？知否？应是绿肥红瘦。（《如梦令》）

碧玉妆成一树高，万条垂下绿丝绦。（《咏柳》）

千里黄云白日曛，北风吹雁雪纷纷。（《别董大》）

日出江花红胜火，春来江水绿如蓝。能不忆江南！（《忆江南》）

接天莲叶无穷碧，映日荷花别样红。（《晓出净慈寺送林子方》）

愁　绪

相见时难别亦难，东风无力百花残。（《无题》）

万里悲秋常作客，百年多病独登台。（《登高》）

月落乌啼霜满天，江枫渔火对愁眠。（《枫桥夜泊》）

人有悲欢离合，月有阴晴圆缺。（《水调歌头》）

剪不断，理还乱，是离愁。别是一般滋味在心头。（《相见欢》）

江　河

白日依山尽，黄河入海流。（《登鹳雀楼》）

天门中断楚江开，碧水东流至此回。（《望天门山》）

朝辞白帝彩云间，千里江陵一日还。（《早发白帝城》）

君不见黄河之水天上来，奔流到海不复回。（《将进酒》）

孤帆远影碧空尽，惟见长江天际流。（《黄鹤楼送孟浩然之广陵》）

风　雨

杨柳岸、晓风残月。（《雨霖铃》）

东边日出西边雨，道是无晴却有晴。（《竹枝词》）

君问归期未有期，巴山夜雨涨秋池。（《夜雨寄北》）

水光潋滟晴方好，山色空濛雨亦奇。（《饮湖上初晴后雨》）

夜阑卧听风吹雨，铁马冰河入梦来。（《十一月四日风雨大作》）

国　家

国破山河在，城春草木深。（《春望》）

王师北定中原日，家祭无忘告乃翁。（《示儿》）

但使龙城飞将在，不教胡马度阴山。（《出塞》）

人生自古谁无死？留取丹心照汗青。（《过零丁洋》）

僵卧孤村不自哀，尚思为国戍轮台。（《十一月四日风雨大作》）

英　雄

至今思项羽，不肯过江东。（《夏日绝句》）

出师未捷身先死，长使英雄泪满襟。（《蜀相》）

江山如画，一时多少豪杰！（《念奴娇·赤壁怀古》）

江山如此多娇，引无数英雄竞折腰。（《沁园春·雪》）

千古江山，英雄无觅、孙仲谋处。（《永遇乐·京口北固亭怀古》）

节　日

待到重阳日，还来就菊花。（《过故人庄》）
千门万户曈曈日，总把新桃换旧符。（《元日》）
清明时节雨纷纷，路上行人欲断魂。（《清明》）
素衣莫起风尘叹，犹及清明可到家。（《临安春雨初霁》）
遥知兄弟登高处，遍插茱萸少一人。（《九月九日忆山东兄弟》）

志　向

欲穷千里目，更上一层楼。（《登鹳雀楼》）
路漫漫其修远兮，吾将上下而求索。（《离骚》）
天生我材必有用，千金散尽还复来。（《将进酒》）
长风破浪会有时，直挂云帆济沧海。（《行路难》）
老骥伏枥，志在千里。烈士暮年，壮心不已。（《龟虽寿》）

酒

何以解忧？唯有杜康。（《短歌行》）
花间一壶酒，独酌无相亲。（《月下独酌》）
人生得意须尽欢，莫使金樽空对月。（《将进酒》）
盘飧市远无兼味，樽酒家贫只旧醅。（《客至》）
浊酒一杯家万里，燕然未勒归无计。（《渔家傲》）

村　庄

绿树村边合，青山郭外斜。（《过故人庄》）
山下孤烟远村，天边独树高原。（《田园乐》其五）

簌簌衣巾落枣花，村南村北响缲车。（《浣溪沙》）

千里莺啼绿映红，水村山郭酒旗风。（《江南春》）

山重水复疑无路，柳暗花明又一村。（《游山西村》）

大　海

水何澹澹，山岛竦峙。（《观沧海》）

百川东到海，何时复西归？（《长歌行》）

白日依山尽，黄河入海流。（《登鹳雀楼》）

海日生残夜，江春入旧年。（《次北固山下》）

春江潮水连海平，海上明月共潮生。（《春江花月夜》）

梅　花

墙角数枝梅，凌寒独自开。（《梅花》）

来日绮窗前，寒梅著花未？（《杂诗》）

无意苦争春，一任群芳妒。（《卜算子·咏梅》）

梅须逊雪三分白，雪却输梅一段香。（《雪梅》其一）

笛声三弄，梅心惊破，多少春情意。（《孤雁儿》）

附录四："魅力接龙诗"参考格式

床前明月**光**——**湖**光秋月两相**和**——**映**日**荷**花别样**红**——**霜**叶红于二月**花**——**烟**花三月下扬**州**——**轻**身已过万重**山**——**山**重水复疑无**路**——**路**上行人欲断**魂**——**粉**身碎骨浑不怕，要留清白在人**间**——**时**鸣春**涧**中——**春**种一粒**粟**——**姑**苏城外寒山**寺**——**春**蚕到**死**丝方**尽**——**江**清月**近**人——**生**当作人杰，死亦为**鬼雄**——**雄**鸡一声天下**白**——**一**行**白**鹭上青**天**——**天**下谁人不识**君**——**劝****君**更尽一杯**酒**——**花**间一壶**酒**——**一**曲新词**酒**一**杯**——**王**师北定中原**日**——**山**气**日****夕佳**——**每**逢**佳**节倍思**亲**——**秦**时明月汉时**关**——**怒**发冲冠，凭栏处，潇潇雨**歇**——**旧**时王**谢**堂前**燕**——**梁**上有双**燕**，翩翩雄与**雌**——**慈**母手中**线**——**自**称臣是酒中**仙**——**风**吹草低见牛**羊**——**西**出阳关无故**人**——**人**闲桂花**落**——**落红**不是无情**物**——**吴**楚东南坼，乾坤日夜**浮**——**老**骥伏枥，志在千**里**——**迟**日江**山丽**——**天**生**丽**质难自**弃**——**座**中泣下谁最多？江州司马青衫**湿**——**晓**看红**湿****处**——**杨**家有女初长成，养在深闺人未**识**——**同**是天涯沦落人，相逢何必曾相**识**——**天**长地久有时尽……

朱雀桥边野草**花**——**黄**四娘家花满**蹊**——**夕**阳无限**好**——**好**雨知时**节**——**借**问酒家何处**有**——**呦**呦鹿鸣，食野之**苹**——**独**自莫凭**栏**——**都**门帐饮无绪，留恋处，兰舟催**发**——**白**发三千丈，缘愁似个**长**——**不**尽长江滚滚**来**——**但**见群鸥日日**来**——**笑**问客从何处**来**——**春**潮带雨晚来**急**——**明**月几时**有**——**独**怜幽草**涧**边**生**——**白**云**生**处有人**家**——**轻**烟散入五侯**家**——**少**小离**家**老大**回**——**会**当凌绝**顶**，一览众山**小**——**庄**生**晓**梦迷蝴**蝶**——**留**连戏**蝶**时时舞，自在娇莺恰恰**啼**——**浅**草才能没马**蹄**——**千**里莺**啼**绿映**红**——**红**颜未老恩先**断**——**白**头搔更**短**——**抽**刀**断**水水更**流**——**客**舍青青**柳**色**新**——**一**曲**新**词酒一**杯**——**但**悲不见九州**同**——**千**门万户曈曈**日**——**大**漠孤烟直，长河落**日**圆——**羌**笛何须怨杨**柳**——**柳**暗花明又一**村**——**水****村**山郭酒旗**风**——**停**车坐爱枫林**晚**……

跋

十一年的光阴，可以见证"儿童诗意课程"从无到有的过程；六年的光阴，可以见证一个青涩的大学生到专业研究生的提升，也可以见证一个青年从懵懂稚嫩到自信稳重的蜕变。

有这样一个幸运儿，六年前她在课堂中折服于一位老师的口吐莲花和人生阅历，感动于一位教育人对于梦想的激情与付出，遂拜于此老师门下，从此开启了一段人生中幸福而灿烂的旅程。

我，就是那个幸运的女生；那位深深令我折服的老师，正是"儿童诗意课程"的创始人——诗教名师苏静。2006年，我幸运地加入了苏老师的新教育志愿者团队，开始了与新教育、与"儿童诗意课程"的不解之缘。六年间，作为新教育的公益人和播种者，追随着苏老师行走于全国各地的新教育实验学校，从乡村到城市，我认识了越来越多尺码相同的"新教育人"，他们执着、坚韧，有无限的爱心和勇气。苏老师带领着我们共同推广"儿童诗意课程"，以期能发掘、改变更多有着无限潜能的师生们。在苏老师的"真传"之下，我从一名课程的讲师到课程的培训师，从一名课程参与者到课程研发者，一路走来，我见证和收获了太多幸福。

伴随着我一起成长的，还有"儿童诗意课程"。还记得六年前苏老师带领着我们开始着手整理并实体化课程的点点滴滴。那时，键盘上的敲击、文档中的修改、图书馆里的翻阅伴随着我们度过了许多忙碌而充实的日子。一百多稿的反复修订与审阅才最终成就了今天的课程，我们很骄傲它能在中国最优秀的出版社出版，并拥有了一个响亮的名字——《中华儿童诗意课》。这本书凝结了苏老师和每个参与其中的新教育志愿者的辛勤付出，希望它能够走进更多充满诗意的校园，同时也能为每个热爱古典文学的家庭带来一点幸福和启示。

　　和新教育，和"儿童诗意课程"结缘的这些日子里，我始终满怀感恩。最感谢的是亲爱的苏静老师，是她为我的青年时代打开了一扇门，为我开启了新教育之梦，让我接触到了许许多多为梦想而奋斗的"新教育人"。是她谆谆的教诲和无限的信任让我拥有了飞翔的勇气，让我有机会能够跟随她坚定的步伐为新教育梦想贡献微小而温暖的力量。感谢亲爱的志愿者团队的队友们，前进的路上，每个人都给予了我莫大的帮助和宽容。最后，真切地希望，这寄托着梦想、凝聚着力量的《中华儿童诗意课》能够凭借"新教育人"的力量，凭借着每个对传统文化情有独钟的生命的力量，走入更多师生的心灵，为他们带来一种幸福而完整的教育生活。

李　倩

2012年8月

致　谢

在小书付梓之际，我要奉上深深的谢意和敬意：

感谢我敬爱的导师，当代著名教育家朱永新先生，他赋予我清纯的智慧和向善的心境，带我走进新教育实验的静美田园，感受悉心耕作与春华秋实的欢愉。作为新教育实验的儿童专业课程项目用书，这本小书承载着朱老师殷切的希望，正是他十年来的信赖、鼓励、督促和关怀，才使得我的诗教生命得以延续，并不断升华。但愿这本小书能不负恩师的期望，为新教育儿童专业课程的发展尽一份绵薄之力。

感谢我从教生命中的第一位伯乐，我的恩师、老校长郭青伟先生。没有他曾经的支持和一路的关怀，我的人生无可预测。

感谢我的忘年挚友、恩师，大儒陶继新先生，"倚天照海花无数，流水高山心自知"。

感谢我的同门师兄王胜博士。他是"儿童诗意课程"的见证者和督导者，一路走来，他以学者的严谨和睿智，诗人的灵性与热忱，给予我无可替代的同窗之谊。

感谢我崇敬的恩师曾天山教授。他对课程提出了高屋建瓴的建议和期望，让我深味任重而道远。

感谢长沙诺贝尔摇篮教育集团的董事长谢庆先生。我们十年的友谊固若磐石,他为课程提供了最初的孵化基地,并与所有诺贝尔摇篮的师生们始终坚守着新教育的信仰,他是我生命中视之为奇迹的潇湘英雄。

感谢我的人生导师田建国教授。他的治学精神和人格魅力永远令我高山仰止。

感谢青岛大学师范学院的钱国旗院长。他的儒雅与博学,宽容与大气深深感染着我,让我享受着高校科研工作中那充满挑战的激情和创造的喜乐。

感谢山西运城新教育实验学校、新港实验学校的总校长聂明智先生,他为"儿童诗意课程"在更高层次上的传播提供了广阔的空间和无私的支持,他是值得我一生敬重和最可信赖的朋友。

感谢青岛嘉峪关学校的徐学红校长,生命中有她这样剑胆琴心的朋友,是我的幸运和荣耀。

感谢中华书局的祝安顺先生、王建先生以及所有为小书出版辛勤付出的编辑老师们。他们的严谨与专业、执着与热情,令我深深感佩。

感谢新教育基金会(江苏昌明教育基金会)对"儿童诗意课程"的鼎力支持,让我能够携志愿者团队轻松上路,圆一个教育公益的梦想。

感谢我的父母、兄嫂和所有至爱亲朋,大家的温暖呵护让我的人生从不寂寞。

感谢我最爱的先生和我们共同含莘茹苦的母亲,让我可以拥有一个幸福祥和的家,一颗可以自由高飞也可以随时栖居的灵魂。

最后,我还要特别感谢为课程付出无限努力和心血的新教育志愿者团队。感谢中国海洋大学研究生院的李倩,她是我最得意的学生,也是我一生的挚友。她追随我六年,为课程的研发和传播付出了最美的青春和热力。感谢姜晏、刘晓燕、于潇、郭玥琦、王甜甜、吴文静、彭芝、隋郁、姚瑾、韩欣欣、肖春云等所有曾经参与课程的"老队友"们,她们用不懈的努力,为课程打下了坚实的基础,更用卓绝的灵感,让课程的延展有了无限的可能。虽然她们已毕业多年，但我对她们的感激和思念从未消减。感谢青岛大学师范学院小学教育系的高小亭、于婷婷、曲文文、张敏、闫永虹、任小彤、黄琳琳、宿红雷、王素慧、周晓琳、徐丽、薛雯雯等正在参与课程的队友们，她们为课程的资料整理和编辑校对做了大量工作，回忆起我们在电脑前共同度过的那些不眠之夜，总有无尽的感动挥之不去。我也真诚地希望这本小书能为这些有梦想、有实力、有爱心的年轻人见证一段美好的青春记忆。

此外，这本小书也是我主持的山东省教育科学"十二五"规划重点课题"校本课程发展视域下的儿童专业课程建构研究"（课题编号：2011GZ093）的阶段性成果。对课题组同仁的支持和帮助一并致以最诚挚的谢意。

苏静于青岛大学

2012年夏

参考文献

1.李振纲著.智者的叮咛：先秦诸子的生存智慧.保定：河北大学出版社，2001年.

2.杨树增、陈桐生、王传飞著.盛世悲音：汉代文人的生命感叹.保定：河北大学出版社，2001年.

3.陈洪著.诗化人生：魏晋风度的魅力.保定：河北大学出版社，2001年.

4.詹福瑞等著.士族的挽歌：南北朝文人的悲欢离合.保定：河北大学出版社，2002年.

5.傅道彬、陈永宏著.歌者的悲欢：唐代诗人的心路历程.保定：河北大学出版社，2001年.

6.张晶著.心灵的歌吟：宋代词人的情感世界.保定：河北大学出版社，2001年.

7.梁归智、周月亮著.大俗小雅：元代文化人心迹追踪.保定：河北大学出版社，2001年.

8.夏咸淳著.情与理的碰撞：明代士林心史.保定：河北大学出版社，2001年.

9.韩进廉著.无奈的追寻：清代文人心理透视.保定：河北大学出版社，2001年.

10.哈吉·穆罕默德·奴伦丁·敏生光著.马启西诗联赏识.北京：中华书局，2004年.

11.白化文著.闲谈写对联.北京：中华书局，2006年.

12.蒋竹荪等编著.名联鉴赏辞典.上海：上海辞书出版社，2007年.

13.任耕耘主编.新编春联（中华民俗文库丛书）.合肥：黄山书社，2007年.

14.陈穉常著.中国上古史演义.上海：上海社会科学院出版社，2006年.

15.茅盾著.茅盾说神话.上海：上海古籍出版社，1999年.

16.潜明兹著.中国神话学.上海：上海人民出版社，2008年.

17.曹文轩、子仁编著.中国神话故事精选.北京：北京大学出版社，2004年.

18.袁柯著.中国神话传说.北京：人民文学出版社，1998年.

19.沈德潜编著.古诗源.北京：中华书局，1963年.

20.扬之水著.诗经别裁.北京：中华书局，2007年.

21.洪湛侯编著.诗经学史.北京：中华书局，2004年.

22.杨伯峻译注.论语译注.北京：中华书局，2006年.

23.杨伯峻译注.孟子译注.北京：中华书局，2005年.

24.辛战军译注.老子译注.北京：中华书局，2008年.

25.曹础基著.庄子浅注.北京：中华书局，2007年.

26.扬雄著.新编诸子集成——太玄集注.北京：中华书局，2006年.

27.黄开国、唐赤蓉著.诸子百家兴起的前奏：春秋时期的思想文化.成都：巴蜀书社，2004年.

28.沈长云著.中国历史：先秦史.北京：人民文学出版社，2006年.

29.洪兴祖撰.楚辞补注.北京：中华书局，2002年.

30.张炜著.楚辞笔记.上海：上海三联书店，2006年.

31.赵逵夫著.屈原与他的时代.北京：人民文学出版社，2002年.

32.褚斌杰、黄筠著.《诗经》与楚辞.北京：北京大学出版社，2002年.

33.郭茂倩编.乐府诗集.北京：中华书局，1979年.

34.曹道衡选注.两汉诗选——古典诗词名家.北京:中华书局,2005年.

35.冯友兰著.中国哲学史新编.北京:人民出版社,2004年.

36.李泽厚著.美学三书.天津:天津社会科学院出版社,2003年.

37.孙明君选注.三曹诗选——古典诗词名家.北京:中华书局,2005年.

38.张亚新著.品曹操.西安:陕西师范大学出版社,2006年.

39.钟嵘著,韩晶译注.诗品.北京:中国社会科学出版社,2007年.

40.赵京战著.诗词韵律合编.北京:中华书局,2006年.

41.周啸天选注.百代千家绝句诗.合肥:黄山书社,2007年.

42.金性尧注.唐诗三百首新注.西安:陕西师范大学出版社,2005年.

43.程季平注译.唐诗三百首(精).北京:北京燕山出版社,2007年.

44.计有功辑撰.唐诗纪事.上海:上海古籍出版社,2008年.

45.郁贤皓著.李白与唐代文史考论.南京:南京师范大学出版社,2008年.

46.郁贤皓著.李白集——历代名家精选集.南京:凤凰出版社,2006年.

47.张忠纲、孙微编选.杜甫集——历代名家精选集.南京:凤凰出版社,2006年.

48.莫砺锋著.杜甫评传.南京:南京大学出版社,1993年.

49.马茂元选注.唐诗选.上海:上海古籍出版社,1999年.

50.萧涤非著.唐诗鉴赏辞典.上海:上海辞书出版社,2004年.

51.王力著.诗词格律.北京:中华书局,2000年.

52.王国维著.人间词话.南京:江苏文艺出版社,2007年.

53.闻一多等编著.名家说古诗词.天津:天津教育出版社,2007年.

54.李学文等编著.诗词入门.北京:科学普及出版社,1998年.

55.赵克勇编著.诗词曲联入门.北京:光明日报出版社,2001年.

56.龙榆生著.词曲概论.北京:北京出版社,2004年.

57.张为才主编.宋词三百首.青岛:青岛出版社,2008年.

58.王曙著.宋词的故事.北京:北京工业大学出版社,2007年.

59.胡云翼选注.宋词选.上海：上海古籍出版社，2007年.

60.诸葛忆兵选注.李清照诗词选.北京：中华书局，2005年.

61.徐建委、刘峥著.李清照词赏读.北京：线装书局，2007年.

62.康震著.康震评说李清照.北京：中华书局，2007年.

63.薛瑞生选注.柳永词选.北京：中华书局，2005年.

64.孔凡礼、刘尚荣选注.苏轼诗词选.北京：中华书局，2005年.

65.辛更儒选注.辛弃疾词选.北京：中华书局，2005年.

66.邓广铭著.辛弃疾传——辛稼轩年谱.北京：生活·读书·新知三联书店，2007年.

67.朱东润著.陆游传.天津：百花文艺出版社，2004年.

68.邹志方选注.陆游诗词选.北京：中华书局，2005年.

69.陈振寰著.读词入门.上海：上海古籍出版社，2004年.

70.刘乃昌主编.唐诗宋词选读.济南：山东人民出版社，2005年.

71.司马迁著.史记.北京：北京出版社，2006年.

72.周留树主编.毛泽东评点二十四史.北京：中国档案出版社，2006年.

73.陈寅恪著.元白诗笺证稿.北京：生活·读书·新知三联书店，2001年.

74.程郁缀著.唐诗宋词.北京：北京大学出版社，2002年.

75.蒋星煜等著.元曲鉴赏辞典.上海：上海辞书出版社，2008年.

76.解玉峰编注.元曲三百首（新注本）.北京：中华书局，2007年.

77.王实甫著，王寿之注释.西厢记.合肥：安徽文艺出版社，2004年.

78.汤显祖著.牡丹亭.济南：齐鲁书社，2004年.

79.谭帆著.明清小说分类选讲.北京：高等教育出版社，2007年.

80.罗贯中著.三国演义.北京：人民文学出版社，2008年.

82.易中天著.品三国.上海：上海文艺出版社，2007年.

82.施耐庵著.水浒传.北京：人民出版社，2008年.

83.曹雪芹、高鹗著.红楼梦.长沙：岳麓书社，2001年.

84.刘心武著.刘心武揭秘《红楼梦》.济南：东方出版社，2005年.

85.齐裕焜、王子宽著.中国古代小说研究.福州：福建人民出版社，2005年.

86.赵伶俐著.课堂教学设计与操作技术.重庆：西南师范大学出版社，2004年.

87.陈玉坤、代蕊华主编.课堂与课堂教学.上海：华东师范大学出版社，2002年.

88.凯利著，吕敏霞译.课程理论与实践（第五版）.北京：中国轻工业出版社，2007年.

89.叶圣陶著.叶圣陶教育名篇.北京：教育科学出版社，2007年.

90.方明编.陶行知教育名篇.北京：教育科学出版社，2005年.

91.朱永新著.新教育之梦.北京：人民教育出版社，2004年.

92.《中国古典文学精华》编辑组编著.古典诗词散曲精粹.上海：上海三联出版社，2007年.

93.章培恒、骆玉明编著.中国文学史新著.上海：复旦大学出版社，2007年.

94.朱东润主编.中国历代文学作品选.上海：上海古籍出版社，2002年.

95.袁行霈主编.中国文学史.北京：高等教育出版社，2005年.

96.王力著.古代汉语.北京：中华书局，1995年.

97.中国青年出版社编选.古文选读.北京：中国青年出版社，1964年.

98.褚树荣编著.新专题教程：高中语文3（古诗文阅读新视点）.上海：华东师范大学出版社，2004年.